「外国人の受入れと日本社会」お詫びと訂正

本書に左記の誤りがございました。読者の皆様に深くお詫び申し上げますとともに訂正をさせていただきます。

日本加除出版株式会社

記

二〇〇頁一五行目~二〇一頁六行目

誤　『技能等（技能、技術又は知識）を・・・・・・及び3号ロの活動、以下、「第3号技能実習」という。」は、』

正　『　削除　』

以上

外国人の受入れと日本社会

日本大学危機管理学部教授
元法務省入国管理局長
髙宅　茂
×
日本大学危機管理学部准教授
瀧川修吾

日本加除出版株式会社

はしがき

近年、外国人の受入れの拡大が進んでいる。単に入国者数、在留者数が増えるだけでなく、中長期在留者、とりわけ永住者が増加している。また、外国人の活躍の場も広がっている。政府は、「経済財政運営と改革の基本方針2018」において、外国人材の受入れを拡大するため新たな在留資格を創設するとの方針を決定した。少子高齢化、国際間の人的交流の活発化などを考えると、外国人の受入れの拡大は今後ますます進んでいくものと思われる。

本書は、このような状況のなかで、今後、日本社会が、安全・安心を確保しつつ発展していくためには、何が必要であるのかについて考察を試みたものである。

したがって、本書は外国人の受入れの拡大の是非を議論するものではない。外国人、とりわけわが国で働く外国人の受入れを、どのような政策の下にどのような制度によって行ってきたのか、そして、それが今どのように変化してきているのかを明らかにし、そのうえで、今後における更なる外国人の受入れの拡大という展望の下において、安全・安心を確保し、分断や軋轢を防ぎつつ一層の発展を実現するためにはどのような政策的・制度的対応が必要であるのかについて考察することを目的とする。それは、長期的視点から見た、日本社会のリスクマネジメントでもある。

そこで、第1章においては、外国人の受入れに関する制度的な枠組みとなっている入国管理法制について、外国人の受入れに関する政策の実現という観点から体系的な考察を試みた。続いて、第2章と第3章においては、外国人の受入れに関する政策と制度の変遷を明らかにすることを試みた。

そのうえで、第4章と第5章において、外国人の受入れの一層の拡大と日本社会において生活する外国人の増加という今後の展望に基づいて、日本社会の安全・安心を確保し、また分断や軋轢の発生を防ぎつつその更なる発展を図るうえで不可欠と考えられる外国人の適正な在留と安定した生活を営むことの確保のために、どのような基盤整備が必要であるのかについて検討した。

本書が取り上げたテーマは、専門的・技術的なものであるとともに、身近な生活に関わることであり、また、日本の将来に関わることである。もちろん、浅学な筆者達の論であり、その分析・検討は十分なものであるとは言いがたいが、そのようなものでも、本書を読まれた方が将来の日本社会のあり方について考える一助となってくれれば幸いである。なお、本書中第1章から第3章までは髙宅が担当し、第4章及び第5章は、髙宅と瀧川が共同で執筆した。

最後に、本書の発刊に当たっては、日本加除出版編集部の宮崎貴之氏をはじめとする日本加除出版の方々に多大のご尽力をいただいた、ここに心からの感謝の意を表する。

平成30年9月

筆　者

目次

目　次

第3章　外国人の受入れの拡大と入国管理法制の再整備 ── 高宅　茂

第5章　未来へ向けたグランドデザイン――高宅　茂・瀧川修吾

第1章 外国人の受入れに関する政策とそれを実現するための法制度

第1節 「外国人の受入れ」とは？

（外国人の「受入れ」）

近年、国際化の進展や少子高齢化などを背景に、「外国人の受入れ」の拡大について議論が活発に行われているが、従来、わが国の外国人の受入れに関する政策については、「いわゆる単純労働者は受け入れない」、「移民の受入れを行わない」などどちらかというと否定的な方針が強調されてきた。

しかし、現実を見ると、昨年（平成29年）1年間にわが国に入国した外国人の人数は、新規入国者〈1〉

だけで二五〇九万二〇二〇人に達し、〈2〉わが国には、昨年末現在で中長期在留者〈3〉が二二三万二〇二六人これに特別永住者〈4〉三二万九八二二人を加えると二五六万一八四八人が中長期に在留している。〈5〉

ただ、従来、このような外国人が、どのような政策に基づいてわが国に受け入れられたのかということは、あまり明確に認識されてはいなかったように思われる。しかし、外国人の受入れの問題について議論を深めていくためには、まず、過去と現状について正確に認識することが必要である。

そこで本書は、従来わが国はどのような政策をとり、どのような法制度によってその政策を実施してきたのかを明らかにし、そのうえで、わが国の現状と将来のわが国の発展を考えた場合、今後は、どのような政策をとっていくべきであるのか、そして、その政策の実現のためにはどのような法制度（の変更）が必要であるのかについて考察することとする。

ところで、「外国人の受入れ」という言葉であるが、この「外国人の受入れ」という言葉は、様々な意味に使われている。そこで、議論を進める前にまずこの「外国人の受入れ」という言葉はどのようなことを意味するのかということから、始めたいと思う。

一般的に人の「受入れ」という言葉には、その人を引き取って迎え入れるというような意味があるようであるが、第一の問題は、その「受入れ」を行う主体が何かということである。単に「外国人の受入れ」という場合には、その「受入れ」の主体は、国又は地方公共団体である場合、日本社会又は地域社会である場合、企業その他の団体である場合、さらには特定の個人である場合なども考えられる。

本書は、「外国人の受入れ」についてわが国の政策の観点から考察することを目的としている。それゆえ、本書においては、基本的には、国ないし日本社会による「外国人の受入れ」について考察していくこととなるが、この観点からは、「外国人の受入れ」とは、まず、外国人が、わが国の領域に立ち入り、滞在することを意味する。

（入国管理法制における「受入れ」）

外国人がわが国の領域に入ること、そしてわが国の領域内に滞在することに関して規定しているのは、出入国管理及び難民認定法（昭和26年政令319号。以下、「入管法」という。）を中心とする入国管理法制である。

それでは、入管法は、このような意味での「外国人の受入れ」についてどのように規定しているのであろうか。

まず、入管法は、外国人がわが国の領域（領土、領海、領空）に立ち入ることを「入国」と表現し、次に、外国人がわが国の領土に立ち入ることを「上陸」と表現している。このうち、外国人の入国については、旅券を所持するなどの一定の要件に適合することを求めているが、「許可」を受けることは求めていない。一方、外国人が「上陸」することについては、許可を受けることを求めている。

次に、入管法は、外国人がわが国の領土内に滞在することを「在留」と表現し、これについても許

可を受けることを求めている。もっとも、現行入管法上の上陸の許可は、同時に「在留」を認める許可でもある。〈6〉

以上が入管法における「入国」、「上陸」及び「在留」の概念であり、これが入国管理法制における「外国人の受入れ」に関する基本的な規定である。

ただし、ここには「受入れ」という表現は使われていない。

それでは、入管法は「外国人について「受入れ」という表現は、一切使っていないのであろうか。

実は、入管法においても「受入れ」という表現は使われている。例えば、入管法19条の17は、「別表第一の在留資格をもって在留する中長期在留者が受け入れられている本邦の公私の機関その他の法務省令で定める機関…は、…法務大臣に対し、当該中長期在留者の受入れの開始及び終了その他の受入れの状況に関する事項を届け出るよう努めなければならない。」と定めている。この他、入管法には、「研修」の在留資格に関して、別表第一に「本邦の公私の機関により受け入れられて行う技能等（技能、技術若しくは知識―筆者）を修得する活動」という規定もある。ここでは、受け入れた本邦の公私の機関（入管法では、この「公私の機関」という表現はしばしば使われているが、ここでは、研修を受ける企業等と考えて差し支えない。）〈7〉が、雇用関係のように使用者と労働者という関係にはないものの その企業が迎え入れて一定の関与をして技能等を修得させるというような意味合いで使われている。

同様の使い方は、「外国人の技能実習の適正な実施及び技能実習生の保護に関する法律」（平成28年法律第89号。以下、「技能実習法」という。）にもある。この場合も、「技能実習」について、「本邦の公私の機関により受け入れられて必要な講習を受けること」（同法2条2項1号）、「本邦の営利を目的としない法人により受け入れられて必要な講習を受けること」（同条4項1号）というような規定がある。これらの規定では、本邦の公私の機関により受け入れられて講習を受けることと当該機関との雇用契約に基づいて当該機関の本邦にある事業所において業務に従事することとが並列的に規定されており、したがって、前記の部分は、本邦の公私の機関が雇用契約に基づくことなく外国人を迎え入れて、その一定の関与（雇用関係にある場合に準ずるような関与）の下に、講習を受けさせることを意味すると解される。

したがって、これらの規定における「受入れ」の主体は、本邦の公私の機関、すなわち本邦の企業その他の団体等であり、日本政府や日本社会ではない。

このように、入管法の規定における「受入れ」は、特別な意味を有しており、「外国人の受入れ政策」という観点からの「外国人の受入れ」とは異なる。入管法においては、「外国人の受入れ」は「外国人の在留を認める」ということになるものと思われる。

（入国管理法制を越えたより広い視野からの「外国人の受入れ」）

ただ、次に問題となるのは、「外国人の受入れ」という問題を専ら入国管理法制の観点からとらえ、「外国人の在留を認めること」という意味で理解することで十分であるのかということである。

すなわち、入国管理法制は、外国人の出入国を管理する法制であり、わが国に在留することを希望する外国人からの申請に基づいてその入国・在留を許可するにすぎない。入国管理行政は、わが国に必要な外国人の人材の確保のために、積極的に海外の人材に働きかけるという性格の行政ではなく、人材の確保は、基本的に、その外国人を必要とする企業その他の団体等が担うこととなる。

もちろん、どのような人材が必要かを見極め、必要な人材を確保するのは、基本的にその人材を必要とする企業その他の団体であることは言うまでもなく、それに直接国家が関与することは、通常は考えられない。しかしながら、国際間の人材獲得競争が激しくなっている現状においては、外国からの人材の確保を、個々の外国人を必要とする企業その他の団体等にすべて任せ、国家は、その結果を受けて在留を希望する外国人について、その可否を判断するだけでは、不十分となってきているのが現実である。

外国から必要な人材を確保するうえで、最も重要なのが、その外国人を雇用等する企業その他の団体等の提供する待遇であるのは言うまでもないが、同時に、外国人が日本社会において活動し、生活をするうえでの「しやすさ」という問題がある。

また、それとも関連するが、在留を認められた外国人はわが国において生活をするのであり、その外国人が在留の目的とする活動が、適正、かつ活発に行われることがわが国の経済、社会の発展に不可欠である。そしてそのためには、わが国に在留を認められた外国人がわが国において安定した生活を営めることが必要である。

そして、わが国に在留する外国人が、わが国において安定した生活を営むことを確保し、さらに進んで、期待された活動や生活を営むうえでの「しやすさ」を確保すること、すなわち「生活環境の整備」の問題は、すべてが行政の問題ではないとしても、行政による一定の対応が必要な問題である。

このような観点からは、わが国に在留する外国人が安定した生活をわが国において営み、期待された活動を行うための環境の整備の問題も含めて「外国人の受入れ」ということを考えることが必要である。

そこで、本書では、単に在留を認めるということにとどまらず、このような意味も含めて「外国人の受入れ」ということをとらえたうえで、わが国は「外国人の受入れ」に関して、どのような政策を執ってきたのか、そして、国際化の一層の進展のなかで、また、少子高齢化のなかで、その政策はどのように変更され、変更されなければならないのか、そのためにどのような法制度の整備が必要であるのかについて論じていくこととする。

第2節　外国人の受入れに関する政策とそれを実現する法制度

第１節で述べたとおり、「外国人の受入れ」を論ずる場合、入国管理法制上の「外国人の在留を認めること」にとどまらず、より広い視野から、在留中の生活の問題など外国人の在留に係る環境の整備の問題も含めて考察することが必要であるが、そうはいっても、基本となるのは、あるいは前提となるのは、入国管理法制に基づき「在留を認める」という行為である。

この意味で外国人の受入れに関する政策の実施には、受入れの開始、受入れの継続・受入れの終了、受入れを認めていないにもかかわらずあるいは受入れを終了したにもかかわらず在留する外国人、すなわち受入れ政策に反して在留する外国人の在留打ち切りの問題がありこれらは、いずれも入国管理法制に基づく行政作用として行われ、また、受入れを認められた外国人について、その適正な在留を確保するための在留の管理も、入国管理法制が重要な役割りを果たすことは間違いない。

そこで、まず、「外国人の受入れ」に係る入国管理法制の仕組みについて見ていくこととする。

1　外国人の受入れに関する政策と入国管理法制

(1)　外国人の受入れに関する政策
(受入れの開始)

ほとんどの政策は、それに基づいて法令が定められ、その法令に基づいて許認可などの行政行為が行われることによって実現されるが、「外国人の受入れに関する政策」の場合も同様である。「外国人の受入れ」が行われるためには、入国管理法令の規定に基づいてその外国人の在留が認められなければならない。

そして、「外国人の受入れに関する政策」で最も重要なことは、どのような外国人の受入れを認めるかである。主権国家が、それぞれ国境をもって一定の領域を統治している体制の下では、その国の国籍を有しない外国人を無制限に受け入れるということは通常あり得ないのであり、それぞれの国の内外の状況を踏まえ、また、その国の将来の経済、社会の発展などを考慮して一定の政策の下に一定の範囲の外国人を受け入れることとなる。

そして、この外国人の受入れに関する政策に基づく受入れの範囲は、まず外国人の「受入れの開始」において重要な意味を有するが、さらに、受け入れた外国人の「受入れの継続」、さらには、受け入れた後に受入れの範囲内ではないこととなった又は受入れの範囲内ではなかったことが判明した外国人の「受入れの終了」及び受入れを認められていない外国人の「在留の打ち切り」についても重要な意味を有する。

後述するように、わが国の入管法は、その時点における外国人の受入れに関する政策に基づき「受入れ」の対象とする外国人を、その外国人が在留中に行う活動の観点から列挙し、そのそれぞれについて、外国人がわが国に在留することができる根拠となる資格としての在留資格〈8〉を定めている。そして、本邦に在留する外国人は、特別な場合を除き在留資格を有しなければならないとし、外国人が在留資格を有するためには一定の許可を受けることが必要であるとし、その許可の要件として「受入れの開始」の要件を定めている。〈9〉次に、それぞれの在留資格について在留期間を定め、在留期間経過後も在留を継続する場合については在留期間の更新を受けなければならないこととして、在留期間の更新制度によって、「受入れの継続」の可否を決定する。そのうえで、さらに、受け入れた外国人のうち受入れ後の事情により受入れの対象ではなくなった外国人やもともと受入れの対象ではなかったことが判明した外国人について在留資格の取消制度により「受入れの終了」を行う。そして、そもそも受入れを認めていないにもかかわらず在留している外国人及び受入れを終了したにもかかわらず在留を継続している外国人については、退去強制制度によって、「在留の打ち切り」を行う。

このうち、まず、「受入れの開始」に関してであるが、わが国で出生した外国人などを別とすれば、新規に来日した外国人は、後述する特例上陸の許可を受けて上陸する場合を除き、新規入国者として上陸（一般上陸）の許可を受けて在留資格を取得し、その在留資格に基づいてわが国に在留することができるようになる。

次に、入国管理法制においては、既にわが国に在留している外国人がわが国において行う在留活動の内容を変更する場合にも、許可（在留資格の変更許可）を受けることを求めている。この許可により在留活動の内容の変更を認めることは、外国人の行う在留活動の内容に着目して受入れの可否を決定するシステムにおいては、事実上の新たな受入れ、それも国内における受入れの開始としてとらえる必要がある。例えば、留学生として受け入れられて在留していた外国人が、わが国の企業等に就職する場合などである。

なお、国内における受入れの開始としては、このほかに、国内において外国人として出生した者や日本国籍を離脱した者が在留資格を取得する場合、一時庇護のための上陸の許可〈10〉を受けて在留していた外国人が在留資格を取得する場合、在留する根拠を有しない外国人（当初は在留の根拠を有していたが後にそれを失った者を含む。）が在留資格を取得する場合がある。〈11〉

（受入れの継続）

「外国人の受入れ」が開始されるためには、その外国人の在留が認められなければならない。しかし、受入れに関する政策の実現という観点からは、単に、その外国人の在留の開始が認められるだけでは足りず、その在留が継続し、受け入れた外国人が、受入れの目的に沿った活動を行うことによりその受入れの目的が達成されなければならない。

（受入れの終了と在留の打ち切り）

当然のことながら外国人がわが国に在留することを継続するか否かは、その外国人の意思により決定される。その外国人がわが国に在留することをやめて出国することを希望するときは、原則として自由に出国することができる。このことにより、その外国人の受入れが終了することは言うまでもない。

しかし、わが国に在留する外国人が在留を継続することを希望している場合でも、その在留の継続が否定される場合がある。

前述したように、わが国の外国人の受入れ政策は、わが国の経済、社会の現状と今後見通しなどを前提として、わが国の発展を期する観点から定められるものであり、それゆえ、ある外国人の在留がわが国の安全を脅かし、あるいは、わが国の発展を妨げるなどの事情が存在する場合、その外国人の在留を認めないのは当然である。このことは、これから在留を開始する外国人の場合は、受入れの拒否の問題となるが、既に在留している外国人の場合は、在留の継続を認めない「受入れの終了」の問題となる。

「外国人の受入れに関する政策」には、このような「受入れの終了」も含まれる。

最後に、在留の打ち切りがある。これには、受入れが終了したにもかかわらずそのまま在留を継続する外国人の在留の打ち切りと、そもそも受入れを認められていないにもかかわらず在留する外国人の在留の打ち切りとがあるが、いずれにしても、受入れに関する政策というよりも、受入れに関する政策の実効性の確保の問題である。

(2)　外国人の受入れに関する政策を実現する在留資格制度

本書は、外国人の受入れに関する政策とその変遷を明らかにし、今後の展望とそれを前提として実施すべき措置について考察することを目的としており、入国管理法制そのものを検討することを目的とするものではない。

しかし、既に述べたとおり、外国人の受入れに関する政策は、入国管理法制と密接な関係を有し、特に、「受入れの開始」「受入れの継続」「受入れの終了」及び「在留の打ち切り」は、入管法の定める各種の許可をはじめとする入国管理法制上の諸制度によって実施される。

具体的には、「受入れの開始」は、新規入国者については、上陸の許可により、すでに在留中の外国人（不法に在留している外国人も含む。）については、在留資格の変更の許可、在留資格の取得の許可又は在留特別許可によって行われる。

次に、「受入れの継続」も、その可否の決定は、入管法の規定する許可によって行われる。わが国に在留する外国人は、原則として「受入れの開始」に際して、在留資格とそれに伴う在留期間を決定されるが、その在留期間の更新の許可制度によって「在留の継続」に関する決定が行われる。また、受入れの継続を否定する制度として在留資格の取消制度も設けられている。

最後に、退去強制制度が、受入れが終了したにもかかわらずそのまま在留を継続する外国人やそもそも受入れを認められていないにもかかわらず在留している外国人の「在留の打ち切り」を行う。

そこで、以下においては、外国人の受入れ政策に関して、外国人の受入れの開始から終了までの時間軸のなかで、「受入れの開始」「受入れの継続」「受入れの終了」及び「在留の打ち切り」について、その実施の法的枠組となっている入国管理法制上の諸制度との関係において順次検討していくこととする。

なお、入国管理法制上の諸制度について考察する場合、「受入れの開始」「受入れの継続」「受入れの終了」及び「在留の打ち切り」は、入国管理法制に基づく外国人の出入国の管理及び在留の管理として行われる。そして、外国人の出入国の管理及び在留の管理は、基本的に「在留資格制度」に基づいて行われている。

それゆえ、本題に入る前に、入管法の定める「在留資格」とは何か、外国人はどのようにして在留資格を取得することができるのか、外国人の在留に関して「在留資格」はどのような役割を果たすのかなどについて明らかにしておくことが必要である。

（外国人の受入れと在留資格制度）

独立国家が併存する現代社会においては、国家が外国人の受入れを行う場合、その国の現状及び今後の見通しに基づきその国の経済、社会の発展を図る立場から行うのであり、外国人を無条件、無制限に受け入れるということは通常考えられない。そこで、外国人の受入れを行う場合、どのような外国人を受け入れるかという受入れの範囲（の限定）の問題が生じることとなり、この受入れの範囲如何が外国人の受入れに関する政策において重要な位置を占めることとなる。

そして、法治国家においては、この受入れの範囲の確定ということも法令によって行われることとなるが、わが国は、この受入れ範囲の限定をわが国に在留しようとする外国人の在留目的である活動の観点から行っている。

すなわち、入管法は、わが国に在留する外国人は、わが国において一定の活動を行うことを目的として在留するものとし、外国人がわが国に在留する目的として行う活動（在留活動）のうちで、わが国の政策としてわが国が受入れの対象とする外国人が行う在留活動を限定して規定することにより、外国人の受入れ範囲を限定している。

具体的には、別表第一においてこのような在留活動を同表の下欄に列挙して規定し、別表第二においては、このような在留活動を行う者が有する身分又は地位を同表の下欄に列挙して規定し、その列挙された身分又は地位を有する者としての活動を、わが国が受入れの対象とする外国人が行う在留活動として規定する。そして、これらのそれぞれの活動に対応して、本邦に在留して当該活動を行うことができる法的地位としての「在留資格」を定める。

したがって、在留資格にはわが国が受け入れる外国人の行う在留活動が一対一で対応するのである。

そのうえで、入管法２条の２第１項は、「本邦に在留する外国人は、出入国管理及び難民認定法及び他の法律に特別の規定がある場合を除き、それぞれ、当該外国人に対する上陸許可若しくは当該外国人の取得に係る在留資格…又はそれらの変更に係る在留資格をもって在留するものとする。」と定め、また同条２項は、「別表第一の上欄の在留資格をもって在留する者は当該在留資格に応じそれぞれ本邦において同表の下欄に掲げる活動を行うことができ、別表第二の上欄の在留資格をもって在留する者は、当該在留資格に応じそれぞれ同表の下欄に掲げる身分又は地位を有する者としての活動を行うことができる。」と定めている。

この入管法２条の２の規定から、次のように言うことができる。

第一に、入管法に特別の規定がある場合としては、入管法第３章第４節の規定に基づく上陸許可制度である特例上陸許可制度などがあり、他の法律に特別な規定がある場合としては、「日本国との平和条約に基づき日本の国籍を離脱した者等の出入国管理に関する特例法」（平成３年法律第71号。以下、「入管特例法」という。）に基づく特別永住許可制度があるが、このような特別な場合を除き、本邦に在留する外国人は入管法に規定されているいずれかの在留資格をもって在留しなければならない。

第二に、外国人は、「上陸許可」若しくは「当該外国人の取得」により、又は「それらの変更」により在留資格を有することとなる。

もっとも、ここでは外国人が在留資格を有することとなる場合として「上陸許可」「当該外国人の取得」及び「それらの変更」があげられている。

第三に、在留資格を有する外国人は、本邦においてその在留資格に対応する活動（別表第一の在留資格の場合は、その在留資格に対応する別表第一の下欄に掲げられている活動、別表第二の在留資格の場合は、その在留資格に対応する別表第二の下欄に掲げられている身分又は地位を有する者としての活動）を行うことができる。

もっとも、在留資格に対応する活動は、わが国の経済、社会の発展を期する観点からそのような活動を在留活動として行う外国人を受入れの対象とするために定められたものである。それゆえ、そのような活動に対応する在留資格をもって在留する外国人は、その在留資格に対応する活動を行うことができるだけではなく、そのような活動を在留活動として行って在留することを期待されることとなる。

在留資格によって外国人の上陸、在留の管理を行う制度が在留資格制度であるが、在留資格制度の下においては、本邦に在留する外国人は、在留資格の決定を受けて入管法の規定するいずれかの在留資格を有していなければならない。同時に、その在留資格に対応する活動を行うことを目的として在留しなければならない。

このことにより、外国人の受入れ範囲が在留資格に対応する活動を行うことを目的として在留する外国人に限定されるのである。

なお、前述したように、わが国に在留する外国人は、すべて在留資格を有していることが必要とされているのではなく、入管法又は他の法律の特別の規定により在留する場合があるが、本書においては、わが国に一定期間以上在留してわが国の経済、社会に重要な影響を及ぼす外国人の受入れについて検討することを目的とすることから、在留資格を有して在留する外国人に係る制度を中心に見ていくこととし、特例上陸許可制度や特別永住許可制度などの入管法又は他の法律の特別の規定により在留する制度については、必要に応じて触れることにとどめることとする。

それでは、次に、より具体的に在留資格とそれに対応する活動及び外国人が在留資格を取得する場合などについて見ていくこととする。

（在留資格と在留資格に対応する活動）

このように「在留資格」とは、外国人がわが国に在留すること及び一定の活動を行うことの根拠となる資格である。

入管法は、外国人がわが国において行うことが予想される在留活動を分類して、わが国が政策的観点から、その活動を行う外国人の受入れを行うべきである。又は少なくとも受入れが可能であると考える活動の類型ごとに、わが国に在留してその類型の活動を行うことができる法的地位としての在留資格を定めている。

したがって、一つの在留資格には、必ず一つの活動が対応し、在留資格を取得した外国人は、その在留資格に対応する活動を行ってわが国に在留することができる。

具体的には、入管法は、別表第一と別表第二の二つの別表（ただし、別表第一には一から五までの五つの表が定められている。）を定め、それらの表を上下に区切って二つの欄（表の横の区切りを「欄」という）とし、上欄には在留資格（の名称）を掲げ、別表第一の下欄には一定の（類型の）活動を、また、別表第二の下欄には、一定の身分又は地位を掲げている。

このように、別表第一の上欄の在留資格（以下、「別表第一の在留資格」という。）については下欄に「活動」が掲げられ、別表第二の上欄の在留資格（以下、「別表第二の在留資格」という。）については下欄に「身分又は地位」が掲げられているが、それらの在留資格をもって在留する者が行うことができる活動については、別表第一の在留資格をもって在留する者は「当該在留資格に応じそれぞれ同表の下欄に掲げる活動」を、別表第二の在留資格をもって在留する者は、「当該在留資格に応じそれぞれ別表の下欄に掲げる身分若しくは地位を有する者としての活動」を行うことができると定められている（入管法2条の2第2項）。また、後述する上陸のための条件に関しても、上陸しようとする外国人が別表第二の在留資格を取得する場合に要件となるのは、当該外国人が同表の下欄に掲げられている身分又は地位を有することそのものではなく、当該外国人が本邦において行おうとする活動が当該身分又は地位を有する者としての活動であることである。

このように、入管法は、各在留資格それぞれについて一つの活動を対応させており、別表第一の在留資格の場合は当該在留資格に対応する別表第一の下欄に定められている活動が、別表第二の在留資格の場合は、当該在留資格に対応する別表第二の下欄に定められている身分又は地位を有する者としての活動が対応する。〈12〉

ただし、別表第一の在留資格のうち「高度専門職」及び「技能実習」の在留資格については、注意すべき点がある。すなわち、「高度専門職」の在留資格については同表の高度専門職の項（表の縦の区切りを「項」という。）の下欄に掲げられている第1号のイからハまで又は第2号の区分が、「技能実習」の在留資格については同表の技能実習の項の下欄に掲げる第1号イ若しくはロ、第2号イ若しくはロ又は第3号イ若しくはロの区分が在留資格に含まれることとされている（入管法2条の2第1項）。それゆえ、実質的には、「高度専門職」の在留資格としては四つの在留資格が、また、「技能実習」の在留資格としては六つの在留資格が存在することになる（本書では、右記のそれぞれの区分に対応するものとしての「高度専門職」及び「技能実習」の在留資格を表記する場合には、それぞれの区分を在留資格の名称に付して「高度専門職（1号イ）」「高度専門職（1号ロ）」「高度専門職（1号ハ）」「高度専門職（2号）」「技能実習（1号イ）」「技能実習（1号ロ）」「技能実習（2号イ）」「技能実習（第2号ロ）」「技能実習（3号イ）」「技能実習（3号ロ）」とする。）。

そして、「高度専門職」及び「技能実習」の在留資格に係るこれらの区分は、「別表第一の上欄」にも含まれるものとされている（入管法2条の2第2項）。

それゆえ、これらの区分に係る在留資格には、それぞれの区分に係る活動（別表第一の高度専門職の項の下欄の第1号のイからハまで又は第2号掲げられている活動及び同表の技能実習の項の下欄に掲げられている第1号イ若しくはロ、第2号イ若しくはロ又は第3号イ若しくはロの活動）が対応する。

ところで、入管法の別表に定められている在留資格は、二八あり、このうち、別表第一の在留資格が二四であり、別表第二の在留資格が四である。ただし、前述したように、別表第一の在留資格のうち「高度専門職」と「技能実習」の在留資格については、対応する別表の下欄の活動の区分が在留資格に含まれるものとされているので、これを加えると、在留資格は三六となる。

（在留資格の決定を伴う許可）

前述したように、入管法2条の2第1項は、「本邦に在留する外国人は、…当該外国人に対する上陸許可若しくは当該外国人の取得に係る在留資格…又はそれらの変更に係る在留資格をもって在留するものとする。」と定めているが、外国人は、一定の許可を受ける際に在留資格の決定を受けて在留資格を有することとなる。したがって、外国人が在留資格を取得するためには、許可に際して在留資格の決定が行われる許可（在留資格の決定を伴う許可）を受けることが必要である。

それでは、わが国に入国・在留しようとする外国人が在留資格を取得することができる在留資格の決定を伴う許可としては、どのような許可があるのか。

①　新規入国した外国人の場合

外国人がわが国に新規入国した場合、わが国に上陸する（特例上陸許可を受けて上陸する場合を除く。）ためには、入管法６条の２の規定による上陸の申請を行って上陸許可を受けなければならないが、外国人は、この上陸許可により在留資格を取得することができる。

上陸が許可される場合上陸許可の証印が行われるが、上陸許可の証印をする場合に「在留資格及び在留期間を決定する」とされている（入管法９条３項、10条９項、11条５項）。

②　わが国に在留している外国人の場合

わが国に在留している外国人の場合、その外国人が在留資格を有していない場合とすでに何らかの在留資格を有している場合とで異なる。

在留資格を有していない外国人の場合は、在留資格の取得許可又は在留特別許可を受けて在留資格を取得することができる。

入管法22条の２により、日本の国籍を離脱した者又は出生その他の事由により上陸の手続を経ることなく本邦に在留することとなる外国人は、それぞれ日本の国籍を離脱した日又は出生その他の事由が生じた日から六〇日を限り引き続き在留資格を有することなく本邦に在留することができるが、その期間を超えて本邦に在留しようとする場合は、法務大臣に対し在留資格の取得を申請しなければならない。そして、この申請に対する許可を受けた外国人は在留資格を取得することとなる（入管法22条の２）。

また、一時庇護のための上陸の許可を受けた外国人で在留資格をもって在留しようとするものも在留資格の取得許可を受けて在留資格を取得することができる（入管法22条の３）。

難民の認定を申請しその認定を受けた在留資格未取得外国人（在留資格をもって在留する者、一時庇護のための上陸許可を受けた者で許可書に記載された期間を経過していないもの、及び特別永住者以外の者をいい、不法滞在者も含まれる。）で入管法61条の２の２第１項の各号に該当しないものについては、法務大臣が「定住者」の在留資格の取得を許可する（同法同条同項）とされており、この場合も、その許可を受けた外国人は在留資格を取得することとなる。

次に、退去強制手続を受けた外国人について、当該外国人から法務大臣に対し異議の申出が行われた場合において、その異議の申出が理由があるかどうかを裁決するに当たって、法務大臣は、その異議の申出に理由がないと認める場合でも入管法50条１項の各号のいずれかに該当するときはその外国人の在留を特別に許可することができるとされている（同条同項）が、この許可をする場合に、「法務大臣は、法務省令で定めるところにより、在留資格及び在留期間を決定し、その他必要と認める条件を付することができる」と定められている（同条第２項）。

退去強制手続を受けた外国人は、（従前在留資格を有することなく在留していた者も含めて）この許可（退去強制手続における在留特別許可）により在留資格を取得することが可能である。〈13〉

また、在留資格未取得外国人が難民認定手続の結果難民と認定されたが上記の「定住者」の在留資格の取得が許可されなかったとき及び難民と認定されなかったときにも、法務大臣は、その在留資格未取得外国人の在留を特別に許可すべき事情があるか否かを審査するものとされ、当該事情があると認めるときは、その在留を特別に許可することができるとされている（入管法61条の２の２第２項）。

この許可（難民認定手続における在留特別許可）をする場合には、「在留資格及び在留期間を決定」すると定められており（入管法61条の２の２第３項）、この許可を受けた外国人は在留資格を取得する。

次に、すでに何らかの在留資格をもってわが国に在留する外国人の場合は、在留活動を変更する場合に在留資格の変更を申請し、その許可を受けて在留資格を変更することができる（入管法20条、20条の２、22条）。

なお、入管法は、上陸許可の証印、退去強制手続における在留特別許可（許可を受けた外国人が在留資格を取得する場合）、難民認定手続における定住者の在留資格の取得許可及び在留特別許可に関しては、これらの許可をする場合に在留資格（及び在留期間）を決定すると定めているが、在留資格の取得許可や在留資格の変更許可に関しては、在留資格（及び在留期間）の決定ということは明示的には定められていない。しかし、在留資格の取得や在留資格の変更の許可に際しても「在留資格（及び在留期間）の決定」が行われるものと解される（入管法19条の３の規定を参照）。

ところで、これらの在留資格の決定を伴う許可の要件は、それぞれの許可によって異なるが、在留資格とそれに対応する活動の性格から、少なくとも、その外国人がこれらの許可を受けて在留中にその在留の目的として本邦において行おうとする活動が、在留資格に対応する活動であることが在留資格の決定の要件となり、したがって、在留資格の決定を伴う許可の要件となる。

この意味で、在留資格ないし在留資格に対応する活動は、わが国が受け入れる外国人の範囲（最大範囲）を限定するものである。

以上を前提に、次に、外国人の「受入れの開始」「受入れの継続」「受入れの終了」及び「在留の打ち切り」に係る入国管理法制上の諸制度について見ていくこととする。

２　新規入国者の受入れの開始――上陸許可制度

(1)　一般上陸の許可

新規入国者としてわが国に到着した外国人がわが国に上陸する（わが国の領土に入る。）ためには、その外国人が上陸しようとする出入国港〈14〉において、入国審査官に対し上陸の申請をしなければならない（入管法６条２項）。

上陸の申請には、在留資格を取得して本邦に在留することを目的とする場合とそれ以外の場合とがあり、本書では前者を一般上陸の申請ということとし、入管法第３章第１節、第２節の規定によりその可否が決定される。一般上陸の申請に対する許可（以下、「一般上陸の許可」という。）が行われる場合には、在留資格と在留期間が決定され、一般上陸の許可を受けた外国人は、わが国の領土に上陸することが認められ、以後、その決定された在留資格をもってわが国に在留することができる。

一方、後者（在留資格を取得して本邦に在留することを希望しない新規入国者、一般上陸の許可を受けられない者を含む。）は、入管法第３章第４節に規定されている特例上陸の許可の申請を行って、許可を受けて上陸することが可能である。

特例上陸の許可には、寄港地上陸の許可（入管法14条）、船舶観光上陸の許可（入管法14条の２）、通過上陸の許可（入管法15条）、乗員上陸の許可（入管法16条）、緊急上陸の許可（入管法17条）、遭難による上陸の許可（入管法18条）、一時庇護のための上陸の許可（入管法18条の２）がある。

なお、特例上陸の許可を受けて上陸した新規入国者が在留することができる期間は、原則として短期間に限られる。ただし、一時庇護のための上陸許可を受けた者の上陸期間は六月を超えない範囲内とされ（入管法施行規則18条５項）、加えて、在留資格を取得することも可能である（入管法22条の３）。

このように、現行の入国管理法制においては、新規入国者として来日した外国人は、一時的観光や通過のために上陸するなどの特別な場合を除いて、一般上陸の許可を受けて在留資格の決定を受け、それによって取得した在留資格をもって在留しなければならない。

そして、入管法は７条１項で上陸のための条件を定めているがこの上陸のための条件が、上陸特別許可を除く一般上陸の許可の要件となる。〈15〉

⑵　上陸のための条件

入管法７条１項は、一般上陸の許可に関して、四つの上陸のための条件を定めている。

四つの上陸のための条件は、入管法７条１項の１号から４号までの各号に掲げられており、本書では、それぞれの号数を使って、「１号の上陸のための条件」「２号の上陸のための条件」「３号の上陸のための条件」「４号の上陸のための条件」ということとするが、１号の上陸のための条件は旅券と必要な場合には査証を有することといった形式的な要件であり、３号の上陸のための条件も在留期間が法務省令に適合する〈16〉ということであるので、この二つの条件を除いた残りの二つの条件（２号の上陸のための条件及び４号の上陸のための条件）が、外国人の受入れ範囲を定める実質的な要件となっている。

このうち、２号の上陸のための条件は、在留資格に係る要件（在留資格認定の要件）であり、積極的要件である。一方、４号の上陸のための条件は、上陸拒否事由に係る消極的要件である。以下、２号の上陸のための条件（在留資格認定の要件）と４号の上陸のための条件について、外国人の受入れに関する政策の観点から、順次検討していくこととする。

ア　在留資格認定の要件―受入れの積極的要件

(虚偽のものでないこと)

２号の上陸のための条件（在留資格認定の要件）は、大きく三つの要件に分かれる。その第一は、申請に係る本邦において行おうとする活動（上陸の申請を行った外国人が、上陸の申請に際して申し立てた上陸許可を受けて上陸した場合に日本において行うことを予定している活動）が虚偽のものでないことである。この要件は、上陸の申請を行った外国人が、日本において行う予定であると申し立てた活動を真に行うことを予定していること（内心はその活動を行うことを予定していないにもかかわらずその活動を行うことを予定していると申し立てたものではないこと）を求めると同時に、客観的に見ても、その外国人が、実際に、その申し立てた活動を行うことが可能であることを求めるものである。

すなわち、この要件に適合するためには、本邦に上陸しようとする外国人が上陸の申請において行った一定の活動を行うという申立が当該外国人の内心の意思と一致しているとともに、例えばその活動を行うために所属することを予定している機関がある場合には、その受入れ体制が整っていることなどを含めて、その活動を行うことが実現可能であること、そして、その前提としてそもそも滞在費などの面においてわが国に滞在して生活をすることが可能であることの二つが必要である。

（在留資格該当性）

在留資格認定の第二の要件は、「在留資格該当性」と呼ばれている要件で、上陸の申請を行った外国人の当該申請に係る本邦において行おうとする活動が在留資格に対応する活動のいずれかに該当することである。

在留資格に対応する活動は、個別具体的な活動ではなく一定の類型としての活動であるので、この要件は、上陸の申請を行った外国人が日本において行うことを予定している活動が在留資格に対応する活動のいずれかに属するものであることを意味し、実際には、新規入国者として来日し、上陸しようとする外国人が日本において行うことを予定している活動を、その外国人が取得することを希望する在留資格に対応する活動に含まれるものであることを意味することとなる。

このことにより、いずれかの在留資格に対応する活動を行おうとする外国人でなければ上陸のための条件には適合しないこととなり、この意味で、在留資格は、外国人の受入れに関する政策に基づいてわが国が受け入れる外国人の大枠（最大範囲）を決定しているのである。ただし、例外として上陸特別許可の制度があるが、この点については後述する。

また、上陸のための条件においては、一定の在留資格に対応する活動が、本邦において行おうとする活動が当該活動である場合に、２号の上陸のための条件に適合することとなる活動から除外されている。すなわち、上陸の申請を行った外国人の当該申請に係る本邦において行おうとする活動が入管法別表第一の二の表の高度専門職の項の下欄第２号又は別表第二の永住者の項の下欄に掲げる活動である場合には、言い換えれば、「高度専門職（第２号）」又は「永住者」の在留資格に該当する場合には、２号の上陸のための条件には適合しないこととされている。

このうち、前者については、入管法別表第一の二の表の高度専門職の項の下欄第２号の活動は、同欄の第１号に掲げる活動を行った者であることが要件とされている（同欄第２号）ことによる。「高度専門職（第２号）」は「高度専門職（第１号イ）」「高度専門職（第１号ロ）」「高度専門職（第１号ハ）」をもって在留していた外国人が在留資格の変更許可を受けて取得することが想定されているのである（なお、入管法20条の２、出入国管理及び難民認定法別表第一の二の表の高度専門職の項の下欄の基準を定める省令（平成26年法務省令第37号。以下、「高度専門職省令」という。）第２条参照）。

一方、後者については、わが国が移民の受入れを行わないという政策をとっていることに基づくが、この点については後述する。

次に、「特定活動」「定住者」「高度専門職（第１号イ）」「高度専門職（第１号ロ）」「高度専門職（第１号ハ）」及び「技能実習」の在留資格については、在留資格に対応する活動の内容が入管法の別表の規定だけでは確定しないこととなっている。

まず、「高度専門職」の在留資格の場合、該当する活動を行う者が法務省令で定める基準に適合する者であることが要件とされ、さらに、「高度専門職（１号イ）」「高度専門職（１号ロ）」「高度専門職

（1号ハ）」の場合には、在留資格の決定に当たって法務大臣により所属機関となる本邦の公私の機関の指定が行われる。また、「技能実習（1号イ）」「技能実習（1号ロ）」「技能実習（2号イ）」「技能実習（2号ロ）」「技能実習（3号イ）」「技能実習（3号ロ）」の場合は、あらかじめ技能実習法に基づく認定を受けた技能実習計画に基づいて行うことが要件とされている。このため、これらの在留資格の場合、別表下欄の規定だけでは活動の内容が完全には決まらないこととなる。特に、このうち後者の「技能実習」の在留資格の場合は、別の法律である技能実習法に基づく認定制度や許可制度が存在することなどから、これらの要件が在留資格に対応する活動の内容に大きな影響を与えることとなる。ただ、それでも、これらの在留資格の場合は、外国人本人が行う在留資格に対応する活動の内容の主要部分は、在留資格を定める入管法別表の下欄の規定によって決まっている。

これに対し、「特定活動」及び「定住者」の二つの在留資格については、入管法別表第一の五の表の下欄に掲げる活動（「特定活動」の在留資格に対応する活動）については法務大臣があらかじめ告示をもって定める活動に限るものとされ、入管法別表第二の定住者の項の下欄に掲げる地位については法務大臣があらかじめ告示をもって定めるものに限るとされている。また、そもそも、「特定活動」及び「定住者」の二つの在留資格の場合は、対応する活動又は地位の内容が入管法別表の下欄に具体的に定められていない。すなわち、「特定活動」の在留資格の場合は、「法務大臣が個々の外国人について特に指定する活動」が在留資格に対応する活動となっており、また、「定住者の在留資格の場合は、

「法務大臣が特別な理由を考慮し一定の在留期間を指定して居住を認める者」という地位が、「定住者」の在留資格に係る「本邦において有する身分又は地位」として規定されている。

このことは、外国人の受入れ範囲という観点からは、法務大臣が、これらの在留資格によって外国人の在留を許可することによってその外国人が受入れの対象となるということであり、これら二つの在留資格については、外国人の受入れ範囲を明確に規定するという通常の在留資格制度の考え方とは異なる考え方がとられていることを意味する。ただ、ここでは、問題の指摘にとどめ、詳しくは、後述することとする。

（基準適合性）

次に、在留資格認定の第二の要件は、基準適合性の要件である。

入管法は様々な活動を在留資格に対応する活動として定めているが、その活動を行う外国人であれば限定することなく受け入れて良い場合とそうではない場合とに分け、後者に当たる活動がその在留資格に対応する活動である在留資格による受入れについては、法務省令で別に基準（上陸許可基準）を定め、上陸許可基準に適合する外国人でなければ、上陸のための条件に適合しないこととしている。

そして、上陸許可基準について、入管法は、「我が国の産業及び国民生活に与える影響その他の事情を勘案して法務省令で定める」と規定しているだけで、具体的にどのような基準を定めるのかは、政府法務省令に委ねられている。このことにより、一定の在留資格による外国人の受入れついては、政府

が、その時々の国内外の状況を考慮して、質的にあるいは量的に調整できるようにしているのである。〈17〉

（要件の明確性と例外）

在留資格認定の要件は、このように、上陸の申請を行った新規入国者たる外国人が上陸の申請において申し立てた「本邦において行おうとする活動」が真にその外国人が上陸後に行うことを予定しているものであり、かつ、客観的に行うことが可能なものであること、その活動が入管法の定める在留資格〈18〉のいずれかに対応する活動に該当すること及び一定の在留資格に対応する活動に該当する場合には法務省令で定める上陸許可基準にも適合することであり、在留資格に対応する活動は入管法自体によって、また、上陸許可基準も法務省令によって明確に定められていることから、〈19〉上陸のための条件に適合するか否かは、羈束的に判断されるものとされている。〈20〉

以上が、在留資格認定の要件の概要であるが、これには例外が存在する。それは、例外的な在留資格と上陸特別許可という二つの制度の存在である。

以下、この点について説明する。

（特別な在留資格――「特定活動」と「定住者」）

在留資格は、外国人の受入れ範囲（の大枠）を法令の形で示すものであるが、来日しようとする外国人にとっても、また、その外国人を雇用する企業やその外国人が入学する予定の学校等その外国人がわが国において所属する本邦の公私の機関にとっても、外国人の受入れ範囲―どのような外国人が在留を認められるのかが明確に示されていることが重要である。受入れについての予見可能性がないと、そのことが国際間の人的交流の阻害要因ともなり得るのである。

そのため、前述したように、一部の要件が法務省令に委ねられている場合（「高度専門職」の在留資格）や所属機関が法務大臣の指定する機関であることが要件とされている場合（「高度専門職（1号イ）」「高度専門職（1号ロ）」「高度専門職（1号ハ）」）の場合）、活動が別の法律に基づく認定を受けた計画に基づいて行われることが要件とされている場合（「技能実習」の在留資格の場合）はあるものの、その在留資格を有する外国人が当該在留資格に基づいて行うことができる活動の内容は、入管法により明確に定められている。

しかし、一方で、人間の行う活動をすべて想定して列挙することは、事実上困難であると同時に、法律によらなければ受入れ範囲を変更できないとすることは、事情の変化にタイムリーに対応することを困難とするという問題もある。

そこで、外国人の受入れ範囲に関して、柔軟な対応を可能とするため設けられたのが、「特定活動」と「定住者」という二つの在留資格である。

すなわち、入管法は、わが国の外国人の受入れに関する政策に基づいてわが国が受入れを行う外国人の活動を類型化してそのそれぞれの活動に対応する在留資格（正確には「特定活動」及び「定住者」

以外の在留資格）を設けて外国人を受け入れることとしているが、このような制度の例外として、（「特定活動」及び「定住者」以外の）在留資格に該当しない活動を行う外国人の受入れを可能とするのがこれら二つの在留資格であり、「特定活動」の在留資格は、他の別表第一の在留資格に該当しない活動を行う外国人を、また、「定住者」の在留資格は、他の別表第二の在留資格に該当しない活動、すなわち、別表第二の定住者の項以外の項の下欄に掲げられている身分又は地位を有する者としての活動に該当しない活動を行う外国人を受入れの対象とする。

そして、「特定活動」と「定住者」の二つの在留資格に対応する活動は、前者の場合が「法務大臣が個々の外国人について特に指定する活動」、後者の場合が「法務大臣が特別な理由を考慮し一定の在留期間を指定して居住を認める者」としての活動であり、したがって、いずれの在留資格も、法務大臣が、一定の行為を行うことにより個別に在留資格を創設して他の在留資格に該当しない外国人を受け入れることができることとされている。〈21〉

このように、これら二つの在留資格は、在留資格に該当する活動があらかじめ明示されず法務大臣の行為によって決まるという点で特例的な性格を有する在留資格であり、それぞれが定められているのと同一の別表の他の在留資格に該当しない外国人に対して決定されるという意味において補充的な性格を有する在留資格である。

このような特別な在留資格を設けているのは、従来予想されなかったような新しい類型の活動を行う外国人を受け入れることが必要と考えられる場合に、その活動に係る在留資格を設けるまでの間の当面の措置として、あるいはそのような活動を行う外国人の受入れについての最終的結論を得るまでの間の暫定的措置として、そのような外国人を受け入れる場合、特定の催しに係る措置として外国人を受け入れる場合のように時限的に一定の活動を行う外国人を受け入れる場合、さらには、一律にではなく個々の事情を考慮して個別の判断に基づいて受入れを行う場合などに個々の事情に応じて適切に対応することを可能とするためである。

ただ、ここで、注意しなければならないのは、「特定活動」及び「定住者」の在留資格を決定して許可をする権限は法務大臣にあり、したがって、入国審査官限りでは、これらの在留資格を使って許可をすることができないということである。

新規入国者に対する上陸許可の場合、原則として、入国審査官限りで上陸許可（入管法上は「上陸許可の証印」）をすることとされていて、法務大臣が関与するのは、入国審査官による上陸のための審査及び、特別審理官による口頭審理を経て、特別審理官から上陸のための条件に適合していないと認定され、当該認定を受けた外国人が法務大臣に対して異議を申し出た場合に限られている。入国審査官による通常の許可では、法務大臣が活動の指定や地位の創設を行う余地がないことから、「特定活動」又は「定住者」の在留資格によって上陸を許可することはできない。

しかし、「特定活動」及び「定住者」の在留資格による受入れは例外的なものであるといっても、すべての場合に、一旦口頭審理を経て上陸のための条件に適合しない旨の認定を受け、その認定に対して異議を申し出た場合に限って、これらの在留資格による上陸が許可され得る〈22〉というのでは、上陸の申請を行った外国人の側から見て予見可能性がなく、不安定な立場に立つとともに手続としても煩雑である。

（告示制度）

この問題を解決し、「特定活動」又は「定住者」の在留資格を決定して上陸を許可する場合においても、一定の場合には、他の在留資格を決定して上陸を許可する場合と同様に、入国審査官限りで、行うことを可能としたのが「上陸に関する告示制度」である。

この「上陸に関する告示制度」は、法務大臣による入国審査官に対する一種の権限の委任であるが、法務大臣があらかじめ告示をもって活動や地位を定めた場合には、入国審査官限りで、その告示によって定められた活動を指定して「特定活動」の在留資格を、あるいは告示により定められた地位に係る「定住者」の在留資格を決定して上陸を許可することができるとするものである。

それゆえ、「上陸に関する告示制度」は、見方を変えれば、法務大臣は、告示という形式で入管法別表の下欄に掲げられている活動や身分若しくは地位を追加的に創設し、新たな在留資格を創設することができるということであるが、基本となる外国人の受入れに関する政策を無意味としてしまうような形で告示を定めるということまではできないと考えられる。あくまで、現在の外国人の受入れに関する政策を前提に、その例外を補充的に定めることができるものと理解すべきである。
ただ、入管法自体で定められているのではないが、告示で定められている活動や地位は、入管法別表の下欄の規定と同程度に明確に定められており、受入れ範囲の明確性という観点からは、特に例外とはなっていない。告示制度があっても、あるいはむしろ告示制度が存在することによって、入国審査官限りで行う上陸許可による外国人の受入れの積極的要件は明確に定められているということができる。

なお、実際の告示としては、「特定活動」の在留資格に係る活動を定めるものとして、「出入国管理及び難民認定法第七条第一項第二号の規定に基づき同法別表第一の五の表の下欄に掲げる活動を定める件」（平成２年法務省告示第131号。以下、「特定活動の告示」という。）が、〈23〉また、「定住者」の在留資格に係る地位を定めるものとして、「出入国管理及び難民認定法第七条第一項第二号の規定に基づき同法別表第二の定住者の項の下欄に掲げる地位を定める件（平成２年法務省告示第132号。以下、「定住者の告示」という。）が定められている。

このうち、特定活動の告示には、家事使用人、ワーキングホリデーなどに係る活動が定められていて、これらの活動を行う外国人の受入れがこの告示に基づいて行われている。また、経済連携協定に基づく看護師候補者あるいは介護福祉士候補者の受入れもこの告示に基づいて行われている。

一方、定住者の告示に基づく受入れとしては、第三国定住難民、日系人、中国残留邦人などの受入れが行われている。

（上陸特別許可制度）

上陸のための条件は、入国審査官が一般上陸許可をする場合の要件であり、法務大臣は、上陸のための条件に適合しない外国人に対しても一般上陸許可をすることができる。

ところで、入管法は、新規入国者に係る一般上陸の手続として三段階の手続を定めているが、このうち、法務大臣が判断を行うのは、第三段階の手続においてである。

第一段階は、上陸の申請を受けた入国審査官が行う上陸のための審査で、上陸のための条件に適合しているかどうかを審査し、適合していると認定したときは、上陸の申請を行った外国人の旅券に上陸許可の証印を行う（ただし、入管法9条4項により、入国審査官は、特定登録者カード〈24〉を所持している外国人の場合は、電子計算機に備えられたファイルに記録（上陸許可の証印に代わる記録）することができ、この場合には、上陸許可の証印を行うことを要しないものとされている。）。ただし、入国審査官は、上陸のための条件に適合していないことの認定を行う権限はなく、上陸許可の証印又は上陸許可の証印に代わる記録を行う場合を除き、特別審理官に引き渡す。特別審理官とは、口頭審理を行わせるため法務大臣が指定する入国審査官である（入管法2条12号）。

第二段階は特別審理官により行われるが、特別審理官は口頭審理を行い、その結果、上陸の申請を行った外国人が上陸のための条件に適合していると認定したときは、その外国人の旅券に上陸許可の証印を行い、適合していないと認定したときは、上陸の申請を行った外国人にその旨を知らせるとともに、法務大臣に対し異議を申し出ることができる旨を知らせる。このような手続を経てはじめて、第三段階の手続が行われるのである。

もっとも、右記の第一段階及び第二段階の手続については、例外がある。

入管法6条3項は、同項の1号から5号までのいずれかに該当する外国人を除き、一般上陸の申請を行おうとする外国人は、入国審査官に対し、「申請者の個人の識別のために用いられる法務省令で定める電子計算機の用に供するため、法務省令で定めるところにより、電磁的方式（電子的方式、磁気的方式その他人の知覚によっては認識することができない方式をいう。以下同じ。）によって個人識別情報（指紋、写真その他の個人を識別することができる情報として法務省令で定めるものをいう。以下同じ。）を提供しなければならない。」と定めており、この規定に基づいて新規入国者は指紋及び写真（入管法施行規則5条7項）を提供しなければならない。この規定により個人識別情報を提供すべきであるにもかかわらず提供しない外国人について、特別な手続が行われる。

すなわち、入国審査官は、前記入管法6条3項の1号から5号までのいずれにも該当しないと認める外国人が個人識別情報を提供しないときは、そのことをもってその外国人を特別審理官に引き渡す（入管法7条4項）。引渡しを受けた特別審理官は、口頭審理を行い、その結果、その外国人が入管法6条3項の1号から5号までのいずれにも該当しないと認定したときは、当該外国人に対しその旨を知らせて本邦からの退去を命ずる（入管法10条7項）。この場合には法務大臣による第三段階の手続は行われない。

ただし、その外国人が入管法6条3項の各号のいずれかに該当すると認定した場合又は個人識別情報を提供した場合には、その外国人が上陸のための条件に適合していると認定したときはその外国人の旅券に上陸許可の証印を行い（入管法10条8項）、その外国人が上陸のための条件に適合していないと認定したときは、上陸の申請を行った外国人にその旨を知らせるとともに法務大臣に対し異議を申し出ることができる旨を知らせる（入管法10条10項）。この場合には、第三段階の手続が行われることとなる。

このような例外はあるが、上陸の申請を行った外国人が特別審理官から上陸のための条件に適合しないと認定された場合には、外国人は、不服の事由を記載した書面を主任審査官に提出して異議を申し出ることができるとされている。主任審査官とは、上級の入国審査官で法務大臣が指定するものである（入管法2条11号）異議の申出を受理した法務大臣は、その異議の申出が理由があるかどうかを裁決して、その結果を主任審査官に通知しなければならないこととされている。

もちろん、法務大臣が異議の申出が理由があると裁決すれば、主任審査官は、その外国人の旅券に上陸許可の証印を行う。また、異議の申出が理由がないと裁決した場合には、その外国人は、原則として本邦からの退去を命ぜられる。

したがって、ここまでは、第三段階の手続においても、上陸が許可されるかどうかは、上陸のための条件に適合するかどうかによる。しかしながら、入管法12条１項は「法務大臣の裁決の特例」として、法務大臣は、異議の申出が理由がないと認める場合であっても、当該外国人が①再入国の許可を受けているとき、②人身取引等により他人の支配下に置かれて本邦に入ったものであるとき、③その他法務大臣が特別に上陸を許可すべき事情があると認めるときには、その外国人の上陸を特別に許可することができると定めている。

この入管法12条１項の規定により、法務大臣は、上陸のための条件に適合しない外国人の上陸を許可することができ、具体的には、上陸許可基準に適合しない場合や後述する上陸拒否事由に係る４号の上陸のための条件に適合しない者に対しても上陸を許可することができるが、さらに、「特定活動」及び「定住者」の在留資格を決定して上陸を許可することができる。

すなわち、法務大臣は、これらの二つの例外的な在留資格を使って例外的な許可である上陸特別許可を行うことにより外国人の受入れ範囲の大枠として入管法により対応する活動が明確に特定されるこれら二つ以外の在留資格に対応する活動に該当しない活動を行う外国人についても、一般上陸の許可をすることができるのである。なお、前述したように、入管法７条１項の規定に基づき告示によってあらかじめ活動や地位が定められていることは、入国審査官限りで「特定活動」又は「定住者」の在留資格を決定することができるようにするためであるから、法務大臣自身が行う上陸特別許可においては、告示で定められていない活動を行おうとする外国人に対して「特定活動」の在留資格を決定することも、告示に定められている地位を有する者としての活動以外の活動を行おうとする外国人に対して「定住者」の在留資格を決定することも可能である。

もちろん、法務大臣は、無原則に受入れ政策の例外となるような受入れを上陸特別許可により行うということはあり得ないが、このような例外的措置が可能であるということは、制度的に重要である。

イ　上陸拒否事由

入管法５条１項は、同項の各号（上陸拒否事由）のいずれかに該当する外国人は、本邦に上陸することができないと定め、さらに、同条２項は、本邦に上陸しようとする外国人が同条１項の各号のいずれにも該当しない場合でも、その者の国籍又は市民権の属する国が同項各号以外の事由により日本人の上陸を拒否するときは、同一の事由により当該外国人の上陸を拒否することができると定めている。

在留資格認定の要件に適合している外国人であっても、個々の外国人の事情から、例えば、テロ対策や犯罪対策の観点から、その外国人を受け入れるべきではない場合があり得る。このような場合に、その事情に基づきその外国人の受入れ、上陸を拒否するのが上陸拒否制度である。

したがって、上陸拒否制度は、外国人の受入れに関する政策における消極的側面を法令化している制度であり、受入れの対象となる外国人の上陸を、その外国人の行った行為やその外国人について発生した事実あるいは一定の「おそれ」に基いて拒否する制度である。

上陸拒否制度は、不法就労対策、テロ対策、犯罪対策などのために実施される「水際対策」、とりわけ「国境を越える人の移動に係る水際対策」の中核をなす制度として重要性が増しており、近時、上陸拒否事由を追加する改正が頻繁に行われている。

(3)　入国の規制

次に、上陸のための条件には含まれないが、受入れの消極的要件として重要なものとして退去強制制度による入国の規制の問題があるので、ここで触れておくこととする。

退去強制制度は、わが国にいる外国人についてその外国人が一定の行為を行い又はわが国にいる外国人について一定の事実が発生したときに、その外国人の在留を打ち切り、国外に退去させる制度である。入管法24条は、同条の各号（退去強制事由）のいずれかに該当する外国人については、本邦からの退去を強制することができると定めている。この入管法24条各号に定められている退去強制事由の多くは、わが国に在留する外国人がその在留中〈25〉に一定の行為を行ったこと又は一定の事実が発生した場合に適用されるものである。このような退去強制事由の適用は、外国人の受入れ後にその在留を打ち切るもので、外国人の受入れの継続の問題であって受入れ開始の問題ではない。

しかしながら、退去強制事由のなかには、その適用を受ける外国人がその行為を行った時期が本邦在留中であるか否かに関わりなく（その外国人が本邦に在留や入国をしたことがない場合も含めて）過去に一定の行為を行ったことがあること、あるいは発生した時期がその外国人が本邦在留中であるか否かに関わりなく（その外国人が本邦に在留や入国をしたことがない場合も含めて）その外国人について一定の事実が発生していることを退去強制事由とするものがある。

このような退去強制事由の場合、それに該当する外国人が、わが国の領域内に入れば（入管法上は入国すれば）、直ちにその外国人に対して退去強制手続を行うことが可能であるということになる。

例えば、国連安全保障理事会の決議により通過も含めて入国を防止すべきものとされている外国人は、当該決議の時期に本邦に在留していたか否かには関わりなく、退去強制事由（入管法24条3号の3）に該当する。

したがって、このような退去強制事由の適用は、入国を規制する〈26〉のであり、外国人の受入れの消極的要件となる。なお、このような退去強制事由に該当しないことは上陸のための条件とされてはいないが、仮に、このような退去強制事由に該当する外国人が、そのことに気付かれることなく入国し、上陸の申請を行った場合でも、上陸の審査においてそのことが判明したときは、直ちに退去強制手続が行われ、上陸は許可されないこととなる。

3　在留中の外国人の受入れ

新規入国者である外国人の受入れは、以上のように上陸許可とりわけ一般上陸許可により行われるが、日本国内には上陸許可を受けないで在留する外国人がいる。入管法は、在留資格を有しないで在留している外国人が在留資格を取得する手続を定めている。

また、一般上陸許可を受けて受け入れられた外国人が在留の目的（本法において行う活動）を変更する場合がある。入管法は、在留資格をもって在留する外国人が、在留資格の変更を受ける手続も定めている。

更に、日本に在留する外国人のなかには、在留を認められていないにもかかわらず在留する外国人や後述する受入れの終了により在留を打ち切られたにもかかわらず、そのまま残留する外国人もいる。入管法は、このような者などについて、法務大臣が在留資格の取得を許可し、あるいは、在留を特別に許可するという手続を定めている。

これらの手続により、外国人は、一般上陸の許可によらずに、（新たな）在留資格を取得することができるが、それらは、いずれも、外国人の受入れに関する政策という観点からは、新たな外国人の受入れの開始、国内における受入れの開始としてとらえることができる。

(1)　経過滞在者の在留資格の取得

入管法22条の2第1項は、「日本の国籍を離脱した者又は出生その他の事由により前章に規定する上陸の手続を経ることなく本法に在留することとなる外国人は、…それぞれ日本の国籍を離脱した日又は出生その他当該事由が生じた日から六十日を限り、引き続き在留資格を有することなく本法に在留することができる」と定めている。

なお、住民基本台帳法（昭和42年法律81号）は、国内において出生した日本の国籍を有しない者のうちこの規定により在留することができるものを「出生による経過滞在者」と、また、日本の国籍を失った者のうちこの規定により在留することができるものを「国籍喪失による経過滞在者」というと定めており（同法30条の45）、本書では、この「出生による経過滞在者」と「国籍喪失による経過滞在者」を併せて、「経過滞在者」ということとする。

そして、経過滞在者について、入管法22条の2第2項は、「前項に規定する外国人で同項の期間をこえて本邦に在留しようとするものは、日本の国籍を離脱した日又は出生その他当該事由が生じた日から三十日以内に、…法務大臣に対し在留資格の取得を申請しなければならない」と定めている。

経過滞在者は、この規定により在留資格の取得の申請を行い、許可（在留資格の取得許可）を受けて在留資格を取得して在留することができる。

在留資格の取得許可の要件は、「永住者」の在留資格の取得の場合を除き、当該外国人が提出した文書により在留資格の取得を適当と認めるに足りる相当の理由があることである（入管法20条の2第3項、20条3項本文）が、在留資格を取得する以上、少なくとも、その外国人が本邦において行おうとする活動が取得する在留資格に対応する活動に該当しなければならないし、このほかの点についても、基本的には、一般上陸の許可と同様の要件に適合することが必要であると解されている。国内に既に在留しているということに伴う事情は考慮されるものの、新規入国者の受入れの場合と要件が全く異なるということは、受入れ政策の一貫性という点で不合理であるからである。

なお、経過滞在者は、「永住者」の在留資格の取得の申請を行うこともできる。この場合については、後述する「永住者」の在留資格への在留資格の変更に係る入管法22条（永住許可）の規定が一部読み替えのうえで準用されている（入管法22条の2第4項）。

(2)　一時庇護のための上陸許可を受けて在留している外国人の在留資格の取得

一時庇護のための上陸の許可は、特例上陸の許可であるが、もともと、この一時庇護のための上陸の許可は、難民の可能性のある外国人がわが国に到着した場合に、とりあえず上陸を許可して庇護を行う制度であり、最終的には、この許可を受けて上陸した外国人が、難民等としての庇護の対象となる場合があることが想定されている。

そこで、入管法22条の3は、「一時庇護のための上陸の許可を受けた外国人で別表第一又は別表第二の上欄の在留資格のいずれかをもって在留しようとするもの」が在留資格の取得の申請を行い、許可を受けて在留資格を取得することができることを定めている。

一時庇護のための上陸許可を受けた外国人に係る在留資格の取得許可については前述した経過滞在者に係る在留資格の取得許可に関する規定（入管法22条の2第2項から第4項までの規定）が一部読み替えのうえで準用されており（入管法22条の3）、許可の要件等は、基本的に経過滞在者に係る在留資格の取得許可の場合と同様である。

(3)　在留資格の変更

入管法20条1項は、在留資格を有する外国人は、その者の有する在留資格の変更を受けることができることを定めている。

わが国に在留資格をもって在留する外国人は、その現に有する在留資格に対応する活動を行って在留することができる。在留資格をもって在留する外国人にとってその在留資格に対応する活動を行うことがその在留の目的であり、また、在留の目的でなければならない。

在留資格制度は、外国人の行う在留活動に着目して在留を認める制度であり、外国人に対する在留資格の決定は、その在留資格に対応する活動（に該当する活動）を行うことを前提として行われる。それゆえ、在留資格をもって在留する外国人が、その在留資格に対応する活動（に該当する活動）を行うことをやめた場合、永住者（以下、「永住者」の在留資格をもって在留する者を永住者という。）は別として、在留の継続が認められなくなる。このことが「受入れの終了」であるが、この点については、後述する。

ただ、在留資格をもって在留する外国人がその在留資格に対応する活動（に該当する活動）を行うことをやめた場合であっても、別の在留資格に対応する活動（に該当する活動）を行うという場合がある。このような場合に対応するのが在留資格の変更許可の制度である。〈27〉

言い換えれば、上陸許可などにより何らかの在留資格を取得して当該在留資格に基づいて本邦に在留する外国人が、在留の目的である在留活動を当該在留資格とは異なる在留資格に対応する活動（に該当する活動）に変更する場合に受けなければならない許可が在留資格の変更許可である。

例えば、「教授」の在留資格をもって在留する外国人が企業の取締役に就任して、本邦において行う活動を大学において研究、研究の指導又は教育をする活動から事業の経営をする活動に変更しようとする場合、「留学」の在留資格をもって在留する外国人が企業に就職して、本邦において行う活動を大学において教育を受ける活動から自然科学又は人文科学の分野に属する知識を要する業務に従事する活動に変更しようとする場合などには、その外国人は、在留資格の変更の許可を受けることが必要となる。

この在留資格の変更は、外国人の受入れという観点からは、それまでの受入れを終了し新たな在留目的に基づいて新たな受入れを行うものであり、その意味では、前述した在留資格の取得と同様、国内における「受入れの開始」であり、したがって、在留資格の変更許可は、当該許可を受ける外国人が許可を受けた後に本邦において行おうとしている活動が、外国人の受入れに関する政策に合致するものでなければならない。

在留資格の変更に関して、入管法は、その20条において次のように定めている。

まず、在留資格の変更を受けようとする外国人は、法務大臣に対し在留資格の変更を申請しなければならない（同条2項）。前述したように、一般上陸の許可を受けて上陸しようとする外国人は、入国審査官に対して上陸の申請を行わなければならないが、在留資格の変更の申請は、法務大臣に対して行う。そして、在留資格の変更の許可の要件について入管法は、「永住者」の在留資格への変更の場合を除き（「永住者」の在留資格への変更については後述する。）「法務大臣は、当該外国人が提出した文書により在留資格の変更を適当と認めるに足りる相当の理由があるときに限り、これを許可することができる」（同条3項本文）と定めている。

ただし、同項のただし書で、「短期滞在」の在留資格をもって在留する者の申請については、「やむを得ない特別な事情に基づくものでなければ許可しないものとする」（同項ただし書）とされているほか、入管法20条の2第2項により、「高度専門職（2号）」への在留資格の変更の申請については、法務大臣は、在留資格の変更を申請した外国人が法務省令で定める基準に適合する場合でなければ、許可することができないとされている。前者は、通常、簡易な審査で上陸が許可される「短期滞在」の在留資格の特性を考慮したものである。一方、後者は、「高度専門職（２号）」は別表第一の二の表の在留資格であり、他の別表第一の二の表の在留資格による受入れについては法務省令で定める基準に適合することが上陸のための条件とされているが、「高度専門職（２号）」については、上陸の申請を行った外国人が本邦において行おうとする活動が「高度専門職（２号）」に対応する活動に該当しても上陸のための条件に適合しないものとされていることから、それに係る上陸許可基準は定められていない。このため、在留資格の変更許可について法務省令で基準が定められているのである。

しかし、このような一部の在留資格からの又は一部の在留資格への変更に関する特別な規定はあるが、入管法の在留資格の変更に関する規定には、上陸許可に関する「上陸のための条件」のようなものは定められておらず広範な自由裁量を認める規定となっている。

もっとも、在留資格の取得許可に関してと同様に、新たな在留資格を取得する以上、少なくとも、その外国人が本邦において行おうとする活動が変更により取得する在留資格に対応する活動に該当しなければならないことは明らかである。〈28〉

問題は、この「在留資格該当性」以外の上陸のための条件として規定されている要件であるが、入管法上は、在留資格の変更許可に関して、上陸許可基準への適合性など在留資格該当性以外の要件についても適合することを求める規定は存在しない。

しかしながら、在留資格の取得許可に関してすでに述べたとおり、国内に既に在留している外国人を対象とする許可であるとしても、新規入国者の場合と在留を認める要件が全く異なるということは、受入れ政策の一貫性という点で不合理である。

もっとも、ここで注意しなければならないのは、上陸のための条件は一般上陸の許可全体の要件ではなく、法務大臣により行われる上陸特別許可以外の一般上陸の許可の要件であるということである。これに対し、在留資格の変更許可（在留資格の取得許可及び後述する在留期間の更新の許可も同様）は法務大臣による許可であるという点である。したがって、在留資格の変更許可は、一般上陸の許可の場合は上陸特別許可制度により行われる許可も含んで運用されなければ、一般上陸の許可の場合と同じにはならないということになる。

さらに、在留資格の変更許可は、上陸許可の場合とは異なり、対象となる外国人が、既に一定期間わが国に在留している外国人であり、したがって、それまでの在留状況に関して考慮を行う必要がある。

以上のような事情から、在留資格の変更許可は、申請を行った外国人に係るそれまでの在留状況や一般上陸の許可の場合であれば上陸特別許可制度が適用されるような事情に留意しつつ行われるが、基本的には、一般上陸の許可における上陸のための条件と同様の要件に適合することが必要であると解されている。

なお、在留資格の変更許可の要件の詳細については、後述する在留期間の更新許可の要件と共通する部分が多く、法務省も、これらの二つの許可について、「在留資格の変更、在留期間の更新許可のガイドライン（改正）」（平成20年３月策定、最新改正平成28年３月）（法務省ホームページに掲載されている。）を公表しているので、在留期間更新の許可についての説明の後で同許可の要件とともに述べることとする。

(4)　永住許可

ところで、前述したように「永住者」の在留資格への変更については、入管法22条に特別の規定が置かれている。永住は外国人の受入れのなかでも、より日本人に近い入管法上の地位を認める制度であり、永住者が行うことができる在留活動には制限がなく、在留期間も「無期限」とされる。〈29〉

なお、入管法22条は、「永住者」の在留資格への変更について規定しているが、前述したように入管法22条の２第４項により「永住者」の在留資格の取得の場合について準用されている。

在留資格を変更しようとする外国人で「永住者」の在留資格への変更を希望するものは、法務大臣に対し永住許可を申請しなければならない（入管法22条１項）。そしてこの永住許可の申請があった場合には、法務大臣は、その申請をした外国人が「素行が善良であること」及び「独立の生計を営むに足りる資産又は技能を有すること」の二つの要件に該当し、かつ、その者の永住が日本国の利益に合すると認めたときに限りこれを許可することができるとされている（入管法22条2項本文）。ただし、例外として、申請をした外国人が、日本人、永住許可を受けている者又は特別永住者の配偶者又は子である場合には、上記の「素行が善良であること」及び「独立の生計を営むに足りる資産又は技能を有すること」の二つの要件に適合することを要しない（入管法22条2項ただし書）。また、難民の認定を受けている者である場合には、「独立の生計を営むに足りる資産又は技能を有すること」の要件に適合することを要しない（入管法61条の2の11）。

なお、永住許可の要件については「永住許可に関するガイドライン」（平成29年4月26日改定）及び「我が国への貢献があると認められる者への永住許可のガイドライン」（平成29年4月26日改定）が定められており、〈30〉前者のガイドラインの1においては、「素行が善良であること」との要件について「法律を遵守し日常生活においても住民として社会的に非難されることのない生活を営んでいること」と、「独立の生計を営むに足りる資産又は技能を有すること」については、「日常生活において公共の負担にならず、その有する資産又は技能等から見て将来において安定した生活が見込まれること」と記載されている。

また、「その者の永住が日本国の利益に合すると認められること」については、「原則として引き続き10年以上本邦に在留していること、ただし、この期間のうち、就労資格又は居住資格をもって引き続き5年以上在留していることを要する。」、「罰金刑や懲役刑などを受けていないこと、納税義務等公的義務を履行していること。」、「現に有している在留資格について、出入国管理及び難民認定法施行規則別表第二に規定されている最長の在留期間をもって在留していること。」、「公衆衛生上の観点から有害となるおそれがないこと。」の四つがあげられている。なお、「最長の在留期間をもって在留している」については、同ガイドラインの（注1）において、当面、在留期間「３年」を有する場合は、「最長の在留期間をもって在留している」ものとして取り扱うこととするとされている。

ただし、このうち「原則として引き続き10年以上本邦に在留していること」に関しては、同ガイドラインの2が、七つの特例を記載している。その第一は、日本人、永住者及び特別永住者の配偶者の場合とその実子等に関するもので、「実体を伴った婚姻生活が３年以上継続し、かつ、引き続き１年以上本邦に在留していること。その実子等の場合は１年以上本邦に継続して在留していること」が、第二は「定住者」の在留資格をもって在留する者に関するもので、「「定住者」の在留資格で５年以上継続して本邦に在留していること」が、第三は、「難民の認定を受けた者」に関するもので、「認定後５年以上継続して本邦に在留していること」がそれぞれの場合の要件として示されている。第四は、「外交、社会、経済、文化等の分野において我が国に貢献があると認められる者の場合」に関するもので、「５年以上本邦に在留していること」が要件として示されている。なお、「我が国への貢献」に関しては、前記「我が国への貢献があると認められる者への永住許可のガイドライン」（平成29年４月26日改定）が永住許可の「我が国への貢献」に関する基準を示している。

第五は、「地域再生計画において明示された同計画の区域内に所在する公私の機関において特定活動の告示の第36号又は第37号のいずれかに該当する活動を行い、当該活動によって我が国への貢献があると認められる者の場合」に関するもので、「3年以上継続して本邦に在留していること」がこの場合の要件として示されている。

第六と第七はいわゆる高度人材に関するものである。このうち、第六は「高度専門職省令に規定するポイント計算を行った場合に70点以上を有している者」に関して、ポイント計算の結果70点以上の点数を有すると認められて在留している高度人材外国人として3年以上継続して本邦に在留していること又は3年以上継続して本邦に在留している者で、永住許可申請日から3年前の時点を基準として高度専門職省令に規定するポイント計算を行った場合に70点以上の点数を有していたことが認められることのいずれかに該当することが、また、第七は「高度専門職省令に規定するポイント計算を行った場合に80点以上を有している者」に関して、ポイント計算の結果80点以上の点数を有すると認められて在留している高度人材外国人として1年以上継続して本邦に在留していること又は1年以上継続して本邦に在留している者で、永住許可申請日から1年前の時点を基準として高度専門職省令に規定するポイント計算を行った場合に80点以上の点数を有していたことが認められることのいずれかに該当することが、これらの者それぞれについての要件として示されている。

(5) 退去強制手続及び難民認定手続における在留資格の取得

既にわが国に在留している外国人の受入れの開始（受入れ目的の変更を含む。）に関する入国管理法制上の制度として在留資格を有しない経過滞在者及び一時庇護のための上陸許可を受けて在留している者に対する在留資格の取得許可並びに、既に在留資格を有する者がその在留の目的を変更する場合についての在留資格の変更許可について述べたが、入管法は、この他にも在留資格を取得することが可能な許可を定めている。まず、不法滞在者など正規に受け入れられることなくわが国に在留する外国人や正規に受け入れられた外国人でも在留中に退去強制事由に該当した外国人などが退去強制手続において異議の申出を行った場合（退去強制事由及び退去強制手続については後述参照）について、入管法50条1項が、法務大臣は、「異議の申出が理由がないと認める場合でも」異議の申出を行った者が同項の「各号のいずれかに該当するときは、その者の在留を特別に許可することができる」と定めている。

また、入管法61条の2の2は、難民の認定を申請した外国人が在留資格未取得外国人〈31〉である場合について、法務大臣は、その外国人を難民と認定する場合は、同条1項の各号のいずれかに該当する場合を除き、「定住者」の在留資格の取得を許可することを（同条1項）、また、難民と認定し、かつ、「定住者」の在留資格の取得を許可しないとき又は難民の認定をしない処分をするときには、「当該在留資格未取得外国人の在留を特別に許可すべき事情があるか否かを審査するものとし、当該事情があると認めるときは、その在留を特別に許可することができる」と定めている（同条2項）。

外国人の受入れに関する政策に基づき「受入れ」が行われたものではない、不法滞在者に対する在留特別許可は、人道上の配慮に基づくものであっても、実査の効果としては、新たな「受入れ」であると言える。また、難民認定手続における在留資格未取得外国人に対する「定住者」の在留資格の取得の許可や在留特別許可も、難民やそれに準ずる立場にある者の庇護という特別な考慮に基づくものであるが、実際の効果としては、新たな「受入れ」であるということができる。

ただし、在留資格をもって在留する外国人が退去強制事由に該当して退去強制手続において在留特別許可が行われた場合、従来と同じ在留資格が決定された場合には、受入れが継続されたと評価すべきである。しかし、人道上その他の特別な事情への配慮などにより、従来とは別の在留資格での在留の継続が認められたときには、在留資格の変更を受けたのと同様の意味で、新たな「受入れ」が行われたと評価すべきである。

このように、経過滞在者や一時庇護のための上陸の許可を受けて在留する外国人を対象とする在留資格の取得の手続及び在留資格をもって在留している外国人を対象とする在留資格の変更の手続の他に、退去強制手続や難民認定手続において外国人が新たな在留資格を取得し、それによって新たな「受入れ」が開始される場合がある。

なお、これらの制度による受入れは、他の場合の外国人の受入れとは異なる観点からの受入れであることは事実であるが、難民等の庇護を目的とする場合は別として、在留特別許可制度の運用による受入れについては、その対象となる外国人の多くが不法滞在者であり、かつ、不法滞在者の多くがわが国の外国人の受入れに関する政策においては、受け入れないこととされている外国人（労働者）であることを考えた場合、外国人の受入れに関する政策との整合性を考慮する必要があると思われる。

4　外国人の受入れの継続

(1)　在留の継続の要件としての在留資格

在留資格制度は、外国人がわが国において行う在留活動に着目して在留資格を設けて外国人を受け入れる制度である。

外国人がわが国において行う活動のうち、外国人がわが国において当該活動を行うことがわが国の経済、社会の発展などの観点から適切・必要と考えられるものを類型化し、そのそれぞれに対応するものとして在留資格を定め、その類型化された活動に属する活動を行うことを意図して在留しようとする外国人に対して、上陸や在留の許可をする際に、その活動に対応する在留資格を決定する。そして、在留資格の決定により在留資格を取得した外国人は、本邦に在留することができるとともに、その取得した在留資格に対応する活動を行うことができる。

このように、在留資格は、それを有する外国人に対して、わが国に在留することを可能とするとともに、その在留資格に対応する活動（に属する活動）を行うことを可能とする法的地位である。

しかし、一方で、上記の在留資格制度による受入れの目的が達成されるためには、在留資格の決定を受けて在留する外国人が、わが国においてその在留資格に対応する活動を実際に行うことが必要である。このため、在留資格は在留の根拠となり、対応する活動を行う根拠となると同時に、在留の（継続の）条件ともされている。すなわち、在留資格の決定を受けた外国人が在留を継続するためには、その在留資格に対応する活動を行っていることが必要とされる。

これを担保するのが在留期間の更新制度である。

(2)　在留期間の更新制度

（在留期間）

在留資格が決定される場合、同時に在留期間も決定される。在留期間は、各在留資格について法務省令で定められるが、「外交」「公用」「高度専門職（2号）」「永住者」以外の在留資格に伴う在留期間は5年を超えることができないこととされている（入管法2条の2第3項）。

実際の在留期間は、出入国管理及び難民認定法施行規則（昭和56年法務省令第54号。以下、「入管法施行規則」という。）3条及び別表第二により定められているが、「外交」の在留資格に伴う在留期間が入管「法別表第一の一の表の外交の項の下欄に掲げる活動（「外交活動」と称する。）を行う期間」、「高度専門職（2号）」及び「永住者」の在留資格に伴う在留期間が「無期限」と定められているのを除き、〈32〉有期の期間が定められている。

在留資格の決定を受け、在留資格をもって在留する外国人が当該在留資格に基づいて在留することができる期間は、在留期間が満了するまでであるので、現に有する在留期間の満了後も在留を継続するためには、法務大臣に在留期間の更新を申請して許可を受けることが必要である。

入管法21条1項は、「本邦に在留する外国人は、現に有する在留資格を変更することなく、在留期間の更新を受けることができる。」と定めている。

（在留期間の更新許可の要件―在留資格該当性）

在留期間の更新許可の要件については、入管法21条3項が、在留期間更新の申請があった場合、「法務大臣は、当該外国人が提出した文書により在留期間の更新を適当と認めるに足りる相当の理由があるときに限り、これを許可することができる」と定めている。

この規定は在留資格の変更許可の要件に関する入管法20条3項本文の規定と類似した規定であり、したがって、在留期間の更新の許可の場合も、在留資格の変更許可の場合と同様に、この相当な理由があるか否かの判断は、法務大臣による自由な裁量に委ねられている。ただし、在留期間の更新を受けた外国人は、更新後も同じ在留資格をもって在留することとなるので、その外国人が行おうとする

活動が、その外国人の現に有する在留資格に該当することは必要である。〈33〉

それゆえ、在留期間の更新の申請を行った外国人が、更新の許可を受けた場合に、更新後本邦において行おうとする活動が、その外国人の有する在留資格に対応する活動に該当しない場合には、在留期間の更新の許可を受けることができない。この場合に、その外国人が本邦において行おうとする活動が、他の在留資格に対応する活動に該当するときは、その在留資格への在留資格の変更を受けることができる可能性があるが、そうでない場合には、その外国人は在留を継続することができないこととなる。

（在留資格の変更・在留期間の更新許可のガイドライン）

このように、在留資格をもって在留する外国人が当該在留資格に対応する活動を継続して行うのでなければ在留期間の更新許可を受けることができず、したがって、在留期間の満了後も在留を継続することができないこととなるが、上陸許可に関して述べた上陸のための条件は四つある。そのうちの積極的要件である在留資格認定の要件についても、在留資格に該当すること以外に基準適合性などの要件がある。これらの在留資格該当性以外の要件は、在留期間の更新についてどのように扱われているのであろうか。

結論的にいえば、在留期間の更新許可に関しても、在留資格の変更許可の場合と同様、それまでの在留状況や一般上陸の許可の場合であれば上陸特別許可制度が適用され得るような事情に留意しつつも、基本的には、これらの要件への適合性が必要とされると解されている。

前述したように、在留資格の変更許可及び在留期間の更新許可に関して、法務省は「在留資格の変更、在留期間の更新許可のガイドライン（改正）」（平成20年３月策定、最新改正平成28年３月）を公表している。〈34〉

この「在留資格の変更、在留期間の更新許可のガイドライン（改正）」は、その名称のとおり、あくまでガイドラインであり、入管法の委任に基づいて在留資格の変更許可や在留期間の更新許可の要件を定めるものではない。

在留資格の変更許可については、入管法20条３項が「法務大臣は、当該外国人が提出した文書により在留資格の変更を適当と認めるに足りる相当の理由があるときに限り、これを許可することができる」と定め、在留期間の更新許可については、入管法21条３項が「法務大臣は、当該外国人が提出した文書により在留期間の更新を適当と認めるに足りる相当の理由があるときに限り、これを許可することができる」と定めているのを受けて、これらの規定における「相当の理由」があるか否かの判断に当たって考慮する事項を示したのが、同ガイドラインである。

具体的には、同ガイドラインは、在留資格の変更許可及び在留期間の更新許可における「相当の理由がある」ということについて「相当の理由があるか否かの判断は、専ら法務大臣の自由な裁量に委ねられ、申請者の行おうとする活動、在留の状況、在留の必要性等を総合的に勘案して行っているところ、この判断に当たっては、以下のような事項を考慮」するとして次の七つの事項を掲げている。

①　行おうとする活動が申請に係る入管法別表に掲げる在留資格に該当すること
②　法務省令で定める上陸許可基準に適合していること
③　素行が不良でないこと
④　独立の生計を営むに足りる資産又は技能を有すること
⑤　雇用・労働条件が適正であること
⑥　納税義務を履行していること
⑦　入管法に定める届出等の義務を履行していること

同ガイドラインは、このうち、①は「許可をする際に必要な要件となります」とし、②についても、「法務省令で定める上陸許可基準は、外国人が日本に入国する際の上陸審査の基準ですが、入管法別表第一の二の表又は四の表に掲げる在留資格の下欄に掲げる活動を行おうとする者については、在留資格変更及び在留期間更新に当たっても、原則として上陸許可基準に適合していることが求められます。」としている。

これに対し、③以下の事項については、「適当と認める相当の理由があるか否かの判断に当たっての代表的な考慮要素であり、これらの事項にすべて該当する場合であっても、すべての事情を総合的に考慮した結果、変更又は更新を許可しないこともあります」としている。

このうち①はこれらの許可を受けた外国人が行おうとする活動が在留資格に該当することであり、このことがこれらの許可の要件になることについては前述した。

次に②は上陸許可基準に適合していることであるが、前述したように、上陸許可基準に適合することは、上陸のための条件として入管法に規定されている。そして、在留資格該当性以外の上陸のための条件について、在留資格の変更許可や在留期間の更新許可においても、それまでの在留状況や一般上陸の許可の場合であれば上陸特別許可制度が適用され得るような事情に留意しつつも、基本的には、適合することが必要とされることについては、前述したとおりである。この点、同ガイドラインも、「原則として適合していることが求められます」としているのである。

なお、ここで、同ガイドラインが、考慮する事項としてあげている事項を上陸のための条件と比較した場合、在留資格認定の要件（入管法7条1項2号の条件）については、在留資格該当性は、在留資格の変更及び在留期間の更新の要件とされており、上陸許可基準適合性も、「原則として」ではあるが、やはり、在留資格の変更及び在留期間の更新の要件とされている。本邦において行おうとする活動が虚偽のものでないこととの要件については、明示はされていないものの、性格上、当然に在留資格の変更及び在留期間の更新の要件ともなると思われる。

これに対し、入管法7条1項1号の条件については、査証制度は新規入国者を対象とするものであるので、査証を受けていることは、在留資格の変更及び在留期間の更新許可の要件とはされていない。

有効な旅券を所持することについては、在留資格の変更及び在留期間の更新許可の要件としては規定されていないが、入管法施行規則によって、在留資格の変更又は在留期間の更新の申請に当たっては、中長期在留者にあっては旅券及び在留資格証明書を、中長期在留者以外の者にあっては、旅券又は在留資格証明書〈35〉を提示しなければならないとされている（同規則20条４項、21条４項）。もっとも、旅券又は在留資格証明書を提示できない者は、その理由を記載した書類を提出しなければならないとも規定されている（同規則20条４項ただし書、21条４項）。

次に、入管法７条１項３号の条件については、法務省令で定められた在留期間以外の在留期間の決定はあり得ないので、在留資格の変更及び在留期間の更新許可に関しても、当然に適合することが必要となる。

問題は、入管法７条１項４号の条件、すなわち上陸拒否事由に係る上陸のための条件であるが、在留中に上陸拒否事由に該当することとなる場合は、通常は、退去強制事由にも該当することとなる。また、上陸拒否事由に係る上陸のための条件は、再入国許可を受けている者、再入国許可を受けたとみなされる者及び難民旅行証明書を所持している者の上陸についても適用されるので、退去強制事由には該当しない場合でも、上陸拒否事由に該当する者については、再入国上陸許可の審査において上陸の可否の問題として判断されることとなる。

しかし、本邦在留中に上陸拒否事由に該当することとなったが、退去強制事由には該当せず、かつ、その後出国していない者が、在留資格の変更又は在留期間の更新を申請した場合については、在留状況の一つとして考慮されることとなるものと思われる。

そこで、問題は、③から⑦までの事項であるが、これらの事項は、④及び⑤を除き基本的にそれまでの在留状況に関する事項である。

繰り返しになるが、在留資格の変更及び在留期間の更新許可に関しては、それまでの在留状況や一般上陸の許可の場合であれば上陸特別許可制度が適用され得るような事情に留意しつつも、基本的には、上陸のための条件に適合することが必要とされると述べたが、③、⑥、⑦は、このうち「それまでの在留状況」として考慮する事項をより具体的に示したものと言うことができる。

これに対し、④及び⑤は、在留資格の変更又は在留期間の更新の申請を行った外国人が、行おうとする活動の実現可能性に係るものである。すなわち④は、安定した生活ができることであるが、これは受入れの当然の前提であり、⑤も在留活動は適法に行われるものであることが当然の前提であり、これらのことは、上陸のための条件においても、在留資格認定の要件として必要である。ただし、④については、同ガイドラインの４において「在留を求めるべき人道上の理由が認められる場合にはその理由を十分勘案」することとされている。また、非就労資格をもって在留する外国人の場合は、当該外国人以外の人物が滞在費を支弁するというようなことも認められている。

以上、外国人の受入れの開始と継続（及び継続のための条件）に係る法制度について、その概要を見てきたが、次に、受入れの終了について見ることとする。

5　外国人の受入れの終了

⑴　本邦に在留する法的地位の終了

在留資格制度の下においては、一旦受け入れた外国人の受入れの終了は、当該外国人が現に有する本邦に在留する法的地位（在留資格及びこれに伴う在留期間）が終了することを意味する。

在留資格をもって在留する外国人の在留資格及び在留期間が終了する場合の第一は、自らの意思により単純出国（再入国許可を受け又は再入国許可を受けたものとみなされる者及び難民旅行証明書を所持している者は、再入国者として上陸許可を受けて上陸する〈36〉ことが可能であるが、このような再入国者として上陸許可を受けることができない形での出国を、以下、「単純出国」という。）した場合である。

第二は、在留資格をもって在留する外国人の死亡である。

第三は、在留資格をもって在留する外国人による日本国籍の取得である。

以上の三つの事由は、在留する外国人本人の側の事情によるものであるが、この他に、入管法は、受入れ側（日本政府）が、在留する外国人本人の意思に反しても、その者の在留（受入れ）を終了させることができることとしている。

その一つは、在留期間の更新の不許可である。外国人がわが国に在留するための法的地位は、在留期間の更新の許可を受けられない場合にも終了する。在留期間の更新の許可制度は、受け入れられた外国人の在留（受入れ）の継続の可否を決定する制度である。ただし、在留期間の更新の不許可処分は、その申請を行った外国人の有する在留資格や在留期間を直ちに終了させるものではない。在留資格をもって在留する外国人が在留期間の更新を申請し不許可処分を受けた場合でも、現に有する在留期間が経過するまでの間は、本邦に在留することができる。

在留期間が経過する前に、在留資格をもって在留する外国人の在留を終了させる制度としては、在留資格の取消制度と退去強制制度がある。

(2)　在留資格の取消制度

在留資格の取消制度は、在留資格をもって在留する外国人について、一定の事実が判明した場合に、その者が現に有する在留資格を取り消して、出国を求める制度である。

入管法22条の4第1項は、「法務大臣は、別表第一又は別表第二の上欄の在留資格をもって在留する外国人（第六十一条の二第一項の難民の認定を受けている者を除く。）について、次の各号に掲げるいずれかの事実が判明したときは、…当該外国人が現に有する在留資格を取り消すことができる。」〈37〉と定めている。

同項の各号に掲げられている事実（以下、「在留資格の取消事由」又は「取消事由」という。）を大きく分けると、二つの類型の取消事由がある。

第一は、その外国人の在留又はその継続を認めた許可（在留資格の決定を伴う一般上陸の許可又は入管法第4章第2節の規定に上る許可ただし、これらが二以上ある場合には直近のもの）に瑕疵がある場合である。なお、入管法第4章第2節の規定による許可としては、在留資格の変更許可（入管法20条）、在留期間の更新許可（入管法21条）、永住許可（入管法22条）、経過滞在者による在留資格の取得許可（入管法22条の2）及び一時庇護のための上陸の許可を受けた者による在留資格の取得許可（入管法22条の3）がある。本書ではこれらの許可を「在留関係の許可」ということとする。

第二は、その外国人の在留中の行為や在留中に発生した事実に基づく場合である。

入管法22条の4第1項各号のうち、1号から4号までは、第一の類型の取消事由であり、5号から10号までは、第二の類型の取消事由である。このうち前者の第一の類型の取消事由は、過去に行われた許可の誤りの訂正という性格のものである。

これに対し、第二の類型に属する取消事由は、受入れ後の事情を理由として受入れの打ち切りを行うものであるということができる。

具体的には、在留資格に対応する活動を正当な理由なく一定期間行わないで在留していること（5号、6号、7号ただし、5号ではさらに「他の活動を行い又は行おうとしていること」が要件として加えられている。）と中長期在留者の届出義務の違反又は虚偽の届出（8号、9号、10号）が在留資格の取消事由とされているが、特に前者の「在留資格に対応する活動を正当な理由なく一定期間行っていないこと」が在留資格の取消事由とされているのは、一定の活動を行うことを期待して受け入れたにもかかわらず、期待された活動を行わない場合には、在留資格を取り消して受入れを終了させることがあることを示したものである。外国人の受入れに関する政策の実現のためには、受入れ政策に基づいて外国人を受け入れるだけではなく、実際に受け入れた外国人がその外国人を受け入れた趣旨にかなう活動を行って在留することが必要であるからである。

⑶　退去強制制度

退去強制制度は、一定の事由（退去強制事由）に該当する外国人について、その在留を打ち切り、日本国外に退去させる制度である。ただし、法務大臣は、外国人からの異議の申出の手続を経て、退去強制事由に該当する外国人の在留を特別に許可することができることとされている。

（退去強制事由）

退去強制事由は、入管法24条に定められているが、大きくは、六つの類型に分けることができる。

第一は、入管法に違反する入国・在留を理由とするものであり、不法入国、不法上陸、不法残留、資格外活動、条件違反、命令違反などである。

第二は、在留資格の取消を理由とするものである。

第三は、違法な行為を行い一定の刑に処せられ又は有罪の判決を受けたことなどを理由とするものである。

第四は、他の外国人の不法滞在や不法就労に関与したことを理由とするものである。

第五は、日本の安全や利益又は公安を害する行為を行ったこと又はそのおそれがあることなどを理由とするものである。

第六は、国際約束に基づくものである。

以上のうち、第一及び第二の類型に属する退去強制事由は、入管法に違反して開始され、あるいは入管法に違反して行われている入国・在留の継続の防止又は入国・在留に係る処分等の実効性の確保により、外国人の受入れに関する政策を確実に実現することを目的とするものであるということができる。

これに対して、第三から第六までの類型に属する退去強制事由は、その適用を受ける外国人が一定の行為を行ったこと又は当該外国人について一定の事実が発生したことから、その外国人の在留の継続を認めることが適当ではないということで、当該外国人の在留を打ち切るというものであり、むしろ、外国人の受入れの継続に係るものであるということができる。

ただ、ここで注意しておかなければならないのは、このような退去強制事由のなかのいくつかは、その適用を受ける外国人がわが国に在留しているか否かに関わりなく適用されるということである。

もちろん入管法に基づく退去強制手続は、わが国の領域内にいる外国人に対して行われるものであるが、新規入国した外国人がわが国の領域内に入る前に行った行為やわが国の領域内に入る前に発生した事実を理由として、当該外国人がわが国の領域内に入った時点で直ちに適用可能となる退去強制事由がある。このような退去強制事由は、上陸拒否事由との対比で言えば「入国拒否事由」としての役割をも有するものである。

そして、外国人の「受入れ」をその外国人の在留を認めることとしてとらえた場合、このような退去強制事由は、「受入れ」が開始される前の段階で適用され得るものであり、在留の打ち切りによる「受入れ」の終了事由となるとともに、わが国に上陸して在留することを希望する外国人にとっては（ただし、このような退去強制事由は、当該外国人がわが国に上陸して在留することを希望していない場合にも適用される。）、わが国が受入れる外国人を限定する受入れの開始の（消極的）要件ともなる。

（退去強制手続）

退去強制手続には、四段階の手続があり、第一段階では、入国警備官が、退去強制事由に該当すると思料する外国人（容疑者）について違反調査を行い（入管法27条）、退去強制事由のいずれかに該当すると疑うに足りる相当の理由があるときは、収容令書によりその容疑者を収容し（入管法39条１項）、調書及び証拠物とともに入国審査官に引き渡す（入管法44条）。なお、収容令書は、入国警備官の請求により、その所属官署の主任審査官が発付する（入管法39条２項）。ただし、例外があり、容疑者が出国命令対象者（後述参照）に該当すると認めるに足りる相当の理由があるときは、容疑者の収容をしないで当該容疑者に係る違反事件を入国審査官に引継ぐ（入管法55条の２第１項）。また、容疑者が退去強制対象者（入管法45条１項により、退去強制事由のいずれかに該当し、かつ、出国命令対象者に該当しない外国人をいう。）に該当する外国人で、刑事訴訟に関する法令、刑の執行に関する法令又は少年院若しくは婦人補導院の在院者の処遇に関する法令の規定による手続が行われる場合にも、容疑者を収容しないで退去強制手続を行うことができるとされている（入管法63条１項）。

第二段階では、容疑者の引渡しを受けた入国審査官が退去強制対象者に該当するかどうかを審査する（入管法45条１項）。そして、容疑者が退去強制事由のいずれにも該当しないと認定した場合は容疑者を放免し（入管法47条１項）、出国命令対象者に該当すると認定した場合には、主任審査官にその旨を知らせ、容疑者が出国命令を受けたときに放免する（入管法47条２項）。

これに対し、退去強制対象者に該当すると認定した場合は、容疑者及び主任審査官に理由を付した書面をもってその旨を知らせ（入管法47条３項）、容疑者がその認定に服したときは、主任審査官が退去強制令書を発付する（入管法47条５項）。しかし、容疑者は、この認定に異議があるときは、口頭審理を請求することができる（入管法48条１項）。

なお、入国警備官が出国命令対象者に該当すると認めるに足りる相当の理由があるとして、当該容疑者に係る違反事件を入国審査官に引継いだ場合には、引継ぎを受けた入国審査官は、当該容疑者が出国命令対象者に該当するかどうかを審査し（入管法55条の2第2項）、出国命令対象者に該当すると認定したときは、主任審査官にその旨を知らせる（入管法55条の2第3項）。一方、当該容疑者が退去強制対象者に該当すると疑うに足りる相当の理由があるときは、その旨を入国警備官に通知するとともに、当該違反事件を入国警備官に差し戻す（入管法55条の2第4項）。

第三段階では、特別審理官が口頭審理を行い、その結果、容疑者が退去強制事由のいずれにも該当しないことを理由として入国審査官の認定が事実に相違すると判定したときは、当該容疑者を放免する（入管法48条6項）。出国命令対象者に該当することを理由として入国審査官の認定が事実に相違すると判定したときはその旨を主任審査官に知らせ当該容疑者が出国命令を受けたときに放免する（入管法48条6項）。これらの場合には第4段階の手続は行われない。一方、入国審査官の認定に誤りがないと判定したときは、当該容疑者及び主任審査官にその旨を知らせ（入管法48条8項）、当該容疑者が、この判定に服したときは主任審査官が退去強制令書を発付する（入管法48条9項）。しかし、容疑者は、この判定に異議があるときは、法務大臣に対して異議を申し出ることができる。

第四段階では、法務大臣が異議の申出が理由があるかどうかを裁決して、その結果を主任審査官に通知する（入管法49条3項）。容疑者が退去強制事由のいずれにも該当しないことを理由として異議の申出が理由があると裁決した旨が通知されたときは、主任審査官が容疑者を放免する（入管法48条4

項）。出国命令対象者に該当することを理由として異議の申出が理由があると裁決した旨が通知された場合は、主任審査官は、出国命令をして、容疑者を放免する（入管法48条5項）。これに対し、異議の申出が理由がないと裁決した旨が通知された場合には、主任審査官は退去強制令書を発付する。ただし、前述したように、法務大臣は、この裁決に当たって、異議の申出が理由がないと認める場合でも、容疑者の在留を特別に許可することができることとされている。

以上の第四段階の手続のうち、第三段階の手続は、入国審査官が、容疑者が退去強制対象者に該当すると認定した場合において当該容疑者がその認定に服さず口頭審理の請求をした場合に、また、第四段階の手続は、第三段階の手続において特別審理官が入国審査官の認定に誤りがないと判定した場合において口頭審理の請求を行った容疑者がその判定に服さず法務大臣に対して異議を申し出た場合に行われるが、第二段階から第四段階までのいずれかの手続の結果として、退去強制令書が発付された場合には、入国警備官が、退去強制令書を執行し（入管法52条1項）、退去強制令書を受ける外国人を入管法53条に規定する送還先に送還する（入管法52条3項。ただし、一定の場合には、入国警備官は、当該外国人を当該外国人が乗ってきた船舶又は航空機を運行する運送業者に引き渡し運送業者が送還する。）。なお、入国警備官は、退去強制を受ける外国人を直ちに本邦外に送還することができないときは、送還可能のときまで収容することができる（入管法52条5項）。

また、入国者収容所長又は主任審査官は、退去強制令書の発付を受けた外国人が自らの負担により、自ら本邦を退去しようとするときは、その者の申請に基づき、これを許可することができる（入管法52条４項）。

以上が退強制手続の概要であるが、退去強制手続は行政手続として行われ、入国警備官による容疑者の収容（身柄の拘束）は主任審査官の発付する収容令書により、また、送還や送還可能のときまでの収容（身柄の拘束）は主任審査官の発付する退去強制令書により行われる。

（出国命令制度）

最後に、出国命令制度について簡単に触れておくこととする。出国命令制度は、出国する意思をもって自ら入国管理官署に出頭し、速やかに出国することが確実と見込まれる外国人について、収容することなく簡易な手続で出国させる制度である。出国命令制度の対象となる者（出国命令対象者）は退去強制事由のうち入管法の24条２号の４、４号ロ又は６号から７号までのいずれかに該当する外国人で同法24条の３の１号から５号までのいずれにも該当するものである（入管法24条の３）。

〈1〉　わが国に在留する外国人は、再入国許可を受けるなどして出国した場合、わが国における在留を継続したまま出国し、再度入国することができる（ただし、この場合も、再度入国した外国人が上陸する際には上陸許可を受けることが必要である。）。このような形で入国し上陸した外国人を「再入国者」と呼び、わが国に入国し上陸した外国人のうちこの再入国者以外の者を「新規入国者」という。

〈2〉　法務省ホームページに掲載されている平成30年３月２日付け法務省入国管理局報道発表資料「平成29年における外国人入国者数及び日本人出国者数等について（確定値）」による。

〈3〉　「中長期在留者」とは、本邦に在留資格をもって在留する外国人のうち次の①から④までのいずれでもない者をいう（入管法19条の３）。

①　三月以下の在留期間が決定された者

②　「短期滞在」の在留資格が決定された者

③　「外交」又は「公用」の在留資格が決定された者

④　①から③までの者に準ずる者として法務省令で定めるもの

中長期在留者には在留カードが交付される。

なお、④の「法務省令で定める者」は、入管法施行規則19条の５により次のとおり定められている。

一　特定活動の在留資格を決定された者であって、台湾日本関係協会の本邦の事務所の職員又は当該職員と同一の世帯に属する家族の構成員としての活動を特に指定されたもの

二　特定活動の在留資格を決定された者であって、駐日パレスチナ総代表部の職員又は当該職員と同一の世帯に属する家族の構成員としての活動を特に指定されたもの

〈4〉　「特別永住者」とは、「日本国との平和条約に基づき日本の国籍を離脱した者等の出入国管理に関する特

例法」（平成3年法律71号。以下、「入管特例法」という。）の定める「特別永住者」をいう。

〈5〉法務省ホームページに掲載されている平成30年3月27日付け法務省入国管理局報道発表資料「平成29年末現在における在留外国人数について（確定値）」による。

〈6〉「在留」という言葉は、基本的には、外国人がわが国に滞在する状態を意味するが、「本邦にある」という言葉が、その外国人が物理的にわが国の領域内に存在する状態を意味するのに対し、通常は、より法的な意味で使われている。すなわち、わが国の領域内にいるだけではなく、わが国の領土に立ち入った場合に「在留」が始まると考えられ、その後、わが国の領土を離れても本邦外の地域に赴く意図を持って出国しない限り「在留」は継続するものと考えられる。また、再入国許可を受けるなどして出国した場合には、本邦外の地域に赴く意図を持って出国の手続を行いわが国の領域を離れていても、わが国における「在留」が継続する。なお、「在留」の概念については、多賀谷一照・髙宅茂著『入管法大全Ⅰ逐条解説』24ページ以下参照。

〈7〉入管法における「本邦の公私の機関」の概念については、多賀谷一照・髙宅茂著『入管法大全Ⅱ在留資格』15ページ以下参照。

〈8〉「在留資格」については本文15ページ以下を参照。なお、在留資格を取得することのなく在留を認める上陸許可もあるが、この点については本文25ページ以下を参照。

〈9〉後述するように、入管法は、本邦に在留する外国人は、入管法又は他の法律に特別の規定がある場合を除き、当該外国人に対する上陸許可若しくは当該外国人の取得に係る在留資格又はそれらの変更に係る在留資格をもって在留するものとすると定めている（入管法2条の2第1項）。

このうち、上陸許可により在留資格を有するようになるのは、新規入国者が一般上陸の許可（本文25

ページ以下を参照）を受けた場合であり、この場合には、在留資格の決定が行われる（入管法９条４項及び５項、10条９項、11条５項、12条２項）。

次に、在留資格の「取得」であるが、入管法の規定により外国人が在留資格を有するようになる場合としては、一般上陸の許可による場合のほかに、在留資格の取得許可（入管法22条の２第２項及び第４項、22条の３）を受けた場合、入管法50条１項の規定により在留を特別に許可された場合、入管法61条の２の２第１項の規定により「定住者」の在留資格の取得を許可された場合、同条２項の規定により在留を特別に許可された場合がある。ただし、このうち、在留資格の「取得」という表現が使われているのは、入管法の22条の２及び61条の２の２第１項においてだけである。

次に、在留資格の「変更」であるが、これについては、入管法20条２項に在留資格の変更許可が定められている。

ところで、在留資格の「決定」という表現は、新規入国者に対する一般上陸の許可に関して使われているほか、入管法50条１項の許可（退去強制手続における在留特別許可）に関して同条２項において、また、61条の２の２第１項の「定住者」の在留資格の取得許可及び同条２項の許可（難民認定手続における在留特別許可）に関して同条３項において使われているが、在留資格の取得許可（入管法22条の２第２項及び第４項、22条の３）及び在留資格の変更許可に関しては使われていない。

しかし、一方で、入管法19条の３は、外国人は、在留資格の取得許可（入管法22条の２第２項及び第４項、22条の３）を受けた場合を含めて在留資格の決定により在留資格を有していることを前提としていると思われる。

以上のことから、外国人は、一般上陸の許可、在留資格の取得許可（入管法22条の２第２項及び第４項、

22条の3）、入管法50条1項の許可（退去強制手続における在留特別許可）、61条の2の2第1項の「定住者」の在留資格の取得許可若しくは同条2項の許可（難民認定手続における在留特別許可）を受ける場合又は在留資格の変更許可を受ける場合に在留資格が決定され、それによって在留資格（在留資格の変更許可の場合は変更後の新しい在留資格）を有するようになると解される。

なお、「在留資格の決定」は、外国人に対して在留資格を与える行為であり、これを外国人の側から見れば在留資格の取得である。そこで、本書では、在留資格の取得許可（入管法22条の2第2項及び第4項、22条の3）を受けた場合を含めて「在留資格を有していない外国人が在留資格を有するようになること」を広く意味するものとして在留資格の「取得」という表現を使うこととする。

〈10〉一時庇護のための上陸の許可は、わが国に庇護を求めて到着した外国人の上陸を認め庇護を行う制度であり、船舶又は航空機に乗っている外国人から申請があった場合に、その者が難民の地位に関する条約（難民条約）1条A(2)に規定する理由（人種、宗教、国籍若しくは特定の社会的集団の構成員であること又は政治的意見）その他これに準ずる理由により、その生命、身体又は身体の自由を害されるおそれのあった領域から逃れて本邦に入った者であること及びその者を一時的に上陸させることが相当であることの二つの要件に該当するときに、入国審査官が許可することができる（入管法18条の2第1項）。同許可による上陸期間は六月を超えない範囲内で定められる（入管法施行規則18条5項）が、この一時庇護のための上陸の許可を受けた外国人で在留資格のいずれかをもって在留しようとする外国人は、許可を受けて在留資格を取得することができる（入管法22条の3）。

〈11〉外国人が在留資格を取得する許可については、本文18ページ以下を参照。

〈12〉例えば、日本人の配偶者としての身分を有し、配偶者である日本人と日本で生活するというように、日本に在留する外国人には、一定の身分や地位を有し、それに基づいて在留する外国人がいるが、この場合は、その「身分又は地位を有する者としての活動」が在留資格に対応する活動となる。日本人の配偶者として「日本人の配偶者等」の在留資格で在留している外国人の場合であれば、日本人の配偶者の身分を有する者としての活動、すなわち、配偶者である日本人と婚姻生活を営む活動が対応する活動であるということになる。

〈13〉　ただし、在留資格の決定が行われない場合もある。入管法50条2項は、退去強制手段における在留特別許可をする場合に法務大臣は在留資格及び在留期間を決定し、その他必要と認める条件を付することができるとしており、入管法施行規則44条3項は、この規定により付することができる必要と認める条件として、入管法24条2号（同法9条7項の規定に違反して本邦に上陸した者を除く、）又は6号から6号の4までに該当した者については、同法第3章第4節に規定する上陸（特例上陸）の種類及び同規則第13条から第18条までの規定に基づく上陸期間を定めている。

〈14〉　出入国港とは、外国人が出入国することを認められた空海港であり、入管法は、「外国人が出入国すべき港又は飛行場で法務省令で定めるものをいう」（入管法2条8号）と定めている。

〈15〉　上陸のための条件は、正確には、入国審査官限りで上陸許可を受けるための要件であり、法務大臣は、異議の申出の手続を経て、上陸のための条件に適合しない外国人に対しても、上陸を特別に許可（上陸特別許可）することができる（入管法12条1項）。この上陸特別許可制度は、あらかじめ定められた外国人の受入れに関する政策の例外となる受入れを可能とすることとなるが、この制度については、本文39ページ以下を参照。

〈16〉　3号の上陸のための条件は、「申請に係る在留期間が第2条の2第3項の規定に基づく法務省令の規定に適合するものであること」であり、ここにいう「在留期間」は、上陸の申請を行った外国人が、実際に本邦に滞在することを予定している期間ではなく、上陸許可に際して決定される「在留期間」（入管法2条の2第3項の規定により各在留資格について法務省令で定めることとされている期間）であるので、上陸許可を受けて取得したいと考えている在留資格について法務省令（入管法施行規則）が定めている在留期間を申し立てることで足りるので、上陸のための審査においてあまり問題とはならない。

〈17〉この法務省令により定められる上陸許可基準の制度は、平成元年の入管法の改正により設けられたものである。

〈18〉例外として、「高度専門職（2号）」及び「永住者」の在留資格が除外されているほか、「特定活動」の在留資格については、上陸の申請を行った外国人の当該申請に係る本邦において行おうとする活動が法務大臣があらかじめ告示をもって定める活動に該当する場合に、また「定住者」の在留資格については、上陸の申請を行った外国人の当該申請に係る本邦において行おうとする活動が法務大臣があらかじめ告示をもって定める地位を有する者としての活動に該当する場合に限定されている。

〈19〉上陸のための条件に適合するかどうかは、原則として（異議の申出を受けて法務大臣による裁決が行われる場合を除く。）入国審査官によって判断されるが、空海港において上陸の審査を担当する入国審査官は多数いることから、上陸のための条件は、明確な判断基準に基づいて羈束的に判断できる形で規定されなければならないものとされている。

〈20〉上陸のための条件は明確に規定されているが、それでも当てはめの問題が全くないということではないとともに、より重要なのは、外国人の申し立てる「本法において行おうとする活動」は、あくまで、その外国人が本邦において行うことを予定している活動であるということである。将来における予定である以上、実現可能性や在留資格該当性などについて完全な立証を行うということは不可能であり、その結果、どの程度の立証で要件に適合すると判断するのかということが重要な問題となる。

〈21〉　法務大臣が「特定活動」又は「定住者」の在留資格を決定して在留を許可するときには、「特定活動」の在留資格の場合は、法務大臣が一定の活動を指定し、また、「定住者」の在留資格の場合は、法務大臣が「法務大臣が特別な理由を考慮し一定の在留期間を指定して居住を認める者」という一定の地位を創設するが、これらの行為は個々の外国人に対して行われるものであり、それゆえ、「特定活動」の在留資格を決定された外国人同士であっても、あるいは「定住者」の在留資格を決定された外国人同士であっても、それぞれの外国人の有する在留資格は同一とは言えない。すなわち、「特定活動」又は「定住者」の在留資格の決定は、個々の外国人についてその都度在留資格を創設して行うものであるということができる。もちろん、活動の主体が法務省令で定める基準に適合する者であることなどが要件とされている「高度専門職」の在留資格やあらかじめ認定を受けた技能実習計画に基づいて行われることが要件とされている。

〈22〉　この場合の許可は、後述する上陸特別許可となる。

〈23〉　入管法7条1項2号の規程に基づいて「特定活動」の在留資格に係る活動を定める告示としては、このほかに、高度人材外国人の受入れに係る「出入国管理及び難民認定法第七条第一項第二号の規定に基づき高度人材外国人等に係る同法別表第一の五の表の下欄に掲げる活動を定める件」（平成24年法務省告示第126号）もある。

〈24〉　特定登録者カードは、一定の要件に適合する本邦に在留する外国人が本邦に再び新規入国者として上陸して「短期滞在」の在留資格に対応する活動に該当する活動を行おうとする場合に、上陸港において入管法9条4項の規定による記録（上陸許可の証印に代わる記録）を受けることを希望して入管法9条8項の規定による登録を受けたときに交付される。入管法9条4項の規定により記録が行われた場合は、上陸許可の証印をすることを要しないこととされており、特定登録者カードが上陸許可の証明手段となる。

〈25〉 注の〈6〉でも述べたとおり「在留」は、わが国の領土に立ち入った時点で始まる。そして、「在留」は、再入国許可を受け（再入国許可を受けたものとみなされる場合を含む。）又は難民旅行証明書を所持して出国した場合を除き、本邦外の地域に赴く意図をもって出国した時点で、また、再入国許可を受け（再入国許可を受けたものとみなされる場合を含む。）又は難民旅行証明書を所持して出国した者が、再入国許可又は難民旅行証明書の有効期間内（当該難民旅行証明書により入国することのできる期限が定められている場合にはその期限内）に再入国をしなかった場合にも終了するものと解される。

〈26〉 退去強制制度による受入れの規制は、本邦の領土に立ち入る上陸の規制としてではなく、領海、領空を含めておよそわが国の領域内に自由に入らせない、仮に入った場合には直ちに退去強制手続が行われ得るというものであり、入国の規制という形になる。また、入国の規制という形で行われないと、「通過も含めて入国を防止する」ということを行うことができない。

〈27〉 在留資格をもって在留する外国人が、その在留資格に対応する活動に属しない活動を行う場合でも、在留の目的をその活動を行うことに変更するのではなく、在留資格に対応する活動も行いつつ付随的に別の活動を行うという場合もある。この場合、その外国人の在留の目的は変わらないので、在留資格の変更許可を受けることは必要ではないが、入管法19条1項は、在留資格をもって在留する外国人のうち別表第一の在留資格をもって在留する外国人については、その在留資格に対応する活動に属しない「収入を伴う事業を運営する活動又は報酬を受ける活動」（以下、「就労活動」という。）を行うことを禁じている。これは、就労活動については、わが国の経済社会に与える影響が大きいことから、より強い規制を行っているものと考えられる（ただし、別表第二の在留資格をもって在留する外国人については、このような禁止規定は定められていない。）が、いずれにしても、このような別表第一の在留資格をもって在留する外国人が、その現に有する在留資格に対応する活動を行いつつ当該活動に属しない別の就労活動を行おうとする場合については、入管法19条2項の資格外活動の許可制度が対応する。同許可は、別表第一の在留資格をもって在留する外国人から当該外国人が現に有する在留資格に対応する活動の遂行を阻外しない範囲内で、当該在留資格に対応する活動に属しない就労活動を行うことを希望する旨の申請があった場合において、法務大臣が相当と認めるときに許可され得る。

なお、「収入を伴う事業を運営する活動又は報酬を受ける活動」を「就労活動」ということとしたのは、この活動は、いわゆる「労働」とは範囲が異なるからである。

「外国人労働者」という言葉が一般に使われているが、「労働者」という語については、例えば、労働基準法9条は、「この法律で「労働者」とは、職業の種類を問わず、事業所又が事務所…に使用される者で、賃金を支払われる者をいう。」と定めている。しかし、入管法の定める「収入を伴う事業を運営する活動又は報酬を受ける活動」に関しては、事業所又は事務所に使用されるということは要件とはされていない。自ら事業を営む外国人も入管法上の就労活動を行う外国人であり、「収入を伴う事業を運営する活動」は、運営している事業が収入を得るものであれば、その事業を運営する者自身は収入を得ない場合であってもこれに当たるとされている。また、入管法19条1項1号により、「報酬を受ける活動」における「報酬」からは、業として行うものではない講演に対する謝金、日常生活に伴う臨時の報酬その他の法務省令で定めるものが除かれることとされており、この除かれる報酬として、入管法施行規則19条の3において様々な活動に対する報酬が定められている。

そこで、本書では、「収入を伴う事業を運営する活動又は報酬を受ける活動」を「就労活動」ということもに、「就労活動を行うこと」を「就労する」と、また、「就労活動を行う外国人」を「就労者」ということとする。ただし、特に労働者として働く外国人を表現する場合には「外国人労働者」という言葉も使うこととする。

〈28〉 後述する法務省ホームページに掲載している「在留資格の変更、在留期間の更新許可のガイドライン（改正）」（平成20年3月策定、最新改正平成28年3月）は、在留資格の変更は、「法務大臣が適当と認めるに足りる相当の理由があるときに限り許可することとされており、この相当の理由があるか否かの判断は、専ら法務大臣の自由な裁量に委ねられ、申請者の行おうとする活動、在留の状況、在留の必要性等を総合的に勘案して行っている」としたうえで、七項目の考慮事項を掲げているが、そのうち「在留資格該当性については、許可する際に必要な要件」となるとしている。

〈29〉 「永住者」の在留資格に対応する活動は、「法務大臣が永住を認める者」としての活動であり、事実上、行うことができる活動についての入管法上の制限はない。また、在留期間については、入管法上は、「永住者」の在留資格に伴う在留期間について「5年を超えることができない」との制約がないこととされているだけである（入管法2条の2第3項）が、入管法施行規則別表第二により「永住者」の在留資格に伴う在留期間は「無期限」と定められている。したがって、「永住者」の在留資格をもって在留する外国人は、後述する在留期間の更新を受けることが必要とならない。なお、「高度専門職（2号）」に係る在留期間も入管法施行規則別表第二により「無期限」と定められているが、入管法別表第一の二の表の高度専門職の項第2号に掲げられている活動を正当な理由なく継続して六か月以上行わないで在留している場合などには在留資格が取り消され得る（入管法22条の4第1項6号）という点で「永住者」の在留資格の場合とは異なる。

〈30〉　これらのガイドラインは、いずれも法務省ホームページに掲載されており、以下の記述は、法務省ホームページに基づく。

〈31〉　在留資格未取得外国人とは、「別表第一又は別表第二の上欄の在留資格をもって本邦に在留する者、一時庇護のための上陸の許可を受けた者で当該許可書に記載された期間を経過していないもの及び特別永住者以外の者をいう」（入管法61条の２の２第１項）とされている。したがって在留資格未取得外国人には、不法滞在者のほか、一時庇護のための上陸の許可以外の特例上陸許可を受けて在留している者なども含まれる。

〈32〉　「公用」の在留資格に伴う在留期間は、以前は、「外交」と同様に入管「法別表第一の一の表の公用の項の下欄に掲げる活動（「公用活動」と称する。）を行う期間」とされていたが、現在は、「５年、３年、１年、３月、30日又は15日」とされている。

〈33〉　法務省ホームページに掲載されている「在留資格の変更・在留期間の更新許可のガイドライン（改正）」（平成20年３月策定、最新改正平成28年３月）参照。

〈34〉　以下の記述は法務省ホームページに掲載されている「在留資格の変更・在留期間の更新許可のガイドライン（改正）」（平成20年３月策定、最新改正平成28年３月）に基づく。

〈35〉　法務大臣は、在留資格の変更許可をする場合に、当該許可を受ける外国人が引き続き中長期在留者に該当し又は新たに中長期在留者に該当することとなるときは入国審査官に在留カードを交付させるが、それ以外の場合は、当該外国人が旅券を所持しているときは旅券に新たな在留資格及び在留期間を記載させ、旅券を所持していないときは、新たな在留資格及び在留期間を記載した在留資格証明書を交付させ又は既に交付を受けている在留資格証明書に新たな在留資格及び在留期間を記載させることとされている（入管法20条4項）。また、在留期間の更新許可をする場合についても、この入管法20条4項の規定が「新たな在留資格及び在留期間」を「在留資格及び新たな在留期間」と読み替えたうえで準用することとされている（入管法21条4項）。

〈36〉「再入国者」については注の〈1〉を参照。再入国許可を受け又は再入国許可を受けたものとみなされる者及び難民旅行証明書を所持している者は、出国しても、そのことによってその者の有する在留資格及び在留期間は終了しない。そのため、これらの者が適合しなければならない上陸のための条件は、旅券及び査証に係る7条1項1号の上陸のための条件と上陸拒否事由に係る7条1項4号の上陸のための条件のみであり（入管法7条1項）、在留資格認定の要件（7条1項2号の上陸のための条件）及び在留期間に係る7条1項3号の上陸のための条件に適合するかどうかは上陸のための審査の対象ではなく、これらの者が受ける上陸許可に際しては、在留資格及び在留期間の決定は行われない（入管法9条3項ただし書）。なお、再入国許可を受け若しくは再入国許可を受けたものとみなされる者として又は難民旅行証明書を所持して出国した者であっても、再入国許可又は難民旅行証明書の有効期間内（当該難民旅行証明書により入国することのできる期限が定められている場合にはその期限内）に再入国しなかったときは、その者の有する在留資格及び在留期間は終了する。

〈37〉難民の認定を受けた者の在留資格の取消しについては、別に入管法61条の2の8に定められている。

第2章 外国人の受入れに関する政策の変遷

第1節　外国人の受入れに関する政策と入国管理法制

第1章においては、「外国人の受入れ」ということの意味ないし定義づけと外国人の受入れに関する政策を実現するうえで中心的な役割を果たす入国管理法制について、外国人の受入れの開始、継続及び終了の各段階についてどのような法制度が設けられているのかについて考察した。

これを前提に、本章では、わが国の外国人の受入れに関する政策とその変遷について考察することとするが、この分野に関しては、公表されている資料が少ないのが実状である。

しかし、前章で述べたとおり、外国人の受入れに関する政策は、基本的に入国管理法制に基づいて実施されている。そして、その入国管理法制の中心をなす入管法は、昭和56年以降、特に平成９年頃からは頻繁に改正されており、入管法の改正に関しては、国会議事録をはじめとして様々な資料が存在する。

そこで、以下においては、入管法の制定時から現在までの間におけるわが国に入国・在留する外国人を巡る状況の推移とともに、その間に行われた外国人の受入れに関する政策の実施の観点から重要な入管法の改正について、その改正の目的、内容、背景事情、さらには、その改正が外国人の受入れに及ぼした影響と改正後の状況などについて分析することにより、わが国の外国人の受入れに関する政策の変遷について見ていくこととする。

第2節　外国人の受入れに係る入国管理法制の変遷

1　入管法制定時から平成元年までの改正

(1)　入管法の制定と制定当時の状況

現行入管法は、昭和26年10月４日に制定された。入管法の制定当初の題名は、「出入国管理令」であり、「ポツダム宣言の受諾に伴い発する命令に関する件」（昭和20年勅令第542号）に基づく政令として制定されたが、「ポツダム宣言の受諾に伴い発する命令に関する件に基く外務省関係諸命令の措置に関する法律」（昭和27年法律第126号）第４条の規定により、同法の施行後法律としての効力を有するものとされた。

なお、出入国管理令は、その後、「難民の地位に関する条約等への加入に伴う出入国管理令その他関係法律の整備に関する法律」（昭和56年法律第86号）により、題名が「出入国管理及び難民認定法」に改められ、現在に至っている。

外国人の受入れに関して重要な制度である在留資格制度は、入管法の制定当初からあったが、制定当初の入管法は、第2章（入国及び上陸）の第2節（外国人の上陸）に置かれた4条が在留資格について定め、第4章（在留及び出国）の第1節（在留、在留資格の変更及び在留期間の更新）に置かれた19条1項が「本邦に在留する外国人は、第13条から前条までに規定する上陸の許可を受けた場合を除く外、第9条第3項の規定により決定された在留資格をもって在留するものとする。」と定めていた。〈1〉

また、制定当時の第4条は　その1項の各号において、一定の身分若しくは地位又は一定の類型の活動を行おうとする者を列挙し、そのような者に該当する者としての活動を行うことができる資格として在留資格を定めていた。〈2〉

ただ、いずれにしても、入管法制定当時は、外国人の出入国は極めて限定されており、今日のような意味での外国人の受入れということが考えられた時代ではなかったと考えられる。

このような事情から、入管法制定後しばらくの間は、「外国人の受入れ」ということが、積極的には、政策課題として取り上げられなかったようであり、入管法についても、制定後昭和56年までの間は、「法務府設置法等の一部を改正する法律」（昭和27年法律第268号）による改正など何回かの改正は行われたものの、外国人の受入れに関する政策という観点から重要な改正は行われていない。

以上のような入管法制定後の状況は、その後、（正確に時期を特定するのは困難であるが）昭和50年前後頃から、変化が明らかになってきたと考えられる。

(2) インドシナ難民の受入れと昭和56年の入管法の改正

昭和50年代になると、ボートピープルなどインドシナ難民の受入れの問題が発生し、昭和53年には閣議了解でヴィエトナム難民の定住許可という方針も打ち出された。〈3〉

また、その一方で、台湾旅券などで入国したインドシナ系華僑の問題が生じた。〈4〉

このような状況の下、日本が難民の地位に関する条約（昭和56年条約第21号。以下、「難民条約」という。）及び「難民の地位に関する議定書」（昭和57年条約1号）に加入することになり、これに伴って、昭和56年に入管法の大きな改正が行われた。

この昭和56年の改正は、「出入国管理令の一部を改正する法律」（昭和56年法律第85号）及び「難民の地位に関する条約等への加入に伴う出入国管理令その他関係法律の整備に関する法律」（昭和56年法律第86号）の二つの法律により行われたが、難民条約への加入に係る改正は、後者により行われた。

後者による改正内容は、難民の保護の前提となる難民認定制度の新設のほか、ボートピープルなどとしてわが国に到着した者の庇護のための一時庇護のための上陸許可制度の新設などである。

これに対し、前者の「出入国管理令の一部を改正する法律」による入管法の改正では、再入国許可制度や出・帰国手続に係る改正が行われたほか、出国確認の留保制度の新設も行われた。そして、外国人の受入れ関係では、研修生の受入れのための在留資格の新設を含む在留資格の整備や在留資格の変更許可及び永住許可についての改正が行われたほか、特例上陸許可制度の整備、上陸拒否事由及び退去強制事由の整備などが行われた。

２　平成元年の改正

このように、昭和56年の二つの法律による入管法の改正において、外国人研修生に係る在留資格が新設され、また、難民の受入れに係る制度が整備されるなど外国人の積極的な受入れに係る改正が行われたが、外国人の受入れ政策の観点からより重要な改正は、平成元年12月15日に公布され平成２年６月１日から施行された（「出入国管理及び難民認定法の一部を改正する法律」（平成元年法律第79号。以下、「平成元年改正法」という。）による改正（以下、「平成元年の改正」という。）である。

この平成元年の改正では、外国人の在留に関する総則規定である２条の２や具体的な在留資格を定める二つの別表の新設をはじめとして、入国管理法制の全般にわたっての整備が行われた。

⑴　改正の背景

前述したように、昭和56年の入管法の改正では現行の「研修」に相当する在留資格が新設されたが、その背景には、産業界などにおいて様々な形で外国人の受入れについての要望が強くなっていたという事情がある。

この点は、当時の資料においても、「外国人社員」と呼ばれた日本企業等で働く外国人の人数が増加し、従事する職種も多様化してきたとの指摘が行われている。

例えば、法務省入国管理局編「平成4年版出入国管理―国際化時代への新たな対応―」（以下、「平成4年版入管白書」という。）は、その第1章第1節において平成元年の改正について記載しているが、その「1改正の背景」の「(1)外国人の在留活動の多様化と外国人雇用拡大の要請」に次のように記載されている。「国際社会における我が国の役割が増大し、国際交流が活発化し、我が国経済、社会等各般の国際化が進展するのに伴って、我が国に入国し、在留する外国人の数は、著しく増加した。：：また、入国する外国人の中で我が国で就職する者が増大し、その職種も、語学教育、翻訳、通訳など語学に関連する分野を始めとして、技術開発、国際金融、海外業務など多岐にわたるようになった。その背景には、我が国において、専門的な技術・技能や知識、あるいは外国人特有の感性や発想などを生かして働く外国人の活躍への期待の高まりもあった。」。〈5〉

以上の平成4年版入管白書の記述は、様々な分野における国際化が進展するなかで、国際間の人的交流が活発化し、わが国に入国する外国人が人数的に増加するだけではなく、一定期間以上わが国に在留して職業活動などに従事する外国人が増大したことを示している。

そして、一方で、昭和50年代後半から60年代にかけて不法就労事件が増加した。〈6〉

この不法就労者の増加という問題も、平成元年の入管法改正の背景となっている。

平成4年版入管白書は、前述した「(1)外国人の在留活動の多様化と外国人雇用拡大の要請」に続く(2)の表題を「不法就労外国人問題への対応」とし、次のように記載している。「他方、わが国と近隣アジア諸国との間の著しい経済格差の存在、円高による出稼ぎのメリットの拡大などを背景として、観光客等を偽装して我が国に入国し、土木建設作業員、工員、ホステス等として不法に就労する外国人の増加が顕著となり、昭和63年には、不法就労を理由として摘発された件数は、一万四三一四件（昭和58年の約六・一倍）に上った。…こうした不法就労外国人の増加は、経済、国民生活、治安その他社会の各分野に及ぼす影響が大きく、的確な対応が求められるに至った。」〈7〉

この不法就労者の増加ということも、外国人労働者の就労の必要性の高まりの一つの表れであると思われるが、いずれにしても、当時の入国管理行政は、不法就労者の増加という状況に対応して積極的な摘発（退去強制）を行うとともに、外国人労働者の受入れの要望に対しては、平成元年の改正前の入管法4条1項16号の「前各号に規定する者を除くほか、法務省令で特に定める者」との規定を受けて法務省令が定めていた「法務大臣が特に在留を認める者」との規定〈8〉に基づく在留資格により個別に対応していた。〈9〉

しかし、このような運用による対応には限界があり、特に、個別の対応となることから、どのような要件を満たせば日本に上陸し在留することができるのかがわかりにくいという問題が生じていた。

(2)　改正の目的

平成元年改正法は、第114回国会に提出された「出入国管理及び難民認定法の一部を改正する法律案」が第116回国会において一部修正のうえで成立したものであるが、同法律案の「理由」には、次のように記載されている。「最近における外国人の出入国に関する状況にかんがみ、在留資格制度の整備並びに在留活動の規制及び法的保障の明確化を図るとともに、外国人の不法就労に対処するための関係規定を整備する等の必要がある。これが、この法律案を提出する理由である。」〈10〉

このように、平成元年の改正は、外国人労働者問題への対応に係る改正として位置づけられている場合が多いが、むしろ外国人の受入れ全般に係る改正であり、〈11〉その具体的な目的は、第一に在留資格制度を整備することであり、第二に不法就労への対応であったということができる。

(3)　改正の内容

前記のような背景の下に、前記のような目的で行われたのが、平成元年の改正であるが、この改正で整備された法制度が、その後若干の修正は行われたものの、現在の外国人の受入れに関する法制度の基本となっている。

そこで、次に、平成元年の改正の主な内容について見ていくこととするが、平成元年の改正の主要な改正点の第一は、在留資格の整備による外国人の受入れ範囲の明確化である。

平成元年の改正前の入国管理法制は、基本的に入管法が制定された昭和26年頃の状況を前提としており、多数の外国人、とりわけ就労などの目的で中長期にわたって在留することを予定する外国人が多数来日するということを想定した制度にはなっていなかったということができる。このため、個々の外国人がわが国に在留する必要性、相当性などを個別に審査し判断するという傾向が強かったが、来日する外国人の人数の増加とその在留目的の多様化、とりわけわが国において職業活動を行う外国人の増加という状況を受けて、平成元年の入管法の改正では、退去強制や罰則という方法により規制を行う活動を、就労活動（収入を伴う事業を運営する活動又は報酬を受ける活動）に限定するとともに、就労活動を行うことができるか否か、また、行うことができる就労活動に制限があるか否か等に基づいて在留資格を分類して別表形式で規定した。そして、同改正で新設された別表第一と別表第二には、各在留資格に対応する活動又は身分若しくは地位が定められ、同時に、第１章総則に新設された２条の２の規定によって、外国人は、在留資格をもって在留することが原則であること、在留資格は別表第一又は別表第二の上欄に掲げるとおりとし、別表第一の在留資格をもって在留する外国人は、それぞれの在留資格に応じ別表第一の下欄に掲げる活動を、別表第二の在留資格をもって在留する外国人は、それぞれの在留資格に応じ別表第一の下欄に掲げる身分又は地位を有する者としての活動を行うことができることなどが規定された。

このような形で在留資格が整備されることにより、わが国が受け入れる外国人の範囲が明確化されたのである。

ここで、平成元年の改正による在留資格の整備について、就労活動を行う外国人とそれ以外の活動を行う外国人に分けてみていくことにする。

まず、就労活動を行う外国人に関する在留資格の整備であるが、これについては、先にその背景となる考え方について触れておく必要がある。

平成元年の改正の背景となった考え方を理解するうえで重要な資料となるのは、平成4年版入管白書と平成4年6月8日付け法務省告示第319号で公表された出入国管理基本計画（以下、「第1次出入国管理基本計画」という。）であるが、このうち第1次出入国管理基本計画によると、「外国人労働者問題に関しては、政府は、受入れ範囲や基準を明確化しつつ、専門的技術等を必要とする業務に従事する労働者については可能な限り受け入れる方向で対処するが、いわゆる単純労働に従事する労働者については多様な角度から慎重に検討することを基本的方針としている。我が国はこの方針に沿って平成元年法律第79号による入管法の改正を行い、専門的技術、技能、知識等をもって我が国で就労しようとする外国人については幅広く受け入れることができるよう在留資格の整備・拡充を図ったところである」〈12〉とされている。そして、さらに、平成4年版入管白書では、平成元年の改正に係る「改正法では、特段の技術、技能又は知識を有することなく行い得る、いわゆる単純労働に従事することを目的とする外国人の入国を認めるための在留資格は設けていない。これは、単純労働者の受入れに関しては、各方面で議論が分かれているほか、その受入れが我が国社会の各般に及ぼす影響が大きいと考えられるので、これらの問題点について政府内部で引き続き検討すべきであるとの考えに基づくものである」〈13〉とされている。

平成元年の改正では、このような考え方を基本として、就労活動を行うことを目的として入国・在留する外国人について次のような在留資格の整備が行われた。

① わが国で就労する外国人のうち専門的技術、技能、知識等を要する業務に従事する外国人の受入れのための在留資格が入管法別表第一の一の表と二の表に定められた。また、このうち二の表に定められた在留資格については、上陸許可基準に適合することが上陸のための条件に適合する要件とされたが、この上陸許可基準は法務省令で定めることとされ、これにより、受入れ基準の明確化が図られるとともに、その時々の状況に応じた受入れ範囲の調整が可能とされた。

なお、専門的な技術、技能、知識等には、外国の文化に基盤を有する思考又は感受性も含まれるものとされた。

② わが国で就労する外国人のうちいわゆる単純労働に従事することを目的としてわが国に入国・在留しようとする単純労働者の受入れについては、当面は受入れを行わないこととされ、その受入れのための在留資格は定められなかった。

ただし、例外的な受入れを可能とする在留資格として「特定活動」の在留資格が別表第一の五の表に新設され、専門的技術、技能、知識等を要する業務以外の業務に従事する外国人の受入れも、限定的には可能とされた。〈14〉

③　平成元年の改正前の入管法においても在留資格が定められていた外交官、領事官、外国政府又は国際機関の公務を帯びる者、貿易に従事し又は事業若しくは投資の活動を行おうとする者、学術研究機関又は教育機関において特定の研究を行い又は研究の指導若しくは教育を行おうとする者、芸術上又は学術上の活動を行おうとする者、興行を行おうとする者、宗教上の活動を行うために外国の宗教団体により派遣される者、外国の報道機関の派遣員などについては、要件の整理などを行ったうえで、対応する在留資格が設けられた。

次に、就労活動を行うことを目的として入国・在留する外国人以外の外国人に関する在留資格の整備であるが、大まかに記述すると次のようになる。

①　従来どおり、移民は受け入れないこととし、この方針を明確にするため、上陸時に永住許可をする制度が廃止された。

ただし、本邦に在留する外国人が、永住許可を受けて永住者となることは可能とするとともに、日本人や永住者・在日韓国・朝鮮・台湾人の関係者の受入れなどのため、身分又は地位に係る在留資格が整備された。

また、身分又は地位に係る在留資格として、「定住者」の在留資格を設け、柔軟な対応が可能とされた。

②　平成元年の改正前の入管法においても在留資格が設けられていた観光客などの短期滞在者、学術研究機関又は教育機関において教育を受けようとする者、本邦の公私の機関により受け入れられて産業上の技術又は技能を修得しようとする者、本邦に在留する外国の配偶者及び未成年で配偶者のない子などについても、一定の整理のうえで改正後も在留資格が設けられた。さらに、文化交流を目的とする者の受入れのための在留資格が設けられた。

平成元年の改正の主要な改正点の第二は、外国人の受入れのための手続が整備されたことである。受け入れる外国人の範囲が明確化されても、受入れが行われるための手続が整備されなければ、実際の受入れは進まない。そこで、在留資格認定証明書制度（事前に国内にいる本人又は代理人が手続を行い入管法７条１項２号の上陸のための条件に適合している旨の証明書の交付を受け、査証の取得や空海港での手続を簡易・迅速に行うことを可能とする制度）の創設などが行われた。

平成元年の改正の主要な改正点の第三は、在留資格の決定を受けて在留する外国人が在留中に行うべき活動の範囲、行うことができない活動の範囲及び行うことができる活動の範囲が明確に規定されたことである。

平成元年の改正で在留資格は別表第一の在留資格と別表第二の在留資格に分類され、かつ、別表第一の在留資格は一から五までの五つの表に分類して定められた。そして、別表第一の在留資格については、同表のそれぞれの下欄に対応する活動が定められ、別表第一の在留資格で在留する外国人は、その在留資格に対応する活動を行うことができるとともに、その活動を行っていることが在留継続の要件とされ、さらに、その活動に属しない就労活動を行ってはならないとされた。

一方、別表第二の在留資格については、同表の下欄にそれぞれの在留資格に対応する身分又は地位が定められ、別表第二の在留資格で在留する外国人については、別表第一の在留資格で在留する者の場合のような行ってはならない活動は定められず（行ってはならない活動はない。）、対応する身分又は地位を有する者としての活動を行うことができ、また「永住者」以外の別表第二の在留資格をもって在留する外国人は、対応する身分又は地位を有する者としての活動を行っていることが在留継続の要件とされた。

次に、別表第一の一から五までの五つの表のうち、一の表及び二の表の在留資格は、対応する活動に就労活動が含まれる在留資格であり、三の表と四の表の在留資格は対応する活動に就労活動が含まれない在留資格である。また、一の表と三の表の在留資格は、上陸のための条件に適合するための要件として、前述した上陸許可基準に適合することが求められない在留資格であり、二の表と四の表の在留資格は、上陸許可基準に適合することが必要とされる在留資格である。

また、五の表の在留資格は、「特定活動」である。

なお、本書では、別表第一の在留資格のうち、一の表と二の表の上欄に定められている在留資格を「就労資格」といい、三の表と四の表の上欄に定められている在留資格を「非就労資格」ということとする。

平成元年の改正の主要な改正点の第四は、不法就労への対応である。主要な改正点の第三としてあげた行ってはならない活動の明確化は、同時に不法就労の概念の明確化でもあった。

平成元年の改正前には、「不法就労」についての明確な定義はなく「資格外活動及び資格外活動がらみの不法残留」というようにとらえられていた。〈14〉しかし、資格外活動は、平成元年の改正後の入管法の下においては、在留資格をもって在留する外国人が入管法19条１項の規定に違反して行う就労活動であるとされた。

平成元年の改正前の入管法19条２項は、在留資格をもって在留する外国人が「その在留資格に属する者の行うべき活動以外の活動をしようとするときは、…あらかじめ法務大臣の許可を受けなければならない」と定め、この規定に違反して許可を受けなかった者を六月以下の懲役若しくは禁錮又は二〇万円以下の罰金に処する（平成元年の改正前の入管法73条。なお、同法74条により懲役又は禁錮及び罰金を併科することができる。）とともに、「旅券又は在留資格証明書に記載された在留資格の変更を受けないで当該在留資格以外の在留資格に属する者の行うべき活動を専ら行っていると明らかに認められる者」は、三年以下の懲役若しくは禁錮又は三〇万円以下の罰金に処すると規定し（平成元年の改正前の入管法70条4号。なお、同法74条により懲役又は禁錮及び罰金を併科することができる。）。さらに、「本邦に在留する外国人（仮上陸の許可、寄港地上陸の許可、通過上陸の許可、乗員上陸の許可又は遭難による上陸の許可を受けた者を除く。）」で「旅券又は在留資格証明書に記載された在留資格の変更を受けないで当該在留資格以外の在留資格に属する者の行うべき活動を専ら行っていると明らかに認められる者」に該当するものが退去強制事由に該当することを定めていた（平成元年の改正前の入管法24条4号イ）。

この平成元年の入管法の改正前の「当該在留資格以外の在留資格に属する者の行うべき活動」の範囲が必ずしも明確ではなかったが、平成元年の改正により、在留資格をもって在留する外国人が「行ってはならない活動」が、その外国人の有する在留資格に対応する活動に属しない就労活動として明確に規定された。そして、在留資格をもって在留する外国人が許可を受けることなく行う「行ってはならない活動」と不法入国者、不法残留者などの在留の根拠を有しない外国人が行う報酬その他の収入を伴う活動が「不法就労活動」と定められた（平成元年の改正後の入管法73条の2第4項。ただし、現行入管法では、「不法就労活動」は、24条3号の4のイで定められている。）。そして、このように不法就労の概念が明確化されるとともに第73条の2が新設され、不法就労者の雇用主やブローカーなどに対する「不法就労助長罪」が定められた。

最後に、平成元年の改正の主要な改正点の第五として、上陸許可を受けられないで退去命令を受けた外国人の、わが国における出国までの滞在に関する規定が整備された。

以上のような改正の結果、それまでの一件ごとの「手作り」とも言える審査では、多数の案件の処理に対応できないとともに、外国人も安心して来日を予定できないということについての改善が図られ、多数の外国人の受入れに対応することが可能となる基盤の整備が行われたのである。

3　平成元年の改正後の状況と対応

(1)　改正後の受入れ状況

(平成元年の改正の前後における外国人の受入れ状況の変化)

平成元年の改正では、在留資格の全般的な見直しと再編成が行われたが、そのなかでも特に、外国人労働者問題への対応という観点から、就労資格の大幅な拡充が行われた。

すなわち、「我が国において就労しようとする外国人のうち、専門的な技術、技能又は知識を必要とする業務に従事しようとする者及び一般の日本人では代替することのできない外国の文化に基盤を有する思考又は感受性を必要とする業務に従事しようとする者の受入れは、その者が一定の水準以上の技術、技能、知識、経験等を有し、かつ、受け入れた外国人に対して適切な在留管理が行われるならば、国内の雇用面への悪影響その他の社会問題を生じるおそれは少なく、我が国の経済及び社会の活性化や発展に資するものと考えられる」〈15〉との観点から、専門的技術、技能、知識等を必要とする業務に従事する外国人を可能な限り受け入れるとの方針に基づいて就労資格の整備、拡充が行われたのである。

そして、入国手続に関しても、在留資格認定証明書の制度が創設された。この制度の創設により、「短期滞在」以外の在留資格に対応する活動を行おうとする者以外のわが国に新規入国をしようとする外国人は、（したがって、就労資格に対応する活動を行おうとする外国人はすべて対象となる。）上陸申請を行うためわが国に到着するより前に入管法7条1項2号の上陸のための条件に適合する旨の証明書の交付を受けることが可能となった。

それでは、実際に、平成元年の改正の前後でどのように外国人の受入れ状況が変化したのであろうか。

この点について見ていくためには、新規入国者と在留中の外国人の受入れの双方について在留資格別の人数を見ることが必要であるが、とりあえず、新規の外国人の受入れの中心であり、統計も比較的整備されている新規入国者数の推移について見ていくこととする。

ただ、実は、これも簡単ではない。平成元年の改正では、在留資格そのものが大幅に改正され、平成元年の改正前の在留資格は再編整備された。また、特に、平成元年の改正前に前述した「法務大臣が特に在留を認める者」として新規入国した外国人について、平成元年の改正後の在留資格による新規入国者との対応関係を明確にすることは困難である。

ただ、法務省入国管理局編「平成４年版出入国管理―国際化時代への新たな対応―」（以下、「平成４年版入管白書」という。）が、平成元年の改正の前後の新規入国者数を平成元年の改正前の在留資格を平成元年の改正後の在留資格に対応させて主な入国目的別の新規入国者数の推移を記載しているので、同書及び法務省入国管理局編「出入国管理―21世紀の円滑な国際交流のために―平成10年版」（以下、「平成10年版入管白書」という。）等により、平成元年の改正の前後の新規入国者数の変化について見ることとする。

まず、就労資格による新規入国者であるが、平成４年版入管白書によると、「外交」及び「公用」を除く就労資格（「教授」「芸術」「宗教」「報道」「投資・経営」「法律・会計業務」「医療」「研究」「教育」「技術」「人文知識・国際業務」「企業内転勤」「興行」「技能」）による新規入国者は、平成元年の改正前の昭和61年に五万四七三六人、昭和63年に八万一四〇七人であったが、平成２年には九万四八六八人、平成３年には一一万三五九九人に達している。〈16〉そして、平成10年版入管白書によると、「外交」「公用」を除く就労資格による新規入国者は、平成９年には九万三八九五人である。〈17〉

ただし、就労資格のうち「興行」の在留資格による新規入国者が就労資格による入国者の相当部分を占めていてその増減も大きい（「興行」の在留資格による新規入国者数は、昭和61年が四万四九八九人、昭和63年が七万一〇二六人、平成２年が七万五〇九一人、平成３年が八万九五七二人、平成９年が六万七四七五人〈18〉ことから、「外交」「公用」「興行」以外の就労資格による新規入国者数を見ると、昭和61年が九七四七人、昭和62年が九四九〇人、平成２年が一万九七七七人、平成３年が二万四〇二七人であり、〈19〉平成９年が二万六四二〇人である。〈20〉

このように、平成元年の改正で、在留資格を整備した結果、整備された就労資格による新規入国者は、相当程度増加したということがわかる。ただ、その増加は、新規入国者数全体の増加に伴う増加という面が強く、「外交」「公用」及び「短期滞在」の在留資格による新規入国者数に占める「外交」「公用」「興行」以外の就労資格による新規入国者数の占める割合は、平成３年が約一〇％であり、〈21〉平成９年が約一三％である。〈22〉ちなみに、平成29年における「外交」「公用」「興行」及び「技能実習」以外の在留資格による新規入国者数は、四万七三九二人であるが、「外交」「公用」及び「短期滞在」以外の在留資格による新規入国者数に占める割合は、約一一％である。〈23〉

ところで、このような平成元年の改正で整備された就労資格による新規入国者数の変化とは別に、平成元年の改正前後の外国人の受入れ状況について注目すべき点が三つある。

第一は、「留学」及び「就学」の在留資格による新規入国者数（及びこれに相当する平成元年の改正前の在留資格による新規入国者数）、とりわけ「就学」の在留資格による新規入国者数（及びこれに相当する平成元年の改正前の在留資格による新規入国者数）の変化である。

このうち、「留学」の在留資格による新規入国者数（及びこれに相当する平成元年の改正前の在留資格による新規入国者数）は、昭和61年が五四一九人、昭和63年が六四三五人、平成元年が七七七七人、平成２年が九五二八人、平成３年が九六二〇人であり、〈24〉平成９年が一万二四〇八人である〈25〉が、「就学」の在留資格による新規入国者数（及びこれに相当する平成元年の改正前の在留資格による新規入国者数）は、昭和61年に一万二六三七人であったのが、昭和63年には三万五一〇七人に達したが、その後減少して、平成２年には二万八五一人、平成３年が二万六五四人となった。〈26〉そして、平成９年には、一万一七五五人となっている。〈27〉

第二は、「研修」の在留資格による新規入国者の増加である。「研修」の在留資格に相当する平成元年の改正前の在留資格による新規入国者は、昭和61年が、一万四三八八人、昭和63年が二万三四三二人であるが、平成２年の「研修」の在留資格による新規入国者は三万七五六六人、平成３年には四万三六四九人に達している。〈28〉そして、平成９年の「研修」の在留資格による新規入国者は、四万九五九四人である。〈29〉

第三は、「日本人の配偶者等」の在留資格による新規入国者数（及びこれに相当する平成元年の改正前の在留資格による新規入国者数）の増加と「定住者」の在留資格による新規入国者数の増加である。まず「日本人の配偶者等」の在留資格による新規入国者数（及びこれに相当する平成元年の改正前の在留資格による新規入国者数）は、昭和61年が二七〇四人、昭和63年が五四四八人であったが、平成２年には一万三五四三人に増加し、さらに、平成３年には二万二八二〇人に達した。〈30〉そして、その後一時やや減少したが再び増加し、平成9年には、三万一六〇六人である。〈31〉また、平成元年の改正で新たに設けられた「定住者」の在留資格による新規入国者も、平成3年には四三九八人であったが、〈32〉平成8年には、一万二七七三人、平成9年には三万三三五三人と急増した。〈33〉

このうち、「就学」の在留資格による新規入国者数（及びこれに相当する平成元年の改正前の在留資格による新規入国者数）の変化は、真の目的が日本において就労することであるにもかかわらず日本語を学ぶことを名目として入国した外国人が急増したことと、これに対して入国審査が厳格化されたことによると考えられる。〈34〉

一方、「日本人の配偶者等」の在留資格による新規入国者数（及びこれに相当する平成元年の改正前の在留資格による新規入国者数）と「定住者」の在留資格による新規入国者数の増加は、日系外国人の増加が主な要因と考えられる。〈35〉

そこで、以下において、まず、日系人の新規入国者の増加とその背景について検討し、次に、「研修」の在留資格をもって在留する者（以下、「研修生」という。）、「留学」の在留資格をもって在留する者（以下、「留学生」という。）及び「就学」の在留資格を追って在留する者（以下、「就学生」という。）について順次検討し、さらに、平成元年の改正後の偽装滞在者及び不法就労者・不法滞在者の問題について考察することとする。

（日系人）

日系人の受入れ自体は、平成元年の改正前から行われており、また、平成元年の改正に際して、日系人をいわゆる「外国人労働者」あるいは「移民」として受け入れるというような政策決定が行われたということではない。しかし、入国・在留の要件が整理され、日系人は、「日本人の配偶者等」又は「定住者」の在留資格で３世ないし４世までの入国・在留が可能であるということが、運用によってではなく、法令により、明確に規定された。

平成元年の改正により、別表第一に、わが国において就労することを目的として入国・在留する外国人を受け入れるための在留資格が定められたが、日系人は、仮に受入れ後に就労することとなった場合でも、わが国において就労することを目的とする外国人ではなく、そのため、別表の第一ではなく、別表第二の「日本人の配偶者等」の在留資格の項の下欄に「日本人の子として出生した者」が定められた。「日本人の子として出生した者」とは、出生の時に父もしくは母の双方又は一方が日本国籍を有していた者を意味し、いわゆる日系１世及び２世の一部が該当する。

また、入管法自体においては、１世及び２世の一部の受入れのための在留資格が定められただけであったが定住者の告示で、それ以外の２世及び３世に係る地位が定められ、その受入れが可能となった。また、４世も、定住者の告示により一年以上の在留期間を指定されている「定住者」の在留資格をもって在留する者の扶養を受けて生活する未成年未婚の実子として受入れが可能とされた。

日系人の受入れは、わが国との地縁的・血縁的関係を考慮したものであって、わが国において就労することを目的とする外国人を受け入れるというものではなく、したがって、また、わが国において就労する目的で多数の日系人が来日するということが想定されていたわけではない。しかし、平成元年の入管法の改正で身分又は地位に係る在留資格で在留する外国人については「行ってはならない活動」が定められず、その結果、単純労働を含めてあらゆる就労活動を行うことができるとされていたことがあり、平成２年の「定住者」の在留資格に係る法務省告示の制定後、多数の日系人が、実際上は、就労目的の外国人として来日することとなった。

なお、日系人が、就労目的で来日した理由を整理してみると、次のような事情によるものと推測される。

① 日系人の受入れの要件が法令として定められる過程で整理され、結果的に従来より緩和されたこと。

② 受入れの要件が法令に明示され、それに適合すれば羈束的に許可を受けることができることとなったこととそのことが対外的に明らかにされたこと。

③ 別表第二の在留資格をもって在留する日系人は単純労働を含めてあらゆる就労活動を行うことが可能であり、かつ、そのことが法令上明らかにされたこと。

④ 国内において人手不足が生じ、一方で、（本来あるべきことではないが）外国人を雇用しよう

とする者が不法就労助長罪の新設などを含む入管法の改正により不法就労の取り締まりが厳しくなると予想したことから、適法に単純労働に従事できる外国人に対する需要が大きなものとなっていたこと。

⑤　当時の賃金水準の差などからわが国での就労を希望する日系人が多数いたこと。

このようにして多数の日系人がわが国に受け入れられることとなったが、その後、単純労働に従事することを含めて行うことができる就労活動について入管法上の制限がないことや長期の在留期間の決定を受けることができることなどから、日系人を偽装して入国・在留する者もいた。〈36〉また、日系人による重大な犯罪も発生した。

このような状況を受けて、偽装日系人に対する対策が進められるとともに、平成18年には、同年法務省告示第172号により日系人の受入れに係る法務省告示の規定について、「素行が善良であること」を要件として加える改正が行われ、また、一時期、帰国奨励制度も実施された。しかし、「日本人の配偶者等」及び「定住者」の二つの在留資格による日系人の受入れ自体は、現在に至るまで、引続き行われている。

このようにして日系人が多数来日するとともに、その滞在が長期化した結果、日系人の移民化が起こり、集住都市が発生し、その生活面の施策の実施が求められることとなった。

（研修生）

平成元年の改正後に入国者数が増加したもう一つの分野が研修であるが、その原因は、事業協同組合等が事業主体となって、その傘下の個別企業で研修、とりわけ実務研修を含む研修を実施するという形の中小企業向けの研修制度が整備されたことにあると考えられる。

研修に係る在留資格は、前述したように、昭和56年の入管法の改正で新設されており、中小企業向けの同様な形での研修も一定の範囲で認められていたが、平成元年の改正で受入れの要件が一般的な形で法令により定められ、このような形態の受入れが可能であることが明示されたことが大きかったものと思われる。

しかし、研修生が増加するなかで、研修、とりわけ実務研修を悪用して事実上の労働者として受け入れるという事例が数多く発生した。

「研修」の在留資格は、就労することができない在留資格とされ、したがって、研修生は、企業等における商品の生産などの業務に従事する実務研修を行う場合であっても、あくまで就労活動として行うことはできず、したがって、それを行うことによって報酬を受けることはできないものとされた。

しかし、一方で、実費弁償としての研修手当の支給は可能であるとされていたことから、逆に、安い研修手当で事実上労働者として働かせるという事例が多く生じることともなり、研修の適正化が大きな課題となった。

しかし、一方で、平成５年には、研修制度により一定水準以上の技能・技術等を修得した外国人を対象として、雇用関係の下で技術・技能等を修得することを可能とする技能実習制度が設けられた。〈37〉

当時の技能実習制度は、現在のように「技能実習」の在留資格に基づいて行うものではなく、研修終了後に「特定活動」の在留資格への変更を受け、研修を受けた機関と同じ機関において雇用契約に基づき研修で修得した技術等をより実践的に修得するというものであったが、この制度は、就労活動（を含む活動）に対応する在留資格（就労資格）と就労活動を含まない活動に対応する在留資格（非就労資格）を明確に区分し、後者の非就労資格をもって在留する者は、資格外活動の許可を受けて行う場合を除き就労活動を行ってはならないと定める平成元年の改正後の在留資格制度の下において、非就労資格をもって在留する者に、当該非就労資格に基づく在留の終了後にではあるが、就労活動（この就労活動には、それまでの外国人の受入れに関する政策に基づく外国人の一般的な受け入れ範囲に含まれる就労活動（入管法別表第一の一又は二の表の下欄に掲げられている活動）以外の活動も含まれる。）を行うことを認める制度を創設したものであった。このように、平成５年に創設された技能実習制度は、非就労活動＋それに関連する就労活動という組み合わせによる新たな在留形態を制度化したものであり、これは、受け入れた研修生を従業員としても活動させたいとの研修生を受け入れた企業等の側の要望に応えるものであった。〈38〉

（留学生・就学生）

平成元年の改正では、教育を受ける活動に対応する在留資格として、大学や高等専門学校などにおいて学ぶ学生を対象とする「留学」と小学校、中学校、高等学校、各種学校、設備及び編成に関して各種学校に準ずる教育機関などにおいて学ぶ学生を対象とする「就学」の二つが新設された。〈39〉

留学生の受入れに関しては、すでに昭和58年に「留学生10万人計画」が提唱され、積極的な受入れが図られていた。〈40〉

しかし、一方で、留学生及び就学生のなかには、資格外活動の許可を受けることなく、あるいは資格外活動の許可を受けていても当該許可を受けた範囲を超えて就労活動を行う者もいた。〈41〉

特に、日本語学校と日本語学校において日本語を学ぶことを理由として入国・在留する者について、平成４年版入管白書が次のように記載している。「海外における日本語学習熱の高まりを背景として、我が国において日本語を学ぼうとする外国人が増加し、日本語教育施設が多数設立されるようになった。その結果、日本語教育施設の中には、日本語教育の教育条件や施設が著しく劣悪であるもの、その運営等に問題があり、受け入れた外国人とトラブルを起こしそのことが社会問題にもなるもの等が目立つようになるとともに、また、日本語学習を名目として入国し実際は専ら就労している者の存在が大きな問題として取り上げられるようになった。」〈42〉

さらに、平成10年版入管白書には、次のように記載されている。「我が国の日本語教育施設で日本語を学習する就学生については、我が国の大学等への進学や、帰国後日本語を活用する分野への就職等、外国人の日本語のニーズの高まりに応え、また、人材育成を通して国際貢献を果たすための方策の一環として、積極的にその受入れを行っているところである。しかしながら、その一方で、就学生を装い、専ら就労活動に従事することを目的として入国・在留する外国人が多く、およそ一〇年前にはいわゆる上海事件…が発生し、「就学」の在留資格からの不法残留者数が、一時的に「就学」の在留資格に係る外国人登録者数の六割をも占めるに至るような事態が生じた。」〈43〉なお、「上海事件」とは、昭和63年11月に「我が国の日本語学校への入学手続等を進めていた多数の中国人が、学校から入学許可書を発給されたものの、その後の入国手続が進まなかった等の理由で、査証の発給を受けられなくなることを案じ、上海の日本国総領事館に殺到」〈44〉した事件である。

なお、平成10年版入管白書には、「昭和60年頃から海外における日本語学習熱が高揚し、我が国において日本語を学ぼうとする外国人の増加が著しくなった。」〈45〉と記載されており、すでに、平成元年の改正前から、就学生が増加していたのである。

（偽装滞在者）

虚偽の申請などにより、正規の手続を経て在留資格を取得して在留することを「偽装滞在」といい、偽装滞在をしている外国人を「偽装滞在者」というが、上記の研修生及び留学生・就学生について述べた問題は、ある意味、この偽装滞在の問題である。ただ、偽装滞在者が取得する在留資格は、「研修」「留学」「就学」のような非就労資格に限られず、むしろ、在留活動に制限のない別表第二の在留資格を取得する場合が多い。平成4年版入管白書には、偽装滞在者について、「正規在留を装って長期間稼働するために結婚、研修、就学等を偽装する事案が増加している。平成3年に偽装婚、偽装研修、偽装就学等を理由として摘発した者は一三二人で、うち偽装婚四二人、偽装就学六四人、偽装研修六人などとなっている。」〈46〉と記載されている。

（不法就労者・不法滞在者）

ここまでにおいて、平成元年の改正後の外国人の受入れの状況と受入れに関して生じた問題について見てきたが、平成元年の改正によって受入れが認められなかった分野での就労（入管別表第一の一の表又は二の表の下欄に定められている活動に属しない就労活動を行うこと）を、入国・在留の目的を偽って何らかの在留資格を取得して実現しようとする外国人が多数生じたということができる。

ただ、このような就労を行うことは、不法滞在ないし不法就労活動を行うということによっても実現が可能であり、実際に平成元年の改正で不法就労助長罪の新設を含む不法就労対策が行われたにもかかわらず、平成元年の改正後も、不法就労問題は深刻化している。平成4年版入管白書によれば、「平成3年に摘発した入管法違反者三万五九〇三人のうち不法就労活動に従事していた者は三万二九〇八人（構成比九一・七％）で、一〇年前の昭和56年の一四三四人に比べ二二・九倍、五年前の同61年の八一三一人に比べ約四倍に達しその急増ぶりが著しい。」〈47〉とされている。

不法就労者の正確な実態は、その性格上明らかでないが、上記のような入管法違反で摘発された者に係る統計によりその傾向が明らかになるほか、不法就労活動を行う外国人の多くは不法滞在者であり、不法滞在者のうちで不法残留者については比較的正確なデータが入手できる。そして、その推計された不法残留者は、平成元年の改正法の施行（平成２年６月１日）直後の平成２年７月１日現在では、一〇万六四九七人であったのが、平成３年11月１日現在で二一万六三九九人に達し、〈48〉さらに、平成５年５月１日現在では、二九万八六四六人にまで達した。〈49〉

このようなことから見て、平成元年の改正により不法就労助長罪の新設等が行われたにもかかわらず、不法滞在者が一層増加し、不法就労問題は深刻化していたということができる。

⑵　平成元年の改正後の状況に対する対応

以上の平成元年の改正後に発生した状況は、要約的に言うと、日系人、研修生（平成５年以降は、研修・技能実習生）の受入れ人数が増大すると同時に、平成元年の改正より以前から増加していた留学生の受入れを含めてその受入れについては、問題が生じていたということになる。

前述したように、平成元年の改正では、専門的技術、技能知識等を必要とする業務に従事して就労する外国人を可能な限り受け入れるとの方針の下に在留資格が整備されたのであるが、実際には、就労資格ではなく、それ以外の在留資格による入国者数が急増し、しかも、その入国者が、それらの在留資格による受入れの本来の目的ではない、慎重な検討を要するとして当面受入れを行わないとされた単純労働、正確には、平成元年の改正が行われた当時のわが国の外国人の受入れに関する政策において受入れの範囲外とされ、その結果、同改正により整備された別表第一の一又は二の表の上欄に定める在留資格に対応するものとしてこれらの表の下欄に定められた活動のいずれにも該当しない就労活動（以下、「受入れの範囲外とされた就労活動」という。）に従事するという状況が生じたということができる。

もちろん、日系人にしても、研修生や留・就学生にしても、本来の目的で入国し在留する外国人が多数いたことも確かであり、特に、研修生や留・就学生については、本来の目的での受入れの要望が強かったということも事実である。

しかし、一方で、日系人は在留活動に制限がないことから受入れの範囲外とされた就労活動に従事することができること。研修生は技術・技能等を修得するための実務研修という名目で事実上受入れの範囲外とされた就労活動に従事することができること。留学生はアルバイトとして受入れの範囲外とされた就労活動に従事できること、これらのことを利用あるいは悪用するという問題が生じたことも事実である。

また、前述したように、偽装婚などによる偽装滞在者や不法滞在者が増加したが、これらの偽装滞在者も不法滞在者も、受入れの範囲外とされた就労活動に従事している者が大半であるので、結局は、平成元年の改正で受入れの対象とされなかったいわゆる単純労働者の入国が、本来は目的の異なる在留資格を利用し、あるいは虚偽の申請等により偽装滞在者として、あるいは不法滞在者として、事実上行われたということができる。

ただ、それでは、平成元年の改正で外国人、とりわけ就労活動を行うことを目的とする外国人の受入れ範囲をもっと拡大していれば、このような問題が生じなかったのかというと、この点は、あくまで仮定の問題となるが、もともと、わが国の経済や社会の状況及びその将来の見通しに基づいて立案される外国人の受入れに関する政策として無制限の受入れということはあり得ないと考えられるので、国内に低賃金ないしはより低い経費で雇用できる労働者の雇用への需要があり、日本では低賃金であったとしても自国で働くよりはより良い生活ができると考える外国人が存在するという現実がある以上は、何らかの形で同じような問題が生じたと思われる。

この点はともかくとして、次に、上記のような平成元年の改正後の状況に対して、どのような対応が行われたのかについて、見ていくこととする。

（偽装滞在対策）

上記のような状況に対する対応策として行われたことの第一が偽装滞在対策である。

研修・技能実習及び留・就学に関して生じた問題の本質は、本来の目的が学ぶことではない外国人が学ぶことを名目として在留しているということであるので、まず受入れ機関、あるいは教育機関の適正化ということが対策として実施された。

具体的な対策としては、まず、「研修」については、平成元年の改正後の入管法に基づき制定された上陸許可基準省令の規定に基づき受入れ機関や事業協同組合などが不正行為を行った場合、それらの団体が受入れ機関となる研修や研修事業の主体となって実施する研修を受ける外国人の入国を認めない（上陸許可基準に適合しない。）こととするということが行われ、研修・技能実習に関しては、平成11年には「研修生及び技能実習生の入国・在留管理に関する指針」も策定・公表された。また、「留学」・「就学」に関しても、日本語学校について、事前に審査を受けて告示された日本語学校以外の日本語学校に入学した外国人の在留を認めない（上陸許可基準に適合しない。）という形で外国人の所属機関に対する規制が行われていたが、この規制が強化された。

次に、偽装婚なども含めた偽装滞在の防止のためには、当該外国人が申し立てた本邦において行おうとする活動が、当該外国人が真に行うことを予定しているものであり、かつ、実際に行うことが可能であることとの確認を行うため、当該外国人の所属（予定）機関における受入れ体制や当該外国人の経歴・生活状況などについて提出された書類のみによって審査を行うのではなく、より積極的に実態調査を行うべきであるということから、平成13年には、同年法律第136号による入管法の改正（以下、「平成13年の改正」という。）で事実の調査に関する規定（入管法59条の２）が新設されるなど調査に関する規定が整備され、同時に、審査体制の強化が図られた。加えて、平成13年の改正では、ブローカーなどに対する対策として、他の外国人に上陸や在留関係の許可等を受けさせる目的で、文書・図画を偽造若しくは変造した外国人、虚偽の文書・図画を作成した外国人、偽造若しくは変造された文書・図画又は虚偽の文書・図画を行使し、所持し、譲渡し、貸与し又はその譲渡若しくは貸与のあっせんをした外国人に係る退去強制事由も新設された。

さらに、平成16年法律第73号による入管法の改正（以下、「平成16年の改正」という。）で在留資格の取消制度が新設され、偽りその他不正の手段により在留資格の決定を伴う一般上陸の許可や在留関係の許可を受けたことや別表第一の在留資格をもって在留する外国人が在留資格に対応する活動を正当な理由なく一定期間以上継続して行わないで在留していることなどが取消事由として定められた。

（不法滞在対策）

制度的対応としては、平成9年法律第42号による入管法の改正（以下、「平成9年の改正」という。）で集団密航に係る罪や密航を援助・助長する罪の新設などの改正が、平成11年法律第135号による入管法の改正（以下、「平成11年の改正」という。）で不法在留罪の新設や退去強制された者の上陸拒否期間を1年から5年にするなどの改正が、さらに、平成16年の改正で不法滞在者の自主的な出頭を促進する等のための方策として出国命令制度を新設するなどの改正が行われた。

そして、このような制度的な対応とともに、平成15年には、不法滞在対策について、法務省入国管理局、東京入国管理局、東京都及び警視庁が共同で不法滞在者対策に関する連絡会議を開催して協議

し、首都東京の不法滞在者を５年間で半減させることを目指して共同宣言を出した。〈50〉

そして、さらに、平成15年12月に犯罪対策閣僚会議が策定した「犯罪に強い社会の実現のための行動計画―「世界一安全な国、日本」の復活を目指して―」において、「国境を越える脅威への対応」が、「犯罪情勢に即した五つの重点課題」の一つとしてあげられた。そして、「近年、外国人犯罪の深刻化が進み、その態様も、侵入強盗等の凶悪なものが増加しているほか、暴力団と連携して犯罪を敢行している例も多く見られるようになっている。」として「我が国の不法滞在者は二五万人程度と推計されているが、これら犯罪の温床となる不法滞在者を、今後５年間で半減させ、国民が安心して暮らすことができるようにし、また、平穏かつ適法に滞在している多くの外国人に対する無用の警戒感を払拭することが必要である」とされた。〈51〉このようにしていわゆる不法滞在者５年半減計画が実施され、その結果、推計された不法残留者数が、平成16年１月の二二万九四一八人から四八・五％減少し、平成21年１月１日現在で一一万三〇七二人になった。〈52〉

（受入れの促進のための措置）

以上のように、平成元年の改正後の状況に対応して偽装滞在対策や不法滞在対策が進められる一方で、平成元年の改正で、受入れの拡大を図った専門的な分野において就労する外国人の受入れについては、平成13年には、平成13年法務省令79号によりＩＴ関連技術者の受入れ促進のための「技術」の在留資格に係る上陸許可基準の改正などが行われた。しかし、もっとも代表的な就労資格である「技術」と「人文知識・国際業務」による新規入国者数について見ると、平成３年の「技術」が三一六六人、「人文知識・国際業務」が六四一六人である〈53〉のに対し、平成10年の「技術」が五六九九人、「人文知識・国際業務」が七一五〇人、〈54〉平成20年においても「技術」が九二一二人、「人文知識・国際業務」が五六九〇人にとどまっていた。〈55〉

(3)　技能実習制度の創設と整備

平成元年の改正とその後に生じた状況、そしてその状況に対する対応は、必ずしも単純なものではないが、大きな流れでいえば次のように言うことができる。

平成元年の改正によって専門的技術、技能知識等を必要とする業務に従事する外国人の受入れが拡大され、その結果、専門的、技術的分野で働く外国人の受入れがある程度進んだものの、それ以外の分野で働くことを希望する外国人が、他の在留資格によって入国・在留し、あるいは、偽装滞在や不法滞在をすることによって受入れ範囲として定められた範囲外の分野で就労するという現象が生じた。政府は、平成元年の改正後の状況を受けて、許可手続の簡素化・合理化、就労資格の設定要件の緩和などを行うとともに、偽装滞在対策、不法滞在対策を進めるとともに、その在留資格をもって入国・在留する外国人について不適正な状況の見られる在留資格については、適正化に努めた。

このようななかで、注目されるのは、研修・技能実習制度の創設整備である。

（技能実習制度の創設）

前述したように、昭和56年の改正で研修に係る在留資格が新設され、平成元年の改正において、それを引き継ぐ形で、「研修」の在留資格が定められた。そして詳細な上陸許可基準が定められ、わが国の企業等に受け入れられて研修、特に実務研修を含む研修を受けるために「研修」の在留資格の決定を受けて上陸することができる外国人は、基本的には、受入れ機関たる企業等の合弁企業若しくは現地法人の職員又は一定額以上の取引実績のある機関の職員とされた。これは、わが国の企業等が研修生の受入れという負担を負うことについて合理的な理由がある場合に限るとの趣旨であるが、国などが政策的に実施する研修については、例外が認められる必要があり、この観点から、国などが政策的に実施する研修のほか、それに準ずる研修などわが国の企業等が外国人研修生の受入れという負担を負うことに合理性があると考えられる場合について例外が認められた。その一つが一定の公益法人、商工会議所、中小企業団体などが事業主体となって実施される形態の研修であった。このような研修は、事業主体となる団体の監理の下に行われることから「団体監理型研修」と呼ばれるようになった。これに対して、企業等がその現地法人や一定の取引実績のある企業等の職員を受け入れて実施される研修は「企業単独型研修」と呼ばれるようになった。そして、特に、実際の業務に従事する実務研修に関しては、様々な研修生の保護や研修の本来の趣旨からの逸脱を防止するための措置が上陸許可基準として定められた。

このようにして平成元年の改正後の研修制度がスタートしたが、前述したように、研修制度の悪用の問題が生じ、その適正化が図られるとともに、産業界などの要望に応える形で、平成５年に、研修制度を充実するものとして「特定活動」の在留資格に変更して雇用関係の下で技能等を学ぶ「技能実習」の制度が設けられた。

しかし、その後も特に団体監理型研修では、研修生を労働者、それも、低賃金労働者として扱う企業等と研修手当を事実上の報酬として働こうとする研修生が後を断たなかった。

団体監理型研修は、事業主体となっている事業協同組合等の機関（監理団体）が企業等において行われる実務研修を含む研修の実施を監理することによって研修が適正に実施されることを確保するという制度であるが、この監理団体が名目上の実施主体となっており、きちんとした監理を行っていない場合がしばしばであった。しかし、研修生は労働者ではないということから労働関係法令の適用はなく報酬の支給もない。このため、監理団体の監理が適正に行われない場合、悪質な企業主は、労働関係法令による保護を考えることなしに実費弁償としての手当の支払いで研修生を事実上労働者、それも低賃金労働者として働かせるという問題が生じたのである。

（「技能実習」の在留資格の新設）

そこで、平成21年法律第79号による入管法の改正（以下、「平成21年の改正」という。なお、この平成21年の改正では、外国人の在留管理に関する重要な改正が行われたが、この点については、後述する。）で

「技能実習」の在留資格が新設され、旧研修・技能実習制度における実務研修を含む研修は、原則として、新設された技能実習制度により雇用契約に基づいて、したがって、労働関係法令の適用を受け、報酬を受けて行うこととされた。

平成21年の改正前の技能実習は、一定期間の研修を受けた後に受けることができるものであったのに対し、平成21年の改正後の技能実習は、当初から「技能実習」の在留資格で在留して同改正前の受入れ機関に当たる企業等と雇用契約を締結して行うこととされ、同時にその雇用契約に基づく技能実習は、団体監理型の場合、監理団体の責任及び監理の下に行うことが明定された。

そして、改正前の企業単独型研修についても、実務研修を含む研修については、同様に、企業単独型技能実習として実施することとされた。

なお、「技能実習」制度については、その後、「外国人の技能実習の適正な実施及び技能実習生の保護に関する法律」（平成28年法律第89号。以下、「技能実習法」という。）が制定され、「技能実習」の在留資格に対応する活動も同法による入管法で改正されたが、この点については後述することとする。

第3節　受入れの消極要件（上陸拒否事由及び退去強制事由）の整備等

1　昭和56年から平成18年までの入管法の改正

ここまで、平成元年の改正とその後の状況、そしてそれに対する対応について見てきたが、ここまでの検討は、主として、受入れの積極的要件についてであった。

実際には、これと平行して、受入れの消極的要件を構成する上陸拒否事由及び受入れの終了に係る退去強制事由などの改正も行われている。

(1)　昭和56年の改正

まず、昭和56年の改正で、昭和56年法律第85号により、覚せい剤の取締りに関する日本国又は日本国以外の国の法令に違反して刑に処せられたことのある者を加えるなど覚せい剤関係の上陸許否事由が整備されるとともに、退去強制事由についても、本法に在留する外国人（仮上陸の許可、寄港地上陸の許可、通過上陸の許可、乗員上陸の許可又は遭難による上陸の許可を受けた者を除く。）で覚せい剤取締法に違反して有罪の判決を受けた者が加えられた。

⑵　平成元年の改正

その後、平成元年の改正においては、上陸拒否事由を定める入管法５条の改正は行われなかったが、退去強制事由を定める入管法24条については、在留資格制度の整備に伴って24条４号イ（資格外活動）の要件の改正が行われたほか、同号ロ（不法残留）の要件の改正、退去命令を受けた者で遅滞なく本邦から退去しない者や、数次乗員上陸許可を取り消され帰船又は出国するために必要な期間の指定を受けた者で当該期間内に帰船又は出国しないものが退去強制事由として加えられた。

また、罰則についても、資格外活動に係る70条４号（現行法では70条１項４号）及び73条並びに不法残留に係る70条５号（現行法では70条１項５号）の改正が行われたほか、数次乗員上陸許可を取り消され帰船又は出国するために必要な期間の指定を受けた者で当該期間内に帰船又は出国しないものに関する70条７号の２（現行法では70条１項７号の３）が新設された。これらの改正は、入国・在留に関する制度の整備に伴うものであるが、この他に、平成元年の改正では、不法就労助長罪に係る73条の２の規定の新設が行われた。平成元年の改正で新設された入管法73条の２は、①事業活動に関し、外国人に不法就労活動をさせた者、②外国人に不法就労活動をさせるためにこれを自己の支配下に置いた者、③業として、外国人に不法就労活動をさせる行為又は②の行為に関しあっせんした者を処罰の対象とするもので、その趣旨は、「不法就労外国人の雇用主やブローカー等に対する新たな処罰規定を設け、これによって不法就労活動を防止しようとするものであ」る。〈56〉なお、不法就労助長罪については、国外犯処罰規定や、両罰規定も定められた。

そして、その後の平成9年以降、入管法は、不法就労・不法滞在対策、テロ・外国人犯罪対策さらには人の密輸の問題への対応などを目的として、頻繁に改正されることとなった。その背景には、不法就労・不法滞在問題、そして外国人犯罪の深刻化とこれに対する対応、とりわけ前述した不法滞在者5年半減の方針があるとともに、テロ組織・犯罪組織の拡大と国境を越える活動の活発化によるテロや犯罪の脅威の世界的な拡大と深刻化といった事情があった。

そこで、平成9年から、平成18年までの間に行われた入管法の改正のうち、外国人の受入れに関する政策に関して重要な内容を有するものについて、その概要を見ていくこととする。

(3)　平成9年の改正

平成9年法律第42号による入管法の改正（以下、「平成9年の改正」という。）は、「平成8年12月以降の不法入国・上陸事案の多発への対策として」行われた。〈57〉集団密航に係る罪（入管法74条、74条の2、74条の4）の新設や密航を援助・助長する罪（入管法74条の6、74条の8）の新設が行われ、同時に本法に在留する外国人（仮上陸の許可又は一定の特例上陸の許可を受けた者を除く。）でこれらの罪により刑に処せられたものが退去強制事由として入管法24条４号にホとして規定された。また、不法入国関係規定の整備も行われた。〈58〉

(4)　平成11年の改正

平成11年法律第135号による入管法の改正（以下、「平成11年の改正」という。）では、不法入国者等が上陸後引き続き不法に在留する行為を処罰するための不法在留罪（入管法70条２項）の新設及び不法残留等により退去強制された者に対する上陸拒否期間の１年から５年への伸長（入管法５条１項９号の改正）が行われた。〈59〉

(5)　平成13年の改正

平成13年法律第136号による入管法の改正（以下、「平成13年の改正」という。）では、「2002年ワールドカップ・サッカー大会の開催に当たり、いわゆるフーリガンに対する効果的な対策を講じる必要があったほか、その他の国際競技会や主要先進国首脳会議（サミット）等の国際会議の開催に伴って大規模な暴動等が発生した場合の対応も求められたことから、これら国際競技会等に乗じて暴行等を行う外国人の上陸を拒否するとともに、入国後、このような行為を行った外国人を迅速に国外に退去させる必要があった」〈60〉ことから、国際的規模若しくはこれに準ずる規模で開催される競技会又は国際的規模で開催される会議の妨害等に係る上陸拒否事由（入管法5条1項5号の2）及び退去強制事由（入管法24条4号の3）を加える改正が行われた。

また、平成13年の改正では、「来日外国人による窃盗・強盗等の犯罪が数多く発生し、国民の治安に対する不安が増大したことから、これら外国人犯罪対策が緊急の課題となっていた」〈61〉ことから、外国人犯罪対策として入管法5条1項に9号の2を、また、24条に4号の2を加える改正が行われ、「入管法別表第一の上欄の在留資格をもって在留する者で、刑法、暴力行為等処罰に関する法律又は盗犯等の防止及び処分に関する法律に定める一定の罪を犯し、懲役又は禁錮に処せられたものについては、刑の執行猶予の言渡しを受け、又は1年以下の実刑に処せられた場合も含め、その退去を強制できることとするとともに、当該判決の宣告を受けた者で、その後出国して本邦外にある間にその判決が確定し、確定の日から5年を経過していないものの上陸を拒否すること」〈62〉とされた。

さらに、平成13年の改正では、前述したように「偽変造文書を行使した不法入国事案や合法的な在留を偽装する事案も増加し、これに国際的な犯罪組織や外国人ブローカーの関与が認められるなど」〈63〉のことから、他の外国人に、不正に上陸許可又は在留関係の許可等を受けさせる目的で行った文書・図画の偽造・変造、虚偽の文書・図画の作成、偽造若しくは変造された文書・図画や虚偽の文書・図画の行使・所持、譲渡、貸与あるいはその譲渡著しくは貸与のあっせんを行った外国人に係る退去強制事由（入管法24条4号の3）も新設された。

(6) 平成16年の改正

平成16年法律第73号による改正（以下、「平成16年の改正」という。）では、出国命令制度が新設された。この制度は、「不法滞在者の大幅な削減のためには、その自主的な出頭を促進するとともに、入国管理局の限られた人員を有効に活用し、不法滞在者をより迅速かつ効率的に出国させる体制を構築するがある。そこで、入管違反者のうち、一定の要件を満たす不法残留者について、全件収容主義の例外として、身柄を収容しないまま簡易な手続により出国させる」〈64〉制度として創設された。

また、平成16年の改正では、入管法5条9号の定める上陸拒否期間が改正され、入管法24条の4号のオからヨまで又は同条4号の3以外の退去強制事由に該当して本邦からの退去を強制された者について、その退去の日前に本邦からの退去を強制されたこと又は出国命令により出国したことがないものに限って上陸拒否期間が5年とされ（入管法5条1項9号ロ）、それ以外の者の上陸拒否期間は10年に伸張された（入管法5条1項9号ハ）。

なお、前述したように、平成16年の改正では、在留資格の取消制度も新設された。

(7) 平成17年の改正

平成17年法律第66号による入管法の改正（以下、「平成17年の改正」という。）では、「国際的な組織犯罪の防止に関する国際連合条約を補足する人（特に女性及び児童）の取引を防止し、抑止し及び処罰するための議定書」（以下、「人身取引議定書」という。）及び、「国際的な組織犯罪の防止に関する国際連合条約を補足する陸路、海路及び空路により移民を密入国させることの防止に関する議定書」（以下、「密入国議定書」という。）に係る法整備が行われた。〈65〉

人身取引議定書の関係では、人身取引等の被害者の保護のため、上陸拒否事由、退去強制事由、上陸特別許可事由、在留特別許可事由の改正が行われたほか、人身取引等の加害者に関して「人身取引等を行い、唆し、又はこれを助けた者」が、上陸拒否事由を定める5条1項に7号の2としてまた、本邦に在留する外国人（仮上陸の許可又は一定の特例上陸の許可を受けた者を除く。）についての退去強制事由を定める24条の4号にハとして定められた。

また、密入国議定書の関係で、罰則の整備が行われ、74条の6の2が新設され、「他人の不法入国等の実行を容易にする目的で、偽りその他不正の手段により、日本国の権限のある機関から難民旅行証明書、渡航証明書、乗員手帳又は再入国許可書の交付を受けた者」や「他人の不法入国等の実行を容易にする目的で」旅券（旅券法2条1号及び2号に規定する旅券（公用旅券及び一般旅券）並びに同法19条の3第1項に規定する渡航書（帰国のための渡航書）を除く。）乗員手帳又は再入国許可書として偽造された文書や当該不法入国等を実行する者について効力を有しない旅券（旅券法2条1号及び2号に規定する旅券（公用旅券及び一般旅券）並びに同法19条の3第1項に規定する渡航書（帰国のための渡航書）を除く。）、乗員手帳又は再入国許可書を「所持し、提供し、又は収受した者」などを3年以下の懲役若しくは三〇〇万円以下の罰金に処し、又はこれを併科することが定められた。

なお、「旅券」から「除く」と定められている日本の旅券法に基づく旅券及び帰国のための渡航書については、「旅券法及び組織的な犯罪の処罰及び犯罪収益の規制等に関する法律の一部を改正する法律」（平成17年法律第55号）により旅券法23条が改正され、同条において、「行使の目的をもって、自己名義の旅券又は渡航書を他人に譲り渡し、又は貸与した者」や「行使の目的をもって、他人名義の旅券又は渡航書を譲り渡し、若しくは貸与し、譲り受け、若しくは借り受け、又は所持した者」が処罰されることなどが定められた。〈66〉

そして、入管法24条４号のニ及びホの改正により、本法に在留する外国人（仮上陸の許可又は一定の特例上陸の許可を受けた者を除く。）で旅券法23条１項（６号を除く。）から３項までの罪により刑に処せられた者及び入管法74条の６の２及び74条の６の３の罪により刑に処せられた者が退去強制事由として定められた。

さらに、平成17年の改正では、人身取引議定書及び密入国議定書の双方に共通の改正として、本邦に入る船舶等を運行する運送業者等が、外国人が不法に本邦に入ることを防止するため、当該船舶等に乗ろうとする外国人の旅券等を確認する義務を定める入管法56条の２の新設や外国入国管理当局への情報提供に関する入管法61条の９の新設も行われた。

⑻　平成18年の改正

平成18年法律第43号による入管法の改正（以下、「平成18年の改正」という。）では、内閣に設置された国際組織犯罪等・国際テロ対策推進本部が平成16年12月10日に決定した「テロの未然防止に関する行動計画」を踏まえテロの未然防止のための規定の整備が行われた。〈67〉

具体的な改正内容は、第一に、上陸申請時の個人識別情報の提供制度の新設（入管法６条３項の新設）で、上陸の申請を行おうとする外国人は、「外交」又は「公用」の在留資格に対応する活動を行おうとする者、特別永住者等個人識別情報の提供を要しないこととされている者を除き、電磁的方式によって個人識別情報を提供しなければならないこととされた。なお、個人識別情報は、「指紋、写真その他の個人を識別することができる情報として法務省令で定めるもの」（入管法６条３項）とされたが、平成19年法務省令第61号に上る改正後の入管法施行規則５条６項は、個人識別情報は指紋及び写真とすると定めた。〈68〉

この個人識別情報の提供制度の新設の趣旨について平成18年版入管白書は、「上陸審査時に個人識別情報の提供を義務付けることにより、上陸申請者と旅券名義人との同一人性の確認及び入国管理局が保有する要注意人物リストとの照合をより正確かつ迅速に行うことが可能となり、国民の生命と安全を脅かす外国人テロリストを、より確実に水際で発見することができる。加えて、例えば、過去に退去強制歴がありながら、偽変造旅券や他人名義の旅券を利用して繰り返し不法入国をする者（いわゆるリピーター）についても、入国管理局が保有する被退去強制者の指紋情報及び顔画像と照合することにより、確実に発見することが可能となる」〈69〉とし、「テロの未然防止を主たる目的とするものであるが、同時に、政府として取り組んでいる不法滞在者対策及び外国人犯罪対策にも資するものである」〈70〉と説明している。

具体的改正内容の第二は、退去強制事由の整備であり、退去強制事由として24条に3号の2（公衆等脅迫目的の犯罪行為、公衆等脅迫目的の犯罪行為の予備行為又は公衆等脅迫目的の犯罪行為の実行を容易にする行為を行うおそれがあると認めるに足りる相当の理由がある者として法務大臣が認定する者）及び3号の3（国際約束により本邦への入国を防止すべきものとされている者）を新設するなどの改正が行われた。

以上のように、平成9年から平成18年までの間に行われた入管法の改正で、外国人の受入れの消極的要件である上陸拒否事由の整備や入国拒否事由〈71〉ともなるものを含めて受入れの打ち切りを行う要件である退去強制事由〈71〉の整備が行われた。

2　関係機関との連携の強化

しかし、上陸拒否事由や退去強制事由が整備されても、実際に、上陸拒否事由や退去強制事由を適用して水際対策や在留の規制を的確に行うためには、適時に、かつ、的確な内容の情報を取得できることが必要となる。そして、そのためには、情報の取得のための制度と体制の整備が必要であり、外国の政府関係機関も含めた国内外の関係機関との連携の強化が必要である。

この点に関しても、入管法についていくつかの重要な改正が行われている。例えば、前述した平成17年の改正における外国入国管理当局に対する情報の提供に係る規定の新設（この改正で新設された入管法61条の9自体は外国入国管理当局に情報を提供することに関する規定であるが、外国入国管理当局との間での情報の交換を想定したものである。）や、〈72〉平成18年の改正における上陸しようとする外国人が個人識別情報を提供する制度の創設が行われている。

また、入管法は、その第6章「船舶等の長及び運送業者の責任」において、本邦を出入りする船舶又は航空機の長やその船舶又は航空機を運航する運送業者に対して、協力の義務（56条）、旅券等の確認義務（56条の2）、報告の義務（57条）、上陸防止の義務（58条）、送還の義務（59条）などを定めているが、このうち、報告義務を強化する改正が行われている。すなわち、平成18年の改正で、入管法57条1項として、本邦に入る船舶又は航空機の長は、その船舶又は航空機の乗員及び乗客に係る氏名その他の法務省令で定める事項を、あらかじめに報告しなければならないことが定められた。また、最近の改正であるが、平成26年法律第42号による入管法の改正（以下、「平成26年の改正」という。）では、入管法57条8項として、入国審査官が本邦に入る航空機を運航する運送業者等に対し当該航空機が出入国港に到着する前に、当該航空機に係る航空券の予約をした者、その者に係る予約の内容、その者の携帯品及びその者が当該航空機に搭乗するための手続に関する事項で法務省令で定めるものを報告することを求めることができることが定められた。

さらに、国内の関係機関との関係では、特にテロ対策や犯罪対策に関して警察などの機関との連携が重要であるが、この観点から注目されるのが、警察庁、法務省及び財務省が共同で運用するAPISである。APISは、Advance Passenger Information System（事前旅客情報システム）の略であり、この制度により、「航空会社が搭乗手続の際に取得した旅客の身分事項等に関する情報を電子データとして提供を受け、各省庁が保有する要注意人物に係るデータベースと自動的に照合することにより、航空機が我が国へ到着する前に要注意人物が搭乗しているかどうかを判別することが可能」〈73〉となるというものである。

APISは、平成17年1月4日から導入されたが、当初は航空会社の参加は任意であったため、「一部の航空会社から旅客情報の提供を受けるのみであった」。〈74〉しかし、前述した平成18年の改正における入管法57条1項の改正により、平成「19年2月1日以降、本邦に到着するすべての航空機及び船舶は乗員・乗客の氏名等の事前提出が義務付けられることとなった。」〈75〉ことから、「航空機については、提出の利便性などから、航空会社からAPIS経由での提出を行うものが飛躍的に増加した。その結果、ほとんどの旅客情報を事前にチェックすることが可能となった」〈76〉とされている。〈77〉

〈1〉　第1章で述べたとおり、現行の入管法では、第1章の総則に置かれた2条の2の第1項において、本邦に在留する外国人は、入管法及び他の法律に特別の規定がある場合を除き、それぞれ、当該外国人に対する上陸許可若しくは当該外国人の取得に係る在留資格又はそれらの変更に係る在留資格をもって在留するものとする旨が定められている。なお、制定当初の入管法には、在留資格の取得許可に関する規定（現行入管法の22条の2及び22条の3）はなく、また、難民認定手続も定められておらず、したがって、難民認定手続における「定住者」の在留資格の取得許可や在留特別許可に関する規定（現行入管法の61条の2の2）もなかった。さらに、退去強制手続における在留特別許可に関しても、制定当初の入管法50条2項は「在留期間その他必要と認める条件を附することができる。」と規定していて、現行入管法50条2項にある「在留資格及び在留期間を決定し」との文言はなかった。

〈2〉　制定当初の入管法4条1項は、「外国人（乗員を除く。以下この条において同じ。）は、この政令中に特別の規定がある場合を除く外、左に掲げる者のいずれか一に該当する者としての在留資格（外国人が本邦に在留するについて本邦において左に掲げる者のいずれか一に該当する者としての活動を行うことができる当該外国人の資格をいう。以下同じ。）を有しなければ本邦に上陸することができない」としたうえで、同項の1号から16号までにおいて様々な「者」を定めていた。具体的には「外交官若しくは領事官又はこれらの者の随員」（1号）「日本国政府の承認した外国政府又は国際機関の公務を帯びる者」（2号）「通過しようとする者」（3号）「観光客」（4号）「本邦で貿易に従事し、又は事業若しくは投資の活動を行おうとする者」（5号）「本邦の学術研究機関又は教育機関において特定の研究を行い、又は教育を受けようとする者」（6号）「本邦の学術研究機関又は教育機関において研究の指導又は教育を行おうとする者」（7号）「本邦で音楽、美術、文学、科学その他の芸術上又は学術上の活動を行おうとする者」（8号）「本邦で演劇、演芸、演奏、スポーツその他の興業を行おうとする者」（９号）「宗教上の活動を行うために外国の宗教団体により本邦に派遣される者」（10号）「外国の新聞、放送、映画その他の報道機関の派遣員として本邦に派遣される者」（11号）「産業上の高度な又は特殊な技術又は技能を提供するために本邦の公私の機関により招へいされる者」（12号）「本邦でもっぱら熟練労働に従事しようとする者」（13号）「本邦で永住しようとする者」（14号）「第五号から第十三号までの各号の一に該当する者の配偶者及び未成年の子で配偶者のないもの」（15号）が定められていたほか、「前各号に規定する者を除く外、外務省令で特に定める者」（16号）が定められていた。これに対し、現行入管法では、第1章で述べたとおり、在留資格は別表の上欄に定められており、別表第一の在留資格については同表の下欄に一定の活動が、別表第二の在留資格については同表の下欄に一定の身分又は地位が掲げられ、そのうえで、第1章の総則に置かれた2条の2第2項において、別表第一の在留資格をもって在留する外国人はそれに対応するものとして同表の下欄に掲げられている活動を別表第二の在留資格をもって在留する外国人はそれに対応するものとして同表の下欄に掲げられている身分又は地位を有する者としての活動を行うことができることが定められている。なお、制定当初の入管法４条１項16号に該当する者としての在留資格は、現行入管法における「特定活動」及び「定住者」の在留資格と同様、個別の事情によりあるいは社会状況の変化などにより第１号から第15号までのいずれかに該当する者としての在留資格によって受け入れることができない外国人を受け入れる必要が生じた場合に活用されていた。

〈3〉　法務省入国管理局編「昭和61年度版出入国管理―変貌する国際環境の中で―」（以下、「昭和61年版入管白書」という。）128ページ参照。

〈4〉　昭和61年版入管白書138ページ参照。

〈5〉　平成4年版入管白書1ページ。

〈6〉　当時の言い方で「資格外活動及び資格外活動がらみ不法残留」が昭和55年に七四二人であったのが、昭和56年には一四三四人、昭和60年には五六二九人になっている（昭和61年版入管白書106ページ。なお、同書には、この五六二九人について「不法就労の実態を見ると、男性では土木作業員一七一人（二四・九％）、工員一四六人（二一・三％）、雑役一二五人（一八・二％）等の順となっており、女性では、ホステス四一〇八人（八三・一％）、ストリッパー三三六人（六・八％）、売春婦（在留期間が徒過していたため入管法第24条4号ヌを適用せず同号ロを適用したもの）二八八人（五・八％）等の順となっている。」（同書107ページ）と記載されている。

〈7〉　昭和4年版入管白書1ページ。

〈8〉　注〈2〉で述べたとおり入管法制定当初の4条1項の16号は、「前各号に規定する者を除く外、外務省令で特に定める者」を掲げていた。（その後の改正で、「外務省令」は「法務省令」に改正された。）。この規定を受けて、外務省令である「特定の在留資格及びその在留期間を定める省令」（平成27年外務省令第14号）1項が、「出入国管理令（昭和二十六年政令第三百十九号）第四條第一項第十六号に規定する外務省令で特に定める者は左の各号の一に該当する者とする。」としたうえで、その3号に「前二号に規定する者を除く外、入国管理庁長官が特に在留を認める者」を規定していたが、この「特定の在留資格及びその在留期間を定める省令」は出入国管理令施行規則を全部改正した昭和56年法務省令第54号により廃止された。そして新たに、同法務省令による全部改正後の出入国管理及び難民認定法施行規則2条が、入管「法第四条第一項第十六号に規定する者は、次の各号の一に該当する者とする」としたうえで、その第3号において「前二号に規定する者を除くほか、法務大臣が特に在留を認める者」を規定した。当時この入管法

４条１項16号及び入管法施行規則２条３号に該当する者としての在留資格は「4-1-16-3」と呼ばれていた。

〈9〉 この点について、昭和61年版入管白書には、当時の入管法には、外国人労働者について包括した定型的な在留資格がないので、入管法４条１項７号、８号、９号、12号、13号に「該当するものを除き、「在留資格4-1-16-3で入国・在留を認めるべきかどうかを検討することになる。そして、…この関係で政府としては従来から、単純労働者のカテゴリーに属する外国人については、稼働のための入国を原則として認めないが、他方、日本人では代替することが難しい特殊な技術・技能又は専門的な知識を有する外国人については個別にその必要性を検討して入国の許否を決定するという方針を採ってきている。」と記載されている（同書159ページ）。

〈10〉 第116回国会衆議院法務委員会議録第２号35ページ。

〈11〉 平成元年11月10日の衆議院法務委員会における趣旨説明において後藤法務大臣は、「外国人労働者を含む外国人の受け入れは、我が国の社会、経済、治安等国家の基本に多大の影響を与えるものでありますので、外国人の出入国及び在留について……適正な管理を実施するため出入国管理のあり方を速やかに見直す必要があります。」と述べている（第116回国会衆議院法務委員会議録第２号１ページ）。

〈12〉 平成４年版入管白書３ページ。

〈13〉 平成元年の改正後の入管法に基づき、平成２年に「特定活動の告示」が定められたが、同告示には、限定された範囲ではあったが、家事使用人の受入れに関する規定が設けられたほか、制定当初の同告示の第７号に規定された「平成二年に開催される国際花と緑の博覧会に参加する外国、外国の地方公共団体、国際機関又は国際園芸家協会の当該博覧会に係る事業に従事する活動」についても、この規定により受け入れられる外国人が専門的技術、技能、知識等を要する業務に従事することが要件して定められていない。

〈14〉昭和61年版入管白書106ページ参照。

〈15〉第1次出入国管理基本計画のⅡの3

〈16〉平成4年版入管白書42ページ。

〈17〉平成10年版入管白書26ページ。

〈18〉昭和61年、昭和63年、平成2年及び平成3年の新規入国者数については平成4年版入管白書42ページにより、平成9年の新規入国者数については、平成10年版入管白書24ページによる。

〈19〉平成4年版入管白書42ページの表5に基づく。

〈20〉平成10年版入管白書24ページの表4に基づく。

〈21〉平成4年版入管白書239–243ページの第2表に基づく。

〈22〉平成10年版入管白書24ページの表4に基づく。

〈23〉前出「平成29年における外国人入国者数及び日本人出国者数等について（確定値）」に基づく。

〈24〉平成4年版入管白書42ページ。

〈25〉平成10年版入管白書24ページ。

〈26〉平成4年版入管白書42ページ。

〈27〉平成10年版入管白書24ページ。

〈28〉平成4年版入管白書42ページ。

〈29〉平成10年版入管白書24ページ。

〈30〉平成4年版入管白書42ページ。

〈31〉平成10年版入管白書24ページ。

〈32〉平成４年版入管白書243ページ。

〈33〉平成10年版入管白書24ページ。

〈34〉平成４年版入管白書41ページ。また、平成10年版入管白書30ページ参照。

〈35〉平成４年版入管白書41ページ及び平成10年版入管白書38ページ参照。

〈36〉日系人を偽装する者について、平成４年版入管白書には、「南米諸国からの入国者の増加に伴い、平成３年夏ごろから日系外国人を装い偽変造文書を用いた申請案件が増え始めた。…平成３年10月から同４年７月までの一〇ヶ月間における南米の四カ国（ブラジル、ペルー、ボリビア及びアルゼンティン）の日系外国人…及びその同伴者に係る在留資格の変更及び在留期間の更新の処理件数（許可件数＋不許可件数）は六万一九四四件、そのうち不許可件数は三三六六件（不許可率五・四％　不許可率＝不許可数／処理件数）であった。」（平成４年版入管白書84ページ）と記載されている。

〈37〉技能実習制度創設の経緯について、平成10年版入管白書には、「平成５年に創設された技能実習制度は、同３年12月の臨時行政改革推進審議会第２次答申を踏まえたものであるが、その導入については、同５年度の行革大綱（「平成５年度に講ずべき措置を中心とする行政改革の実施方針について」）において「一定期間の研修を経た上で技術、技能等の評価を行い、一定の水準に達したことなどの要件を満たした場合に、その後雇用関係の下で技術、技能等を修得することができる『技能実習制度』導入する。」ことが盛り込まれ、それを実現したものである。」（74ページ）と記載されている。

〈38〉技能実習制度創設の意義について、平成10年版入管白書には、「この技能実習制度は、研修生の受入れを通じての技術移転と人づくりをより効果的に行うことによる国際貢献と、一定期間技術等を教え込んだ研修生を雇用契約を結んだ従業員として活躍させることを期待する受入れ機関の希望と、さらには従業員として賃金を得て実習を行うことによる研修生の技術向上に対する士気の高揚を期待する送り出し機関の期待等のいずれをも満たすことが可能となるような総合対策的な新制度であり、出入国管理行政上、これまでの「働く外国人」と「学ぶ外国人」を明確に隔てていた外国人受入れの枠組みの一部を、「学習である研修」と「労働による訓練である技能実習」という新たな組合わせで編み直したものであるという点において、新たな試みであったといえる。」(74-75ページ)と記載されている。

〈39〉 平成元年の改正では、新設された「留学」の在留資格に対応する活動として入管法別表第一の四の表の留学の項の下欄に「本邦の大学若しくはこれに準ずる機関、専修学校の専門課程、外国において十二年の学校教育を修了した者に対して本邦の大学に入学するための教育を行う機関又は高等専門学校において教育を受ける活動」が、また、「就学」の在留資格に対応する活動として入管法別表第一の四の表の就学の項の下欄に「本邦の高等学校若しくは盲学校、学校若しくは養護学校の高等部、専修学校の高等課程若しくは一般課程又は各種学校(この表の留学の項の下欄に規定する機関を除く。)若しくは設備及び編制に関してこれに準ずる教育機関において教育を受ける活動」が定められた。

なお、「留学」及び「就学」の在留資格は、その後後述する平成21年法律第79号による入管法の改正で統合され、新たな「留学」の在留資格が定められた。本書では、「留学」の在留資格をもって在留する外国人を「留学生」と、また、「就学」の在留資格をもって在留する外国人を「就学生」ということとしているが、この場合、平成21年の改正以降に係る記述では、「留学生」は、同法により対象が拡大された「留学」の在留資格をもって在留する外国人を意味することとなる。また、一般においては留学生と就学生を区別することなく、「留学生」という場合が多い。それゆえ、本書においても、「留学生」は、平成21

年の改正前の「留学」の在留資格をもって在留する外国人について改正前のことについて平成21年の改正前の「就学」の在留資格をもって在留する外国人と区別して記述をする場合以外は、就学生を含んだ意味で使うこととする。

〈40〉　平成元年の改正前には、平成元年の改正後の「留学」の在留資格に相当する在留資格として、入管法４条１項６号（同号は「本邦の学術研究機関又は教育機関において特定の研究を行い、又は教育を受けようとする者」との規定であった。）に該当する者としての在留資格が定められていた。一方、平成元年の改正後の「就学」の在留資格に相当する在留資格は平成元年の改正前にはなかったが、日本語学校などにおいて教育を受けるため在留する外国人は、平成元年の改正前の入管法４条１項16号（同号は、「前各号に規定する者を除くほか、法務省令で特に定める者」との規定であった。）及び平成２年法務省令第15号による改正前の入管法施行規則２条３号（同号は、「前二号に規定する者を除くほか、法務大臣が特に在留を認める者」との規定であった。）に該当する者としての在留資格をもって在留していた。

〈41〉　平成４年版入管白書77-78ページ。

〈42〉　平成４年版入管白書73-74ページ。

〈43〉　平成10年版入管白書85ページ。

〈44〉　平成10年版入管白書85ページ。

〈45〉　平成10年版入管白書85ページ。

〈46〉　平成４年版入管白書111ページ。

〈47〉　平成４年案入管白書104ページ。

〈48〉　平成４年版入管白書100ページ。

〈49〉平成10年版入管白書126ページ。

〈50〉法務省入国管理局編「平成16年版出入国管理」（以下、「平成16年版入管白書」という。）113ページ。

〈51〉首相官邸ホームページ掲載されている「犯罪に強い社会の実現のための行動計画―「世界一安全な国、日本」の復活を目指して―」（www.kantei.go.jp）の序の3

〈52〉法務省入国管理局編「平成21年版出入国管理」（以下、「平成21年版入管白書」という。）70ページ。

〈53〉平成4年版入管白書240ページ。

〈54〉法務省入国管理局編「平成15年版出入国管理―新時代における出入国管理行政の対応―」（以下、「平成15年版入管白書」という。）174-175ページ。

〈55〉平成21年版入管白書86-87ページ。

〈56〉平成元年11月10日の衆議院法務委員会における後藤法務大臣による入管法改正案についての趣旨説明（第116回国会衆議院法務委員会議録第2号2ページ）。経済法令研究会編　池田茂穂、倉田靖司ほか共著『Q&A改正入管法―外国人雇用をめぐる諸問題―』（立花書房、1990年）には「不法就労目的の外国人が退去強制処分を受ける危険を冒してまで我が国に入国しようとする現象の背景には、我が国にこれら外国人を受け入れる存在があるからで、例えば、いわゆるジャパゆきさんなどの背景に、当該外国及び我が国内にそれらをあっせんするブローカーなる者の組織が存在していることは、広く報道されているとおりです。そこで、この問題の解決を図るためには、不法就労活動に従事している外国人を取り締まるだけでなく、これら不法就労目的の外国人を来日させる推進力、吸引力となっていると思われます雇用主、あっせん者等の受入側も併せて厳重に取締処罰する必要性が認められますので、今回不法就労助長罪を新設することにしたのです。」（72-73ページ）と記載されている。

〈57〉平成10年版入管白書157ページ。

〈58〉平成10年版入管白書158-160ページ。

〈59〉平成15年版入管白書84-85ページ。

〈60〉平成15年版入管白書85ページ。

〈61〉平成15年版入管白書85ページ。

〈62〉平成15年版入管白書86ページ。

〈63〉平成15年版入管白書85ページ。

〈64〉平成16年版入管白書85ページ。

〈65〉刑法等の一部を改正する法律平成17年法律第66号は、第162回国会に提出された「刑法等の一部を改正する法律案」が平成17年6月16日の衆議院本会議で可決され成立したものであるが、この法律案の趣旨について、南野法務大臣は、平成17年4月12日の参議院法務委員会において、人身取引議定書及び密入国議定書の「両議定書の締結に伴い、また、近年における人身取引その他の人身の自由を侵害する犯罪の実情等にかんがみ、刑法、出入国管理及び難民認定法を改正し、商用の法整備を行おうとするもので」（第162回国会参議院法務委員会会議録第11号11ページ）あると述べている。なお、法務省入国管理編「平成17年版出入国管理」（以下、「平成17年版入管白書」という。）99ページ以下参照。

〈66〉同法に係る法案について、町村外務大臣は、平成17年3月8日の衆議院本会議において次のように述べている。「深刻化する旅券犯罪に的確に対処し、また、国連国際組織犯罪防止条約を補足する密入国議定書の国内的実施を担保するため、旅券の不正取得、不正行使等の罪に係る刑の引き上げ、偽造旅券等を譲り渡し、譲り受け、所持等した者の処罰、営利目的事犯の加重処罰、これらの罪の未遂の処罰を行うこと

としたものであります。」（第162回国会衆議院会議録第9号3ページ）

〈67〉 法務省入国管理局編「平成18年版出入国管理」（以下、「平成18年版入管白書」という。）84ページ以下参照。

〈68〉 入管法6条3項に規定する法務省令で定める個人識別情報は、入管法施行規則5条6項のその後の改正（平成26年法務省令第34号による改正）により、入管法26条の3第1項の規定により再入国の許可を受けたものとみなされる者については、指紋又は指紋及び写真とするとされた。また、入管法施行規則5条6項は、平成28年法務省令第44号による改正で同条7項とされた。

〈69〉 平成18年版入管白書85-86ページ。

〈70〉 平成18年版入管白書86ページ。

〈71〉 平成18年版入管白書71-72ページ参照。例えば、入管法24条3号の3のように、その適用を受ける外国人がわが国に在留しているか否か、また、それに該当する原因となるその外国人の行為又はその外国人について生じた事実が、その者が本邦内にある間の行為又はその者が本邦内にある間に生じた事実であるか否かに関わりなく適用され得るものは、その対象となる外国人が本邦の領域内に立ち入った（入国した）時点で、その者に対して退去強制手続を行い、身柄を拘束することを可能とする。それゆえ、このような退去強制事由は、その対象となる外国人の入国をする防止するという性格を有する。

〈72〉 外国入国管理当局に対する情報の提供に関する入管法61条の9の新設は、人身取引議定書及び密入国議定書の共通事項としての法整備として行われたものであるが、その趣旨について、平成17年版入管白書は、次のように記載している。「人身取引議定書及び密入国議定書では、人身取引の防止等及び移民を密入国させることの防止等のための取組の一つとして、これらに関する様々な情報を入国管理当局等の関係機関の間で交換すべき旨が規定されている。また、入国管理当局においては、来日外国人犯罪者の温床との指摘がされる不法滞在者対策及び近時その重要性がますます高まっているテロ対策として、これまで以上に水際対策を徹底することとし、様々な方策を講じることとしているところ、これらの方策を有効なものとするため、外国入国管理当局との直接の情報交換等により緊密な協力関係を確立する必要性が高まっている。そこで、今回の改正により、我が国の出入国管理業務を担う法務省が外国入国管理当局へ情報提供を行う際の基本的な手続、範囲等を明確にすることとしたものである。」（平成17年版入管白書104ページ）なお、人身取引議定書10条及び、密入国議定書10条参照。

〈73〉平成17年版入管白書109ページ。

〈74〉法務省入国管理局編「平成19年版出入国管理」（以下、「平成19年版入管白書」という。）66ページ。

〈75〉平成19年版入管白書66ページ。

〈76〉平成19年版入管白書66ページ。

〈77〉APISについては、その後、平成「22年2月からは、輸出入・港湾関連情報処理センターが運用する輸出入・港湾関連情報処理システム（NACCS）経由で、空港に乗り入れる航空機の事前旅客情報等を受信することが可能となり」（法務省入国管理局編「平成29年版出入国管理」（以下、「平成29年版入管白書」という。）86ページ）、また、「平成29年6月1日からは、同情報の報告時期について、それまで原則「到着する90分前まで」とされていたものを、原則「本邦外の地域を出発した時から30分を経過する時までに改め」られた（平成29年版入管白書86ページ）。

第3章　外国人の受入れの拡大と入国管理法制の再整備

第1節　外国人の受入れの拡大と促進

1　外国人就労者の受入れの拡大

前章において、現行入管法の制定後、主として平成18年頃までの外国人の受入れに関する政策と制度の変遷について見てきた。しかし、その後、特に最近において、わが国の外国人の受入れに関する政策が大きく変化している。その背景には、少子高齢化の進行及び人口の減少というわが国の国内事情とともに、企業活動の多国籍化・グローバル化に伴う国境を越えたビジネスマンの移動の活発化、国際間の人材獲得に向けた競争の拡大などの国際的要因もあると考えられる。

最近になって、外国人、特にわが国において就労活動を行う外国人（外国人就労者）の受入れについて、次のような注目すべき措置が実施された。これらの措置は、いずれも、「特定活動」の在留資格の活用によって、外国人就労者の受入れ範囲を拡大するものである。

⑴　「特定活動」の在留資格による外国人就労者の受入れ

（外国人建設就労者の受入れ）

平成26年８月13日に「外国人建設就労者受入事業に関する告示」（平成26年国土交通省告示822号）が定められ、これを受けて、平成26年法務省告示460号により特定活動の告示が改正され、同告示の32号として「本邦の公私の機関が策定し、国土交通大臣が認定した適正監理計画（外国人建設就労者受入事業に関する告示（平成二十六年国土交通省告示第八百二十二号）にいう適正監理計画をいう。）に基づき、当該機関との雇用契約に基づいて建設業務に従事する活動」が定められた。

この措置は、「復興事業の更なる加速化や2020年東京オリンピック・パラリンピック競技大会の関連施設整備等による当面の一時的な建設需要の増大に対応するため、建設分野における外国人材の活用に関する関係閣僚会議（平成26年４月４日）において、国内での人材確保に最大限努めることを基本とした上で、当面の緊急措置として、特別な監理体制の下で、建設分野での技能実習を修了した外国人について、「特定活動」の在留資格により、原則として最大2年間（技能実習終了後、本国に1年以上帰国していた者は最大3年間）、我が国で建設業務に従事することを認めることとした」〈1〉ものである。

（外国人造船就労者の受入れ）

平成26年12月26日に「外国人造船就労者受入事業に関する告示」（平成26年国土交通省告示1199号）が定められ、これを受けて、平成27年法務省告示62号により特定活動の告示が改正され、同告示の35号として「本邦の公私の機関が策定し、国土交通大臣が認定した適正監理計画（外国人造船就労者受入事業に関する告示（平成二十六年国土交通省告示第千百九十九号）にいう適正監理計画をいう。）又は企業単独型適正監理計画（同告示にいう企業単独型適正監理計画をいう。）に基づき、当該機関との雇用契約に基づいて造船業務に従事する活動」が定められた。

この措置は、「建設業との間で人材の相互流動が大きい造船業についても、「『日本再興戦略』改訂2014」（平成26年6月24日閣議決定）において、建設業と同様の緊急かつ時限的措置を講じることとされたため」〈2〉である。

（製造業における外国人従業員の受入れ）

平成28年3月1日に「製造業外国従業員受入事業に関する告示」（平成28年経済産業省告示41号）が

定められ、これを受けて、平成28年法務省告示140号により特定活動の告示が改正され、同告示の42号として「本邦の公私の機関が策定し、経済産業大臣が認定した製造特定活動計画（製造業外国従業員受入事業に関する告示（平成二十八年経済産業省告示第四十一号）にいう製造特定活動計画をいう。）に基づき、当該機関の外国にある事業所の職員が、当該機関が当該国に設ける生産施設において中心的な役割を果たすための技術及び知識を身に付けるため、当該機関の本邦における生産拠点において製造業務に従事する活動」が定められた。

この措置は、「我が国製造業の海外展開が加速し、産業の空洞化が懸念される状況を踏まえ「『日本再興戦略』改訂2014」（平成26年6月24日閣議決定）において、国内拠点をマザー工場として海外拠点と役割分担する生産活動の実現及びこれを前提とした研究開発や設備投資を可能にするための制度を整備することとされたことを受け、経済産業大臣の認定を前提とした、製造業における海外子会社等従業員を国内に受け入れる制度を平成28年3月から開始し、最大で1年を超えない範囲での受入れを認めることとした」〈3〉ものとされている。

このように、平成26年以降相次いで、現行の在留資格制度に基づく外国人の受入れ範囲を拡大する措置が実施された。

すでに何回か述べたように、外国人の受入れに関する政策は在留資格という形で法令化されている。そして在留資格とは、在留活動の観点から、わが国が受け入れる外国人の大枠を定めたものである。

逆に言えば、在留資格に対応する活動を在留目的として行って在留しようとする外国人（に限って）の受入れが可能なのである。もっとも、在留資格に対応する活動を在留目的として在留しようとする外国人はすべて入国・在留が認められるわけではない。しかし、受入れを希望する外国人は、必ず、その本邦において行おうとする活動がいずれかの在留資格に該当しなければならない。この意味で、在留資格は、わが国が受け入れる外国人の大枠（あるいは最大範囲）を示すものである。ただし、在留資格には、それに対応する活動が個々の事情に応じて決まる特別な在留資格がある。「特定活動」と「定住者」の二つの在留資格である。

これら二つの在留資格が設けられている趣旨については、既に述べたとおりであるが、結論的にいえば、これら二つの在留資格は、それら以外の在留資格による外国人の受入れ範囲（以下、「原則的な外国人の受れ範囲」という。）に含まれない外国人を受け入れることを可能とする。それゆえ、外国人の受入れに関する政策を拡大の方向で変更する場合には、入管法の改正により在留資格そのものの新設や既存の在留資格に対応する活動の改正を行うことによらなくても、これら二つの在留資格の運用により、一定の範囲で対応することが可能である。〈4〉

実際に、就労活動を行うことを目的とする外国人の受入れに関しても、全く個々の外国人の事情に基づく「特定活動」の在留資格の決定による受入れを別としても、例えば、家事使用人としての活動や特定の国家的な催しに係る事業に従事する活動を包括的に特定活動の告示で規定して受け入れると

いうようなことが、従前から行われている。〈5〉

前述した「外国人建設就労者の受入れ」「外国人造船就労者の受入れ」及び「製造業における外国人従業員の受入れ」の三つの措置は、いずれも、この延長戦で行われた「特定活動」の在留資格により外国人を受け入れる制度である。

特に、外国人建設就労者の受入れについては、「復興事業の一層の加速化を図りつつ、二千二十年東京オリンピック・パラリンピック競技大会関連の建設需要に適確に対応するため」（外国人建設就労者受入事業に関する告示の第一）とされており、また、「外国人建設就労者の受入れ」「外国人造船就労者の受入れ」の二つの措置に基づく就労活動を行う外国人の受入れは、「緊急かつ時限的な措置として」受け入れるものとされている（外国人建設就労者受入事業に関する告示の第一、外国人造船就労者受入事業に関する告示の第一）。

しかも、「外国人建設就労者の受入れ」「外国人造船就労者の受入れ」の二つは、いずれも、技能実習の延長的な性格を有する受入れ形態により行われる。

外国人建設就労者、外国人造船就労者のいずれも、一定の技能実習に概ね2年間従事したことがあること及び技能実習期間中に素行が善良であったことが要件とされており（外国人建設就労者受入事業に関する告示の第三、外国人造船就労者受入事業に関する告示の第三）、また、外国人建設就労者は国土交通大臣が認定した適正監理計画に基づき、外国人造船就労者は国土交通大臣が認定した適正監理計画又は企業単独型適正監理計画に基づき業務に従事することが要件とされていて（特定活動の告示32号、35号）、これらの計画のいずれについても、「技能の向上を図るための方策」を含むものとされている（外国人建設就労者受入事業に関する告示の第五の一の⑵の⑧、外国人造船就労者受入事業に関する告示の第五の一の⑵の⑧、同告示の第五の三の⑵の⑧）。

この点では、「製造業における外国人従業員の受入れ」についても、「技術及び知識を身に付けるため」に、経済産業大臣が認定した製造特定活動計画に基づき製造業務に従事することが要件とされている（特定活動の告示42号）。製造特定活動計画とは、製造事業者の「外国にある事業所の職員への特定の専門技術の移転等を実施するための計画」（製造業外国従業員受入事業に関する告示の第二の一）であり、製造事業者は、この製造特定活動計画を「作成し、経済産業大臣の認定を受けて、その計画に基づいて当該職員を本邦にある事業所に期間を定めて転勤させて製造特定活動に従事させ、特定の専門技術の移転等を実施する」（製造業外国従業員受入事業に関する告示の第二の一）とされている。したがって、「製造業における外国人従業員の受入れ」は、いわば企業内転勤の形態で行われる技能実習というような性格を有するものである。

このように、最近行われた外国人就労者の受入れに関する特別措置は、いずれも、研修目的で就労活動を行う外国人の受入れに係るものであり、一般的な形で就労活動を行う外国人就労者の受入れ範囲を拡大するものではない。

それでは、より一般的な形での外国人就労者の受入れ拡大は行われていないのであろうか。

この観点から注目する必要があるのは、経済連携協定による受入れと特区制度を活用した受入れである。このうち、経済連携協定による受入れについては、看護介護分野における就労活動を行う外国人就労者受入れの拡大として「介護」の在留資格の新設とともに後述することとし、先に、特区制度を活用した外国人就労者の受入れについて見ていくこととする。

⑵　特区制度による外国人就労者の受入れ

ア　構造改革特別区域法に基づく特定研究活動等を行う外国人の受入れ

特区制度による外国人就労者の受入れに関する措置として最初に行われたのが平成14年12月18日に公布された構造改革特別区域法（平成14年法律第189号）15条による出入国管理及び難民認定法の特例であった。

これは、内閣総理大臣の認定を受けた構造改革特別区域についての特例であり、「特定研究活動」「特定研究事業活動」及び「特定家族滞在活動」（平成15年法律第66号による構造改革特別区域法の改正後は「特定研究等家族滞在活動」）を行う外国人を「特定活動」の在留資格により受け入れるとのものであった。〈6〉

なお、「特定研究活動」とは、本邦の公私の機関との契約に基づいて当該機関の当該構造改革特別区域内に所在する特定の分野に関する研究の中核となる施設において当該特定の分野に関する研究を行う業務に従事する活動をいい、「特定研究事業活動」とは、本邦の公私の機関との契約に基づいて当該機関の当該構造改革特別区域内に所在する施設において特定の分野に関する研究を行う業務に従事する活動と併せて当該特定の分野に関する研究の成果を利用して行う事業（当該構造改革特別区域内に主たる事業所を有するものに限る。）を自ら経営する活動をいい、また「特定家族滞在活動」とは特定研究活動又は特定研究事業活動を行う外国人の扶養を受ける配偶者又は子として行う日常的な活動をいう。〈7〉

そして、本邦に上陸してこれらの活動を行おうとする外国人については、これらの活動が、「特定活動」の在留資格について入管法7条1項2号が規定する「法務大臣があらかじめ告示をもって定める活動」に該当するものとみなして在留資格認定証明書を交付することができるものとし、〈8〉さらに、外国人がこのようにして交付された在留資格認定証明書を提出して上陸の申請を行った場合には、これらの活動を「特定活動」の在留資格に係る法務大臣があらかじめ告示をもって定める活動に該当するものとみなすとし、その場合の在留期間は5年以内において法務省令で定める期間（当時の入管法2条の2第3項は、「外交」、「公用」及び「永住者」の在留資格以外の在留資格に伴う在留期間は、5年を超えることができないと定めていた。）とするとした。〈9〉この結果、本邦においてこれらの活動を行おうとする新規入国者は一般上陸の許可を受けて「特定活動」の在留資格を取得することが可能となった。

また、本邦にすでに在留する外国人も、一定の在留資格をもって在留する外国人がこれらの活動を行うものとして「特定活動」の在留資格への変更を受けることなどが可能であり、この場合の在留期間も５年以内で法務省令で定める期間とされた。〈10〉

なお、平成15年法律第66号による構造改革特別区域法の改正で、特定研究活動を行う外国人等についての特例を定めた同法15条が21条とされ、同法22条に「特定情報処理活動」及び「特定情報処理家族滞在活動」について同様の特例が定められた。

平成15年法律第66号による改正後の構造改革特別区域法22条も、内閣総理大臣の認定を受けた構造改革特別区域についての特例を定めたものであり、「特定情報処理活動」とは、本邦の公私の機関との契約に基づいて当該機関の当該構造改革特別区域内に所在する事業所（当該機関から派遣労働者として他の機関に派遣される場合にあっては、当該他の機関の当該構造改革特別区域内に所在する事業所）において自然科学又は人文科学の分野に属する技術又は知識を要する情報処理に係る業務に従事する活動であって、情報処理に関する産業に与える影響その他の事情を勘案して法務省令で定める要件に該当するものをいい、「特定情報処理家族滞在活動」とは、特定情報処理活動を行う外国人の扶養を受ける配偶者又は子として行う日常的な活動をいうものとされた（平成15年法律第66号による改正後の構造改革特別区域法22条１項）。

ただ、いずれにしても、構造改革特別区域法に基づく「特定研究活動」「特定研究事業活動」及び

「特定家族滞在活動」（平成15年法律第66号による構造改革特別区域法の改正後は「特定研究等家族滞在活動」）を行う外国人の受入れは、内容的には、高度人材とその家族の受入れであり、その後に加えられた「特定情報処理活動」及び「特定情報処理家族滞在活動」も基本的に「技術・人文知識・国際業務」の在留資格などの入管法別表第一の在留資格に該当する活動である。

したがって、構造改革特別区域法に基づく特例といっても、それによって受け入れられる外国人は、基本的には、原則的な外国人の受入れ範囲内の外国人の受入れであり、外国人の受入れ範囲の拡大ではなかったということがわかる。〈11〉

なお、これらの構造改革特別区域法に基づく特例は、その後全国展開することとされ、平成18年の改正で入管法別表第一の五の表の下欄、すなわち、「特定活動」の在留資格に対応する活動が改正され、そのイ、ロ及びハに全国展開されたこれらの特例に係る活動が規定されたが、平成26年の改正で「高度専門職」の在留資格が新設されたことに伴って、このときに新設されたイ、ロ及びハの規定は削られた。〈12〉

イ　総合特別区域法に基づく特定調理活動を行う外国人の受入れ

平成25年９月13日に「法務省関係総合特別区域法第五十三条に規定する政令等規制事業に係る告示の特例に関する措置を定める件」（平成25年内閣府・法務省告示２号）が定められた。総合特別区域法（平成23年法律第81号）は、指定地方公共団体が、特定地域活性化事業として政令又は主務省令により規定された規制に係る事業を定めた地域活性化総合特別区域計画について内閣総理大臣の認定を申請し、その認定を受けたときは、主務省令により規定された規制に係るものにあっては、内閣府令・主務省令で定めるところにより、規制の特例措置を適用することを定めている（同法53条）。同告示は、この構造改革特別区域法53条の規程に基づき定められたもので、同告示の第２条は、指定地方公共団体が特定地域活性化事業として特定伝統料理海外普及事業を定めた地域活性化総合特別区域計画について内閣総理大臣の認定を申請し、その認定を受けたときは、当該認定の日以後は、同条の各号のいずれにも該当する外国人から特定調理活動を行うものとして在留資格認定証明書の交付の申請があった場合及び当該外国人が特定調理活動を指定された「特定活動」の在留資格に係る在留資格認定証明書を提出して上陸の申請を行った場合には、特定調理活動を入管法７条１項２号の規定に基づき、入管法別表第一の五の表の下欄に掲げる活動（「特定活動」の在留資格に対応する活動）で法務大臣があらかじめ告示をもって定めるものとみなすことを定めた。

ここに、「特定伝統料理」とは、当該地域活性化総合特別区域内において考案され広く提供されているわが国の伝統的な料理をいい、「特定伝統料理海外普及事業」とは、地域活性化総合特別区域における地域の活性化を図るため、当該地域活性化総合特別区域内において特定伝統料理の提供に係る事業を営む者と連携して行う当該特定伝統料理の海外への普及を図る事業をいう（同法２条）。

そして、「特定調理活動」とは、本邦の公私の機関との契約に基づいて当該機関の地域活性化総合特別区域内に所在する在留資格認定証明書により特定された事業所において調理に関する技能を要する特定伝統料理の調理に係る業務に従事する活動をいう（同法2条）。

この総合特別区域法に基づく特定調理活動を行う外国人の受入れは、調理に関して一定の技能を有する外国人が、わが国において特定伝統料理の調理に係る業務に従事し、帰国後その伝統料理を世界に発信することを目的とするものであるが、法的な仕組みとしては、特定調理活動を在留資格認定証明書の交付に関して入管法7条1項2号の規定に基づき法務大臣があらかじめ告示をもって定める活動とみなし、かつ、その結果交付された在留資格認定証明書を提出して上陸の申請を行った場合に関しても入管法7条1項2号の規定に基づき法務大臣があらかじめ告示をもって定める活動とみなすことによって、特定調理活動を行おうとする外国人に対して当該活動を指定して「特定活動」の在留資格を決定して上陸を許可するというもので、この点は、構造改革特別区域法に基づく特定研究活動等に係る特例と同様である。

料理の調理に係る技能を要する業務に従事する活動は、「技能」の在留資格に該当する可能性があるが、「技能」の在留資格に対応する活動は「産業上の特殊な分野に属する熟練した技能を要する業務に従事する」ものであることが要件とされており（入管法別表第一の二の表の技能の項の下欄）、これに該当するかという問題がある。少なくとも、料理の調理に係る技能に関しては、「外国において考案され我が国において特殊なもの」であることが「技能」の在留資格に係る上陸許可基準として定められており（上陸基準省令の表の「法別表第一の二の表の技能の項の下欄に掲げる活動」の項の下欄）、当該地域活性化総合特別区域内において考案され広く提供されているわが国の伝統的な料理である「特定伝統料理」はこの要件には適合しないので、特定調理活動を行おうとする外国人の受入れは、外国人の受入れ範囲を拡大するものであるということができる。〈13〉

ただ、この総合特別区域法に基づく特定調理活動を行う外国人の受入れも、技能実習的な性格を有するものである。これに対して、国家戦略特別区域法（平成25年法律第107号）に基づく「特定家事支援活動」及び「特定農業支援活動」を行う外国人の受入れは、より一般的な形での外国人就労者の受入れを行う制度である。

国家戦略特別区域法は、「政府は、国家戦略特別区域における産業の国際競争力の強化及び国際的な経済活動の拠点の形成に関する施策の総合的かつ集中的な推進を図るための基本的な方針」すなわち「国家戦略特別区域基本方針」を定めなければならない（同法5条1項）とし、「内閣総理大臣は、国家戦略特別区域ごとに、国家戦略特別区域基本方針に即して、国家戦略特別区域における産業の国際競争力の強化及び国際的な経済活動の拠点の形成に関する方針」すなわち「区域方針」を定める（同法6条1項）としている。そして、区域方針には、「国家戦略特別区域における産業の国際競争力の強化及び国際的な経済活動の拠点の形成に関する目標並びにその達成のために取り組むべき政策課題」（同法同条2項1号）などが定められる。

国家戦略特別会議は、この国家戦略特別区域基本方針及び区域方針に即して、内閣府令で定めるところにより、国家戦略特別区域における産業の国際競争力の強化及び国際的な経済活動の拠点の形成を図るための計画」すなわち「区域計画」を作成し内閣総理大臣の認定を申請するものとされ（同法8条1項）、区域計画には、区域方針に定められた前記同法「六条二項一号の目標を達成するために国家戦略特別区域において実施し又はその実施を促進しようとする特定事業の内容及び実施主体に関する事項」（同法同条2項2号）等を定めるものとされている。

そのうえで、同法は、その第4章を「認定計画区域に基づく事業に対する規制の特例措置等」とし、16条の4以下において入管法の特例について定めている。このうち、16条の4が「特定家事支援活動」に係る規定であり、16条の5が「特定農業支援活動」に係る規定である。〈14〉

ウ　国家戦略特別区域法に基づく特定家事支援活動を行う外国人の受入れ

国家戦略特別区域法16条の4は、国家戦略特別会議が特定事業として国家戦略特別区域家事支援外国人受入事業を定めた区域計画について内閣総理大臣の認定を受けたときは、特定家事支援活動を行うものとして在留資格認定証明書の交付の申請があった場合には、当該特定家事支援活動を入管法7条1項2号に基づき法務大臣があらかじめ告示をもって定める活動に該当するものとみなして在留資格認定証明書を交付することができるとし（同法同条1項）、さらに、外国人からこのようにして交付された在留資格認定証明書を提出して上陸の申請があった場合にも、当該申請に係る特定家事支援活動を入管法７条１項２号に基づき法務大臣があらかじめ告示をもって定める活動に該当するものとみなすとする（同法同条２項）。

要は、特定家事支援活動に該当する活動を本邦において行おうとする活動として上陸の申請を行った外国人に対して、特定家事支援活動を指定して「特定活動」を在留資格を決定することができることとするということである。

ただし、国家戦略特別区域家事支援外国人受入事業において受入れの対象となる外国人は、年齢、家事の代行又は補助に関する職歴その他の政令で定める要件〈15〉を満たすものに限るとされている（国家戦略特別区域法16条の４第１項）。

ここに、「特定家事支援活動」とは、特定機関との雇用契約に基づいて、国家戦略特別区域内に限って行う家事支援活動（炊事、洗濯その他の家事を代行し、又は補助する業務で政令で定めるものに従事する活動〈16〉をいう。）をいい、「特定機関」とは、内閣総理大臣が作成した国家戦略特別区域家事支援外国人受入事業に関して、受け入れる外国人に対する研修の実施及び情報の提供、関係行政機関との連携の確保その他の適正かつ確実な実施を図るために特定機関が講ずべき措置を定めた指針に照らして必要な措置を講じていることその他の家事支援活動を行う外国人の受入れを適正かつ確実に行うために必要なものとして政令で定める基準に適合する本邦の公私の機関をいう（国家戦略特別区域法16条の４第１項、第３項）。

この内閣総理大臣が作成する特定機関が講ずべき措置を定めた指針として「国家戦略特別区域家事支援外国人受入事業における特定機関に関する指針」（平成27年９月９日内閣総理大臣決定）が作成されており、その第３の１において、特定機関は、利用世帯との間の請負契約に基づき、当該利用世帯の住居の所在地等において、利用世帯に対し外国人家事支援人材による家事支援活動を提供するものとする。「ただし、外国人家事支援人材を利用世帯の住居等に住み込ませてはならない。」と定めている。

なお、特定家事支援活動を行う外国人の受入れは、国家戦略特別区域家事支援外国人受入事業の実施区域の「自治体及び関係府省（内閣府、法務省、厚生労働省、経済産業省）で構成される第三者管理協議会が適正な受入れの確保に関与する枠組み（特定機関の基準適合の確認、監査の実施等）の下で、特定機関との雇用契約を締結した外国人家事支援人材が、利用世帯において、炊事・洗濯・掃除・買い物等の家事一般に従事する特例である。」〈17〉とされている。

エ　国家戦略特別区域法に基づく特定農業支援活動を行う外国人の受入れ

国家戦略特別区域法16条の５第１項は、国家戦略特別会議が特定事業として国家戦略特別区域農業支援外国人受入事業を定めた区域計画について内閣総理大臣の認定を受けた場合に、特定農業支援活動を行う外国人を、特定家事支援活動を行う外国人と同様の法的な仕組みにより受け入れることを定めている。

これにより、特定農業支援活動に該当する活動を本邦において行おうとする活動として上陸の申請を行った外国人に対して、特定農業支援活動を指定して「特定活動」の在留資格を決定することができることとなる。

ただし、国家戦略特別区域農業支援外国人受入事業において受入れの対象となる外国人は、農業に関する知識経験その他の事項について農業支援活動（農作業に従事し、又は農作業及び農畜産物を原料若しくは材料として使用する製造若しくは加工の作業その他農業に付随する作業であって政令で定めるもの〈18〉に従事することにより、農業経営を行う者を支援する活動をいう。）に従事するために必要なものとして政令で定める要件〈19〉を満たすものに限るとされている（国家戦略特別区域法16条の5第1項）。

「特定農業支援活動」とは、特定機関との雇用契約に基づいて、国家戦略特別区域内に限って行う農業支援活動をいい、「特定機関」とは、内閣総理大臣が作成した国家戦略特別区域農業支援外国人受入事業に関して、受け入れる外国人に対する研修の実施及び情報の提供、関係行政機関との連携の確保その他のその適正かつ確実な実施を図るために、特定機関その他関係者が講ずべき措置を定めた指針に照らして必要な措置を講じていること、その他の農業支援活動を行う外国人の受入れを適正かつ確実に行うために必要なものとして政令で定める基準に適合する本邦の公私の機関をいう（国家戦略特別区域法16条の5第1項、第3項）。

なお、特定農業支援活動を行う外国人の受入れは、「農業分野における外国人材の活用を図ることにより、産地での多様な作物の生産等を推進し、経営規模の拡大などによる「強い農業」を実現するため」[20]とされ、国家戦略特別区域農業支援外国人受入事業「実施区域の自治体及び関係府省（内閣府、法務省、厚生労働省、農林水産省）で構成される適正受入管理協議会が適正な受け入れの確保に関与する枠組み（特定機関の基準適合の確認、監査・巡回指導の実施等）の下で、特定機関との雇用契約を締結した外国人農業支援人材が、特定機関と労働者派遣契約を締結した派遣先である農業経営体等において、農業支援活動（生産、製造、加工等）に従事する特例である。」[21]とされている。

オ　国家戦略特別区域法に基づく上陸許可基準の特例

以上が国家戦略特別区域法に基づく特定家事支援活動を行う外国人及び特定農業支援活動を行う外国人の受入れ制度の概要であるが、国家戦略特別区域法第４章の出入国管理及び難民認定法の特例としては、この他に、16条の６に国家戦略特別区域外国人創業活動促進事業による「経営・管理」の在留資格に該当する活動を行う外国人の受入れについての、また、16条の７に国家戦略特別区域外国人海外需要開拓支援等活動促進事業による「技術・人文知識・国際業務」又は「技能」の在留資格に該当する活動を行う外国人の受入れについての特例が定められている。

前者は平成27年法律第56号による国家戦略特別区域法の改正で16条の４として、後者は平成29年法律第71号による国家戦略特別区域法の改正で加えられた規定である。

いずれも、国家戦略特別会議が、特定事業としてこれらの事業を定めた区域計画について内閣総理

大臣の認定を受けたときについて、

ア　国家戦略特別区域創業活動促進事業（国家戦略特別区域において、外国人が創業活動（貿易その他の事業の経営を開始して、その経営を行う活動）を行うことを促進する事業）を定めた区域計画が認定を受けたときは、法務大臣は、当該国家戦略特別区域において「経営・管理」の在留資格に対応する活動（創業活動を含むものに限る。）を行うものとして在留資格認定証明書の交付の申請があった場合には、「創業外国人上陸審査基準」を入管法７条１項２号の基準（上陸許可基準）とみなして在留資格認定証明書を交付することができ（国家戦略特別区域法16条の６第１項）、外国人がその結果交付された在留資格認定証明書を提出して上陸の申請を行った場合にも同様に「創業外国人上陸審査基準」上陸許可基準として入管法７条１項２号を適用する（国家戦略特別区域法16条の６第２項）

イ　国家戦略特別区域外国人海外需要開拓支援等活動促進事業（外国人がその有する知識又は技能を活用して国家戦略特別区域において海外需要開拓等支援活動（新商品の開発又は生産、新役務の開発又は提供、通訳又は翻訳その他の業務に従事することにより、わが国の生活文化の特色を生かした魅力ある商品若しくは役務の海外における需要の開拓又は国内における外国人観光旅客に対するこれらの商品若しくは役務の提供を支援する活動）を行うことを促進する事業）を定めた区域計画が認定を受けたときは、法務大臣は、当該国家戦略特別区域において「技術・人文知識・国際業務」又は「技能」の在留資格に対応する活動（いずれも対象海外需要開拓支援等活動を含むものに限る。）を行うものとして在留資格認定証明書の交付の申請があった場合には、「海外需要開拓支援等外国人上陸審査基準」を入管法7条1項2号の基準（上陸許可基準）とみなして在留資格認定証明書を交付することができ（国家戦略特別区域法16条の7第1項）、外国人がこの結果交付された在留資格認定証明書を提出して上陸の申請を行った場合にも同様に「海外需要開拓支援等外国人上陸審査基準」を上陸許可基準として入管法7条1項2号を適用する（国家戦略特別区域法16条の7第2項）とするものである。

なお、国家戦略特別区域外国人海外需要開拓支援等活動促進事業を定めた区域計画には、国家戦略特別区域外国人海外需要開拓支援等活動促進事業の対象となる海外需要開拓支援等活動の内容を定めるものとされており、この国家戦略特別区域外国人海外需要開拓支援等活動促進事業の対象となる海外需要開拓支援等活動を「対象海外需要開拓支援等活動」というとされている（国家戦略特別区域法16条の7第3項）。

国家戦略特別区域外国人創業活動促進事業に係る場合は、創業活動を含む「経営・管理」の在留資格に対応する活動を本邦において行おうとする活動として上陸の申請を行った外国人について、上陸基準省令の定める上陸許可基準の代わりに「創業外国人上陸審査基準」に適合すれば基準適合性があるとするということである。

また、国家戦略特別区域外国人海外需要開拓支援等活動促進事業に係る場合は、対象海外需要開拓支援等活動を含む「技術・人文知識・国際業務」又は「技能」の在留資格に対応する活動を本邦において行おうとする活動として上陸の申請を行った外国人について、入管法に基づく上陸許可基準省令の定める上陸許可基準の代わりに「海外需要開拓支援等外国人上陸審査基準」に適合すれば基準適合性があるとするということである。

したがって、国家戦略特別区域法の上記の規定は、「経営・管理」あるいは「技術・人文知識・国際業務」又は「技能」在留資格に対応する活動の範囲を拡大するものではなく、原則的な外国人の受入れ範囲を拡大するものでもない。

もともと、上陸許可基準は、「我が国の産業及び国民生活に与える影響その他の事情を勘案して法務省令で定める」（入管法7条1項2号）ものであり、その役割は、国内外の情勢に応じて在留資格による外国人の受入れ範囲を調整（限定）するものである。国家戦略特別区域法の上記の規定は、その適用を受ける場合は、入管法7条1項2号に基づいて定められた上陸許可基準に適合しない場合でも、同法に基づいて定められた基準（「創業外国人上陸審査基準」又は「海外需要開拓支援等外国人上陸審査基準」）に適合すれば（他の上陸のための条件に適合することは当然必要であるが）上陸のための条件に適合するとするものであり、その結果として、「経営・管理」あるいは「技術・人文知識・国際業務」

又は「技能」在留資格による外国人の受入れ範囲が拡大されることとなるのは事実である。しかし、それは、国家戦略特別区域において活動を行う場合に限るのでなければ、上陸基準省令の改正によって行うことができる、又は行うべきことであるということができる。

次に、「創業外国人上陸審査基準」並びに「海外需要開拓支援等外国人上陸審査基準」とはどのようなものであるのかについて見ていくこととする。

（創業外国人上陸審査基準）

「国家戦略特別区域外国人創業活動促進事業」は、「国家戦略特別区域において外国人が創業活動…を行うことを促進する事業」（国家戦略特別区域法16条の5第1項）をいい、「国家戦略特別区域において外国人起業家の受入れを促進することにより、当該区域における産業の国際競争力の強化及び国際的な経済活動拠点の形成を図るため」〈22〉の特例措置として定められた。そして、「創業外国人上陸審査基準」は、「国家戦略特別区域における産業の国際競争力の強化及び国際的な経済活動の拠点の形成を図るために外国人による創業を促進することを旨とし、我が国の産業及び国民生活に与える影響その他の事情を勘案して政令で定める基準をいう」（国家戦略特別区域法16条の6第1項）とされている。具体的な創業外国人上陸審査基準は、国家戦略特別区域法施行令22条により、次のように定められている。

第二十二条　法第十六条の六第一項の政令で定める基準は、次のとおりとする。

一　本邦に上陸しようとする外国人が行おうとする創業活動が、次のいずれにも該当するものであることについて、法務省令で定めるところにより、国家戦略特別区域会議に係る関係地方公共団体であって、当該創業活動に係る国家戦略特別区域の全部又は一部を管轄するものの確認を受けていること。

イ　当該創業活動が当該国家戦略特別区域における産業の国際競争力の強化及び国際的な経済活動の拠点の形成を図る上で適切なものであること。

ロ　当該創業活動に係る事業の計画が適正かつ確実なものであること。

ハ　当該創業活動に係る事業の規模が次のいずれかに該当すると見込まれるものであること。

(1)　その経営又は管理に従事する者以外に本邦に居住する二人以上の常勤の職員（出入国管理及び難民認定法別表第一の上欄の在留資格をもって在留する者を除く。）が従事して営まれるものであること。

(2)　資本金の額又は出資の総額が五百万円以上であること。

(3)　(1)又は(2)に掲げる規模に準ずるものであること。

ニ　当該創業活動に係る事業に係る事業所を当該外国人の上陸後六月以内に当該国家戦略特別区域内に有することとなる見込みがあること。

二　当該外国人の申請に係る創業活動に係る事業の全部又は一部が当該国家戦略特別区域にお い

て行われるものであること。

この国家戦略特別区域法施行令22条の定める創業外国人上陸審査基準のうち、ハは、上陸基準省令の表の「法別表第一の二の表の経営・管理の項の下欄に掲げる活動の項の下欄に掲げられている「経営・管理」の在留資格に係る基準の２号の規定と基本的に同様である。ただし、創業外国人上陸審査基準の場合は、国家戦略特別区域法施行令22条１号ハの⑴から⑶までのいずれかに該当していることではなく、いずれかに該当すると見込まれるものであることで足りるとされている点が、上陸許可基準の場合と異なる。

また、国家戦略特別区域法施行令22条２号も「経営・管理」の在留資格に係る基準の１号の規定と基本的には同様であるが、上陸許可基準の場合には、申請に係る事業を営むための事業所が本邦に存在すること又は当該事業が開始されていない場合には当該事業を営むための事業所として使用する施設が本邦に確保されていることが求められているのに対し、創業外国人上陸審査基準の場合は、創業活動に係る事業に係る事業所を当該外国人の上陸後六月以内に当該国家戦略特別区域内に有することとなる見込みがあることで足りるものとされている点が異なる。

すなわち、上陸許可基準では上陸時に適合することが必要とされている事業の規模や事業所に係る要件に適合することが、創業外国人上陸審査基準では「見込み」で足りることとされているという点が異なるのである。〈23〉

（海外需要開拓支援等外国人上陸審査基準）

「国家戦略特別区域外国人海外需要開拓支援等活動促進事業」は、「外国人がその有する知識又は技能を活用して国家戦略特別区域において海外需要開拓支援等活動を行うことを促進する事業」（国家戦略特別区域法16条の7第1法）をいい、「クールジャパン・インバウンド対応等に係る専門性を有する外国人材の受入れニーズに機動的に対応し、外国人材の修得した専門的な知識・技能が企業等で最大限活用されるようにするため」〈24〉の特例措置として定められた。

国家戦略特別区域会議は、区域計画に国家戦略特別区域外国人海外需要開拓支援等活動促進事業を定めようとするときは、あらかじめ、対象海外需要開拓支援等活動として定めようとする活動の内容が「技術・人文知識・国際業務」又は「技能」の在留資格に対応する活動に該当していることについて、関係行政機関の長に協議しなければならないとされている（国家戦略特別区域法16条の7第4項）。

そして、海外需要開拓支援等外国人上陸審査基準は、「国家戦略特別区域における産業の国際競争力の強化及び国際的な経済活動の拠点の形成を図るために我が国の生活文化の特色を生かした魅力ある商品若しくは役務の海外における需要の開拓又は国内における外国人観光旅客に対するこれらの商品若しくは役務の提供を促進することを旨とし、我が国の産業及び国民生活に与える影響その他の事情を勘案して政令で定める基準をいう。」（国家戦略特別区域法16条の7第1項）とされている。

そして、具体的な基準は、国家戦略特別区域法施行令23条により、次のように定められている。

第二十三条　法十六条の七第一法の政令で定める基準は、次のとおりとする。
一　本邦に上陸しようとする外国人が、対象海外需要開拓支援等活動に係る業務に必要な知識、技術又は技能を有していることを示すものとして内閣総理大臣及び法務大臣が関係行政機関の長と協議して告示で定める資格又は実績を有する者であること。
二　当該外国人に対する報酬の額が日本人が従事する場合の報酬の額と同等以上であること。
三　当該外国人の申請に係る対象海外需要開拓支援等活動の全部又は一部が当該国家戦略特別区域において行われるものであること。

同条の定める基準のうち、1号は、「技術・人文知識・国際業務」及び「技能」の在留資格に係る上陸基準省令の定める上陸許可基準において求められている学歴や実務経験に代えて一定の資格又は実績を有することを求めることとしたものである。〈25〉

以上が、最近行われた「特定活動」の在留資格や特区制度を活用した外国人就労者の受入れのための措置の概要であるが、これとは別に、平成26年法律第74号による入管法の改正（以下、「平成26年の改正」という。）及び平成28年法律第88号による入管法の改正（以下、「平成28年の改正」という。）で在留資格そのものの新設を含めた整備が行われた。また、技能実習法の制定と同法附則による入管法の改正で技能実習制度の整備と「技能実習」の在留資格に対応する活動の改正が行われた。

２　在留資格の整備等

(1)　平成26年の改正

平成26年の改正では、「高度専門職」の在留資格の新設、「投資・経営」の在留資格の「経営・管理」の在留資格への改正、「技術」と「人文知識・国際業務」の二つの在留資格の一本化及び「留学」の在留資格の改正が行われた。

このうち、「技術」と「人文知識・国際業務」の一本化以外は、外国人の受入れ範囲を拡大する改正であった。以下、これらの改正について順次見ていくこととする。

ア　高度人材ポイント制と「高度専門職」の在留資格の新設

平成26年の改正で「高度専門職」の在留資格が新設されたが、「高度専門職」の在留資格は、「ポイント制」を前提として高度の専門的能力を有する外国人を受け入れるための在留資格である。

平成20年７月に外国高度人材の受入推進に資する必要な施策を検討することを目的として内閣官房長官の下に参集された高度人材受入推進会議がとりまとめた平成21年５月29日の報告書「外国高度人材受入政策の本格的展開を」〈26〉において「「ポイント制」を活用した「優遇制度」を導入することを検討すべきである」とされ、〈27〉その後の検討を経て、平成24年３月30日に「出入国管理及び難民認定法第七条第一項第二号の規定に基づき高度人材外国人等に係る同法別表第一の五の表の下欄に掲げる活動を定める件」（平成24年法務省告示126号）及び「出入国管理及び難民認定法第七条第一項第二号の規定に基づき高度人材外国人等に係る同法別表第一の五の表の下欄に掲げる活動を定める件第二条の表の下欄に掲げる活動を指定されて在留する者等の在留手続の取扱いに関する指針」（平成24年法務省告示127号）が定められ、これらの告示が平成24年５月７日から施行された。これにより、「高度人材ポイント制」が開始されたのである。〈28〉

ただし、高度人材ポイント制は、後述するように、ある程度の外国人就労者の受入れ範囲の拡大を伴うが、基本的には、従来から就労資格により受入れが可能であった外国人のうち特に高度な専門的な能力を有するもの等の受入を促進することを目的とする制度である。具体的には、その経歴、有する資格などに基づいて計算されるポイントが一定以上に達する者を一定の優遇措置の対象とすることにより、単なる規制の緩和を越えてより積極的に海外の高度人材の確保を図ろうとする制度であり、その背景には、国際間の高度人材の獲得競争がある。

なお、この趣旨から、上記二つの法務省告示に基づく高度人材ポイント制は、本邦において行おうとする活動が就労資格（「外交」「公用」及び「技能実習」を除く。）に該当する外国人が、その経歴、年収等を有する資格などに基づいて計算されるポイントが一定以上に達する場合に、本邦における所属機関が特定された在留資格認定証明書（特定認定証明書）の交付を受けることができる。そして、この特定認定証明書を所持する外国人は、「特定活動」の在留資格を取得して高度人材として在留し、一定の出入国管理上の優遇措置を受けることができるというものであった。「特定活動」の在留資格が使われたのは、高度人材に対して指定される活動が複数の在留資格に対応する活動を含むものであったからである。

このように、高度人材ポイント制は、当初、法務省告示に基づき、一定以上のポイントを有する外国人に対して「特定活動」の在留資格を決定し、優遇措置を講じるという形で始められたのであるが、平成26年の改正で「高度専門職」の在留資格が新設され、高度人材ポイント制は新たな段階を迎えることとなった。

もっとも、平成26年の改正により「高度専門職」の在留資格が新設された後も、高度人材ポイント制の基本的な仕組みは大きくは変更されていない。その基本的な仕組みは、次のとおりである。

入管法別表第一の二の表の高度専門職の項の下欄には1号と2号があり、1号にはイからハまでの三つの類型の活動が、また、2号には、イからニまでの四つの類型の活動が定められている。そして、入管法2条の2第1項により、「高度専門職」の在留資格の場合は、この1号のイからハまで又は2号の区分も在留資格に含むものとされ、その結果、「高度専門職」には四つの在留資格があるということとなる（以下、1号イ、1号ロ、1号ハ及び2号に係る在留資格を、それぞれ高度専門職（1号イ）、高度専門職（1号ロ）、高度専門職（1号ハ）及び高度専門職（2号）という。）。

この四つの「高度専門職」の在留資格のうち、上陸の申請を行った外国人が、上陸のための条件に適合するものとして上陸許可を受けて取得することができるのは、高度専門職（1号イ）、高度専門職（1号ロ）及び高度専門職（1号ハ）である。そして、1号イ、1号ロ、1号ハのいずれの活動についても「高度の専門的な能力を有する人材として法務省令で定める基準に適合する者が行う」こと及び「我が国の学術研究又は経済の発展に寄与することが見込まれる」ことが要件とされている。このうち法務省令で定める基準は、「出入国管理及び難民認定法別表第一の二の表の高度専門職の項の下欄の基準を定める省令」（平成26年法務省令第37号。以下、「高度専門職基準省令」という。）1条により定められているが、「高度専門職」の在留資格を取得しようとする外国人が、その学歴、職歴、年収などに基づいて計算される点数が一定以上のものであることが基準に適合するための要件とされている。

次に、2号に掲げられている活動については、1号「に掲げる活動を行った者であって、その在留が我が国の利益に資するものとして法務省令で定める基準に適合するものが行う」ことが要件とされている。このため、高度専門職（2号）は、高度専門職（1号イ）、高度専門職（1号ロ）及び高度専門職（1号ハ）をもって在留していた外国人が在留資格の変更により取得するのが通常である。〈29〉また、この2号に係る基準も高度専門職基準省令の2条により定められているが、この場合も「高度専門職」の在留資格を取得しようとする外国人が、その学歴、職歴、年収などに基づいて計算される点数が一定以上のものであることが要件とされている。

このように、「高度専門職」の在留資格については、高度専門職項基準省令に基づき計算された点数（ポイント）が一定以上であることが在留資格に該当する要件となるのである。

ところで、「高度専門職」の在留資格をもって在留する外国人に対しては一定の優遇措置が適用される。優遇措置の内容は、入管法別表第一の二の表の高度専門職の項の下欄１号に係る「高度専門職」の在留資格（「高度専門職（１号イ）」、「高度専門職（１号ロ）」、「高度専門職（１号ハ）」）をもって在留する外国人の場合と「高度専門職（２号）」をもって在留する外国人の場合とで異なり、前者の場合は、５年の在留期間が決定されること、複合的な在留活動が許容されること、配偶者が配偶者としての立場で「特定活動」の在留資格を取得して就労活動を行うことができること、一定の条件の下で当該外国人又は当該外国人の配偶者のいずれかの父又は母の在留が認められること、在留歴に係る永住許可の要件の緩和、一定の条件の下で家事使用人の帯同が認められること、入国・在留手続の優先処理が行われることであり、後者の場合（「高度専門職（２号）」をもって在留する外国人の場合）は、入管法別表第一の二の表の高度専門職の項の下欄１号の活動と併せてほぼすべての就労資格の活動を行うことができること、無期限の在留期間の決定、配偶者が配偶者としての立場で「特定活動」の在留資格を取得して就労活動を行うことができること、一定の条件の下で当該外国人又はその配偶者のいずれかの父又は母の在留が認められること、在留歴に係る永住許可の要件の緩和、一定の条件の下で家事使用人の雇用・帯同が認められることである。〈30〉

イ　「投資・経営」から「経営・管理」への改正

平成26年の改正前の「投資・経営」の在留資格は、平成元年の改正で「本邦で貿易に従事し、又は事業若しくは投資の活動を行おうとする者」に該当する者としての在留資格を再編・整理され「日本国とアメリカ合衆国との間の有効通航海条約」（昭和28年条約第27号）の第１条１の規定を考慮して定められた在留資格であり、わが国に相当額の投資を行って事業の経営を開始した外国人若しくは外国法人又はわが国において営まれている事業に相当額の投資を行った外国人若しくは外国法人が、当該事業の運営に関与することを可能とするという観点から設けられた在留資格である。それゆえ、就労資格ではあるが、専門的技術、技能又は知識等を要する業務に従事することが要件として定められてはいない。

「投資・経営」の在留資格に対応する活動としては、単にわが国において事業の経営を行い又は管理に従事する活動ではなく、このような投資を行っている外国人自身が当該投資を行っている事業の経営を行い若しくは管理に従事する活動又はこのような投資を行っている外国人若しくは外国法人に代わって当該外国人若しくは外国法人が投資を行っている事業の経営を行いあるいは管理に従事する活動が定められていた。

「投資・経営」の在留資格は、この意味で、「外資系」の事業の経営や管理を出資者として又は出資者に代わる者として行う外国人が対象であり、外国人が「外資系」ではない事業の経営や管理を行う場合や「外資系」の事業であっても投資を行っている外国人若しくは外国法人に代わって当該事業の経営や管理を行うのではない場合は、その外国人の行う活動は「投資・経営」の在留資格には該当しなかった。〈31〉

平成26年の改正では、このような「投資・経営」の在留資格に対応する活動を、外国人又は外国法人が相当額の投資を行っている事業に係るものに限られないこととし、在留資格の名称も「経営・管理」と改めた。この結果、平成26年の改正後の「経営・管理」の在留資格は、本邦において営まれている事業の経営を行いあるいは管理に従事する外国人一般を対象とする在留資格となった。

外国人の受入れ範囲という観点からは、平成26年の改正により、本邦において事業の経営を行い又は管理に従事する活動であれば、外国人若しくは外国法人が相当額の投資を行っているか否かに関わりなく、改正後の「経営・管理」の在留資格に該当することとなったという点において、原則的な外国人の受入れ範囲そのものが拡大されたのである。

ウ　「技術」と「人文知識・国際業務」の在留資格の一本化

平成元年の改正では、本邦の公私の機関との契約に基づいて専門的技術又は知識を必要とする一般的な業務に従事する活動を行う外国人を対象とする在留資格として「技術」及び「人文知識・国際業務」の二つの在留資格が設けられた。このうち、「技術」は、自然科学の分野に属する技術又は知識を要する業務に従事する者が、「人文知識・国際業務」は、人文科学の分野に属する知識を必要とする業務に従事する者と、これに加えて外国の文化に基盤を有する思考又は感受性を必要とする業務に従事する者が対象となる。

しかしながら、実際に外国人が従事する業務は、もともと、学問分野により区分されるという性格のものではなく、特に、近年、既存の学問分野の垣根を越えた幅広い技術や知識が必要とされる業務が増加している。

そこで、「専門的・技術的分野における外国人の受入れに関する企業等のニーズに柔軟に対応するため、業務に要する知識等の分野の違い（文系・理系）に基づく在留資格上の区分を廃止し、包括的な在留資格「技術・人文知識・国際業務」を創設することとした〈32〉とされている。

ただ、この改正は、「技術」と「人文知識・国際業務」という二つの在留資格をそのまま統合したものであり、したがって、外国人の受入れ範囲という点では、その拡大を伴うものではなかった。

エ　「留学」の在留資格の改正

「留学」の在留資格には入管法別表第一の三の表の留学の項の下欄に列挙されている機関において教育を受ける活動が対応する。前述（119ページ参照）したように、平成元年の改正では、「留学」と「就学」の二つの在留資格が新設されたが、平成21年法律第79号による入管法の改正（以下、「平成21年の改正」という。）により、この二つの在留資格が統合されて新たな「留学」の在留資格となったのであるが、〈33〉平成26年の改正で、この列挙されている機関に、中学校（中等教育学校の前期課程を含む。）、特別支援学校の中学部、小学校、特別支援学校の小学部が加えられた。

なお、この改正の趣旨は「学校教育の場における低年齢からの国際交流促進に資するため」〈34〉とされている。

オ「介護」の在留資格の新設（看護・介護分野の外国人就労者）

わが国においては、高齢化の進展に伴い、介護分野における外国人就労者の受入れの要請が大きくなっている。

看護師については、「医療」の在留資格による受入れが可能であるが、平成元年の改正直後の上陸基準省令においては、「日本人が従事する場合に受ける報酬と同等額以上の報酬を受けて従事すること」に加えて「保健婦助産婦看護婦学校養成所指定規則（昭和26年文部省・厚生省令第1号）第１条第1項に規定する学校、養成所又は准看護婦養成所を卒業又は修了後四年以内の期間中に研修として業務を行うこと」が要件として定められていた。その後、この要件は、本邦において看護師の免許を受けた後7年以内（准看護師については、本邦において准看護師の免許を受けた後4年以内）の期間中に研修として業務を行うことに改められたが、いずれにしても、研修として業務を行う場合に限定されていた。

しかし、この要件については、その後の上陸基準省令の改正を経て、現行の上陸基準省令では、看護士については、「日本人が従事する場合に受ける報酬と同等額以上の報酬を受けて従事すること」だけが上陸許可基準に適合するために必要な要件となった（ただし、准看護師については、現行の上陸基準省令においても「本邦において准看護師の免許を受けた後四年以内の期間中に研修として業務を行うこと」が要件とされている。）。

このように、看護師については、もともと看護師としての業務に従事する活動が「医療」の在留資格に該当し（したがって、原則的な外国人の受入れ範囲に含まれている。）、当初の上陸許可基準による制限も順次緩和されてきた。

これに対して、介護の業務に従事する活動は、「医療」などの就労資格には該当しないことから、わが国の介護福祉士の資格を取得した外国人であっても、原則的な外国人の受入れ範囲には含まれていなかった。

（経済連携協定等による看護師候補者、介護福祉士候補者等の受入れ）

この状況を変えたのが、経済連携協定の締結であった。すなわち、インドネシア共和国との間での「経済上の連携に関する日本国とインドネシア共和国との間の協定」（平成20年条約第2号）の発効により、同協定に基づき、看護師候補者、介護福祉士候補者、看護師及び介護福祉士の受入れが行われることとなった。

そして、その後、フィリピン共和国との間での「経済上の連携に関する日本国とフィリピン共和国との間の協定」（平成20年条約第14号）及びベトナム社会主義共和国との間での「平成二十四年四月十八日にベトナム社会主義共和国政府との間で交換が完了した看護師及び介護福祉士の入国及び一時的な滞在に関する書簡のうち日本側書簡」に基づいて、同様の受入れが行われることとなった。

なお、これらの経済連携協定に基づく看護師候補者、介護福祉士候補者等の受入れも「特定活動」の在留資格によって行われており、特定活動の告示の16号、17号、20号、21号、22号、27号、28号、29号に関係する活動が定められている。指定される活動のおおよその内容は、看護師候補者の場合は看護師の監督の下で看護師として必要な知識及び技能に係る研修として業務に従事する活動であり、介護福祉士候補者の場合は、一定の施設内において介護福祉士の監督の下で介護福祉士として必要な知識及び技能に係る研修として業務に従事する活動又は、介護福祉士養成施設において介護福祉士として必要な知識及び技能を修得する活動である。

また、看護師の資格を取得して看護師としての業務に従事する活動を指定されて在留する者又は介護福祉士の資格を取得して介護福祉士として介護等の業務に従事する活動を指定されて在留する者の配偶者及び子について、これらの者と同居してその扶養を受ける配偶者又は子として行う日常的な活動が特定活動の告示の18号、19号、23号、24号、30号、31号に定められている。

（「介護」の在留資格の新設）

このように、介護の分野で就労する外国人についても、経済連携協定等に基づいて受け入れられて就労活動を行う制度が設けられたが、さらに、平成28年法律第88号による入管法の改正（以下、「平成28年の改正」という。）で新たな在留資格として、「介護」が新設された。「介護」の在留資格に対応する活動は、「本邦の公私の機関との契約に基づいて介護福祉士の資格を有する者が介護又は介護の指導を行う業務に従事する活動」であり、この「介護」の在留資格の新設により、介護福祉士の資格を取得して介護又は介護の指導を行う外国人を一般的に受け入れることが可能となった。

ただし、この新設された「介護」の在留資格は、入管法別表第一の二の表の在留資格として新設されたことから、この「介護」の在留資格に対応する活動を本邦において行おうとする活動として上陸の申請を行った者が上陸のための条件に適合するためには、上陸許可基準に適合することが必要である。上陸基準省令は、「介護」の在留資格に係る基準として、社会福祉士及び介護福祉士法（昭和62年法律第30号）40条2項1号から3号までのいずれかに該当することと日本人が従事する場合に受ける報酬と同等額以上の報酬を受けることのいずれにも該当していることを定めている。

社会福祉士及び介護福祉士法40条2項は、介護福祉士試験を受けるための要件を定める規定であり、同項の各号のいずれかに該当する者でなければ介護福祉士試験を受験することができないと定めている。同項には、1号から6号までの各号が定められており、その1号は、大学に入学することができる者〈35〉であって、文部科学大臣及び厚生労働大臣の指定した学校又は都道府県知事の指定した養成施設において2年以上介護福祉士として必要な知識及び技能を修得したもの、2号は、大学において文部科学省令・厚生労働省令で定める社会福祉に関する科目を修めて卒業した者その他その者に準じるものとして厚生労働省令で定める者であって、文部科学大臣及び厚生労働大臣の指定した学校又は都道府県知事の指定した養成施設において1年以上介護福祉士として必要な知識及び技能を修得したもの、3号は、大学に入学することができる者〈36〉であって、厚生労働省令で定める学校又は養成所を卒業した後、文部科学大臣及び厚生労働大臣の指定した学校又は都道府県知事の指定した養成施設において1年以上介護福祉士として必要な知識及び技能を修得したものである。

なお、社会福祉士及び介護福祉士法40条2項には、第1号から第6号まで規定されているが、このうちの4号から6号までに該当する者が介護福祉士の資格を取得しても、上陸許可基準には適合しないこととなる。

もともと、平成26年の改正による「介護」の在留資格の新設は、「我が国で学ぶ外国人留学生が、日本の高等教育機関を卒業し、介護福祉士等の特定の国家資格等を取得しても、我が国で介護業務に従事することはできない状況にある」〈37〉ことから、「介護福祉士養成施設に指定されている我が国の高等教育機関を卒業し、介護福祉士の資格を取得した留学生が、我が国の介護施設等との契約に基づき、介護福祉士として介護又は介護の指導を行う業務に従事できるよう、新しい在留資格「介護」を創設することとした」〈38〉のである。〈39〉

(2)　技能実習法の制定等

ア　技能実習法の制定と技能実習制度の整備

技能実習制度は、平成５年に研修で修得した技能等をより実践的に修得するための制度として創設されたが、その当時は、在留資格としては「特定活動」の在留資格が使われた。そして、研修・技能実習制度として運用された。

その後、前述（130ページ参照）したように、平成21年の改正で、独立の在留資格として「技能実習」が新設されると同時に、研修制度とは切り離された。

そして、平成28年には、技能実習法が公布され、平成29年11月１日までに施行された。

技能実習法は、技能実習計画について主務大臣（法務大臣及び厚生労働大臣（技能実習法103条））が一定の基準に基づいて認定する制度を設け（技能実習法８条以下）た。一方で同法により改正された入管法は、「技能実習」の在留資格に対応する活動として、１号のイ、１号のロ、２号のイ、２号のロ、３号のイ、３号のロの六種類の区分を定め（入管法別表第一の二の表の技能実習の項の下欄）、これら六種類の区分が在留資格に含まれるものと定める（入管法２条の２第１項）とともに、そのそれぞれの区分に係る「技能実習」の在留資格に対応する活動のいずれについても、技能実習法の規定による主務大臣の認定を受けた技能実習計画に基づいて行うことを要件として定めた（入管法別表第一の二の表の技能実習の項の下欄）。

一方、技能実習法は、1号のイ、2号のイ又は3号のイの区分に係る技能実習を「企業単独型技能実習」とし、「技能実習（1号イ）」「技能実習（2号イ）」「技能実習（3号イ）」をもって在留する者が行う技能実習を、それぞれ、第1号企業単独型技能実習、第2号企業単独型技能実習、第3号企業単独型技能実習と定めた（技能実習法2条2項）。また、1号のロ、2号のロ、3号のロの区分に係る技能実習を「団体監理型技能実習」とし、「技能実習（1号ロ）」「技能実習（2号ロ）」「技能実習（3号ロ）」をもって在留する者が行う技能実習を、それぞれ、第1号団体監理型技能実習、第2号団体監理型技能実習、第3号団体監理型技能実習と定めた（技能実習法2条4項）。

そして、実習実施者は、技能実習を開始したときは、遅滞なく、開始した日その他主務省令で定める事項を主務大臣に届出なければならないこととし（技能実習法17条）、また、団体監理型技能実習の監理事業を行おうとする者は主務大臣の許可を受けなければならないとし（技能実習法23条1項）、監理団体について許可制とした。

そのうえで、認可法人として外国人技能実習機構を設立し、技能実習計画の認定に関する事務の全部又は一部や実習実施者による技能実習の開始の届出の受理に関する事務を行わせることができ（技能実習法12条1項、18条1項）、さらに、監理団体の許可に関しても、申請書及び申請書に添付する書類に係る事実関係の調査の全部又は一部を行わせることができることとした（技能実習法24条1項）。

技能実習法による改正後は、入管法別表第一の二の表の技能実習の項の下欄に掲げられている活動は1号、2号、3号の三種類があるとともに、それらのそれぞれについてイとロの二種類の活動が定められている。それゆえ、入管法別表第一の二の表の技能実習の項の下欄には、1号のイとロ、2号のイとロ、3号のイとロの合計六種類の活動が定められているが、この六種類の活動のうち1号、2号、3号のそれぞれのイに掲げられている活動は「企業単独型」とされ、1号、2号、3号のそれぞれのロに掲げられている活動は「団体監理型」とされる。この六種類の活動それぞれに対応する「技能実習」の在留資格があるわけである。

そして、技能実習法は、「技能実習（1号イ）」をもって在留する外国人が行う技能実習を第1号企業単独型技能実習、「技能実習（2号イ）」をもって在留する外国人が行う技能実習を第2号企業単独型技能実習、「技能実習（3号イ）」をもって在留する外国人が行う技能実習を第3号企業単独型技能実習とし、これらの技能実習を段階的に構成する。すなわち、技能等（技能、技術又は知識）を修得するため、本邦の公私の機関により受け入れられて必要な講習を受け及び当該機関との雇用契約に基づいて、当該機関の本邦にある事業所において業務に従事する技能実習を第1号企業単独型技能実習とし、第1号企業単独型技能実習を修了した者が技能等に習熟するため、本邦の公私の機関との雇用契約に基づいて、当該機関の本邦にある事業所において業務に従事する技能実習を第2号企業単独型技能実習と、第2号企業単独型技能実習を修了した者が技能等に熟達するため、本邦の公私の機関との雇用契約に基づいて、当該機関の本邦にある事業所において業務に従事する技能実習を第3号企業単独型技能実習とする（技能実習法2条2項）。

団体監理型の場合も、基本的に企業単独型の場合と同様である。すなわち、技能等を修得するため、「技能実習（1号ロ）」をもって在留する外国人が本邦の営利を目的としない法人により受け入れられて必要な講習を受け、及び当該法人による実習監理を受ける本邦の公私の機関との雇用契約に基づいて、当該機関の本邦にある事業所において業務に従事する技能実習を第1号団体監理型技能実習とし、第1号団体監理型技能実習を修了した者が、技能等に習熟するため、「技能実習（2号ロ）」をもって本邦の営利を目的としない法人による実習監理を受ける本邦の公私の機関との雇用契約に基づいて、当該機関の本邦にある事業所において業務に従事する技能実習を第2号団体監理型技能実習とし、第2号団体監理型技能実習を修了した者が、技能等に習熟するため、「技能実習（3号ロ）」をもって本邦の営利を目的としない法人による実習監理を受ける本邦の公私の機関との雇用契約に基づいて、当該機関の本邦にある事業所において業務に従事する技能実習を第3号団体監理型技能実習とする（技能実習法2条4項）。

このように、技能実習法は、入管法の定める六種類の活動に係る技能実習の在留資格のそれぞれに対応する技能実習を定めているのである。

技能等（技能、技術又は知識）を修得することにより技能等（技能、技術又は知識）を修得する「技能実習（1号イ）」をもって在留する外国人が行う技能実習は第1号企業単独型技能実習、「技能実習

（1号イ）」をもって在留する外国人が行う技能実習は第1号企業単独型技能実習、「技能実習（1号イ）」をもって在留する外国人が行う技能実習は第1号企業単独型技能実習。

入管法別表第一の二の表の技能実習の項の下欄の1号に掲げられている活動（1号イの活動及び1号ロの活動、以下、「第1号技能実習」という。）、同欄の2号に掲げられている活動（2号イの活動及び2号ロの活動、以下、「第2号技能実習」という。）及び同欄の3号に掲げられている活動（3号イの活動及び3号ロの活動、以下、「第3号技能実習」という。）は、もっとも、技能実習法による入管法の改正前の「技能実習」の在留資格の場合も第1号イ、第1号ロ、第2号イ及び第2号ロの四つの区分に係る在留資格があり、第1号イ又はロと第2号イ又はロは段階的に構成されていて第一号のイ又はロに掲げる活動に従事して技能等を修得した者が当該技能等に習熟するために行うのが第2号のイ又はロに掲げる活動と位置づけられていた。したがって四種の技能実習があったわけであるが、平成28年の改正では、これに第3号のイとロが加えられ技能実習の形態も六種類となったわけである。ただ、注意すべき点として、技能実習法による改正前の入管法7条1項2号は、上陸の申請を行った者の申請に係る本邦において行おうとする活動が該当しなければならない活動から入管法別表第一の二の表の技能実習の項の下欄第2号に掲げる活動を除いていた。このため当該活動を本邦において行おうとする活動として上陸の申請を行っても、上陸のための条件には適合しなかった。」しかし、技能実習法による改正後の入管法7条1項2号は、入管法別表第一の二の表の技能実習の項の下欄の1号の活動も同2号の活動も上陸の申請を行った外国人が本邦において行おうとする活動が該当しなければならない活動から除いてはいない。それどころか、外国人の技能実習の適正な実施及び技能実習生の保護に関する法律施行規則（平成28年法務省・厚生労働省令第3号。以下、「技能実習法施行規則」という。）は、第3号技能実習（第3号企業単独型技能実習及び第3号団体監理型技能実習）について、第2号技能実習（第2号企業単独型技能実習及び第2号団体監理型技能実習）の終了後、本国に一月以上帰国してから第3号技能実習を開始するものであることを技能実習計画の認定の基準として定めている（技能実習法施行規則10条2項3号ト）。

技能実習法による改正前の技能実習制度においても、入管法別表第一の二の表の技能実習の項の下欄2号イ又はロに係る技能実習は、同欄の1号のイ又はロに掲げる活動に従事して技能等を修得した者が当該技能等に習熟するために行うこととされていたが、1号のイ又はロに掲げる活動に従事した後、一旦帰国するのではなく、同一の実習実施機関で継続的に行うことが想定されていた。わが国において技能実習を受けた外国人は、帰国した場合には、母国において取得した技能等を要する業務に従事することとされ、再度技能実習目的で入国することは、前回の在留の際に従事していた技能実習を継続する場合も含めて、原則としては想定されていなかったということができる。

ただ、例外として、前述した外国人建設就労者の受入れに係る特定活動の告示32号及び外国人造船就労者に係る特定活動の告示35号は、技能実習の修了者が、再度わが国に入国して上陸許可を受けることを可能としたのである。

これに対して、技能実習法による改正後の第３号技能実習は、第２号技能実習終了後一旦帰国し、再度入国して行うことが想定されているのである。

なお、この技能実習法の制定による技能実習制度の改正に伴って、前述した外国人建設就労者受入れ事業に関する告示及び外国人造船就労者受入れ事業に関する告示も改正された。〈40〉

イ　日系四世の更なる受入れ

日系人の受入れについても、最近新たな措置が実施された。

前述したように、平成元年の改正で、「日本人の配偶者等」及び「定住者」の在留資格が設けられるとともに、改正後の入管法７条１項２号に基づき定められた定住者の告示の３号及び４号に日系人に係る地位が定められた。これにより、日系人は三世までの入国・在留が可能となったが、〈41〉日系四世に係る地位は定住者の告示には定められなかった。

ただ、定住者の告示の６号により、１年以上の在留期間を指定されている定住者の在留資格をもって在留する者の扶養を受けて生活する未成年で未婚の実子（ただし、平成18年法務省告示172号による改正後は、定住者の告示の３号、４号又は５号ハに掲げる地位を有する者として上陸の許可等を受けた者で１年以上の在留期間を指定されている「定住者」の在留資格をもって在留するものの扶養を受けて生活する未成年で未婚の実子の場合は、素行が善良であることが必要）の入国・在留が可能とされていることから、日系四世の一部は、この規定により入国・在留が可能であった。

この日系四世の受入れに関して、最近、特定活動の告示の改正が行われ、「一定の要件を満たす日系四世の方を受け入れ、日本文化を習得する活動等を通じて日本に対する理解や関心を深めてもらい、もって、日本と現地日系社会との結付きを強める架け橋になる人材を育成する」〈42〉との目的により、日系四世の更なる受入れが行われることとなった。

具体的には、平成30年法務省告示第105号による特定活動の告示の改正で、43号として「別表第十に掲げる要件のいずれにも該当する者が、本邦において通算して五年を超えない期間、特定の個人又は団体から本号に規定する活動の円滑な遂行に必要な支援を無償で受けることができる環境の下で行う、日本文化及び日本国における一般的な生活様式の理解を目的とする活動（日本語を習得する活動を含む。）並びにこれらの活動を行うために必要な資金を補うため必要な範囲内の報酬を受ける活動（風俗営業等の規制及び業務の適正化等に関する法律第二条第一項に規定する風俗営業、同条第六項に規定する店舗型性風俗特殊営業若しくは同条第十一項に規定する特定遊興飲食店営業が営まれている営業所において行うもの又は同条第七項に規定する無店舗型性風俗特殊営業、同条第八項に規定する映像送信型性風俗特殊営業、同条第九項に規定する店舗型電話異性紹介営業若しくは同条第十項に規定する無店舗型電話異性紹介営業に従事するものを除く。）」が加えられた。

このうち本文の部分は、

ア　別表第十に掲げる要件のいずれにも該当する者であること
イ　滞在期間が通算で5年を超えないこと
ウ　特定の個人又は団体から本号に規定する活動の円滑な遂行に必要な支援を無償で受けることができる環境の下で行うこと
エ　本邦において行う活動の内容が、日本文化及び日本国における一般的な生活様式の理解を目的とする活動（日本語を習得する活動を含む。）並びにこれらの活動を行うために必要な資金を補うため必要な範囲内の報酬を受ける活動であること

を要件として定めている。

別表第十の掲げる要件は、おおよそ、次のようなものである。

1　日系四世であること
2　申請時の年齢が18歳以上30歳以下であること
3　帰国のための旅行切符又はそれを購入するための十分な資金を所持していること
4　本邦滞在中独立の生計を営むことができると見込まれること
5　健康であること
6　素行が善良であること
7　滞在中に死亡し、負傷し又は疾病に罹患した場合における保険に加入していること

８　基本的な日本語を理解することができる能力を有していることを試験により証明されていること、ただし、通算して２年を超えて在留しようとする場合は、日常的な場面で使われる日本語をある程度理解することができる能力を有していることを試験により証明されていること

９　在留資格認定証明書の交付の申請をした日が、特定活動の告示第43号に掲げる活動を指定されて交付された在留資格認定証明書の総数（当該申請のあった日の属する年の１月１日から12月31日までの間における総数をいう。）が地域社会への影響等の観点から法務大臣が関係行政機関の長と協議して相当と認める数を超えたと認められる日の翌日までであること

このうち、８に関しては、基本的な日本語を理解することができる能力を有していることについては日本語能力試験Ｎ４程度とされ、日常的な場面で使われる日本語をある程度理解することができる能力を有していることについては日本語能力試験Ｎ３程度とされている。〈43〉

また、10については、本制度を利用する日系四世の方の入国・在留状況、地域社会への影響等を考慮して年間の受入れ枠が定められるとされ、〈44〉制度開始当初の受入れ枠は、全体で年間四〇〇〇人程度を想定しているとされている。〈45〉

次に、ウの要件であるが、この要件は、この制度に特徴的なもので、一定の要件を満たす非営利法人又は個人が日系四世受入れサポーターとなってサポートを行うことが必要とされている。そして、日系四世受入れサポーターは、日系四世が本制度の目的を達成できるように、日本文化・日本語教育

情報をはじめ、生活情報、医療情報、雇用情報等の提供や入管手続の援助を行うとされている。〈46〉それゆえ、この特定活動の告示43号の適用を受けて上陸しようとする日系四世は、日系四世受入れサポーターの確保が必要である。

次に、特定活動の告示43号の活動を指定されて「特定活動」の在留資格をもって在留する日系四世は、一定の範囲で就労活動を行うことができるが、日本文化及び日本国における一般的な生活様式の理解を目的とする活動（日本語を習得する活動を含む。）を行うために必要な資金を補うため必要な範囲内の報酬を受ける活動を行うことができるだけであるから、「「日本語や日本文化などを学ぶ活動」をせずに、働くことのみをすることは認められ」〈47〉ないとされている。

なお、特定活動の告示43号の末尾の括弧書きの部分は、留学生が行うアルバイト等について入管法19条2項の資格外活動の許可をする場合に、当該許可の内容を入管法施行規則19条5項1号の規定により許可する場合（いわゆる包括許可をする場合）に、許可される活動から除かれる風俗営業等が営まれている営業所において行う活動及び無店舗型性風俗特殊営業等に従事する活動と同じものを行うことができる活動から除外するものである。

第2節　平成21年の入管法と住民基本台帳法の改正

1　改正の背景

(1)　平成21年の改正前の在留管理制度

前述したように、平成元年の改正においては、在留資格制度の整備が行われ、同時に外国人の入国手続も整備された。この結果、わが国が多数の、しかも多様な目的を有する外国人を受け入れる体制が整備された。

ただ、平成元年の改正でも、受入れを開始した後の外国人の在留については、在留資格に基づいて行うことができる活動、在留資格をもって在留する者が入管法19条２項の資格外活動許可を受けることなく行ってはならない活動が明確化されたということが主な規制内容であり、在留管理システム自体については、基本的に従前の制度が維持された。

すなわち、平成21年の改正前の入管法は、決定された在留期間の経過後も在留を継続することを希望する場合の在留期間の更新許可、在留中に在留目的を変更しようとする場合の在留資格の変更許可、国籍離脱や出生により上陸の手続を経ることなく在留する外国人及び一時庇護のための上陸の許可を受けた外国人の在留資格の取得許可、本邦に在留中の外国人が永住しようとする場合の永住許可（ただし、平成元年の改正前は、「永住者」の在留資格を取得して上陸しようとする場合の永住許可もあった。）、別表第一の在留資格をもって在留する者が当該在留資格に対応する活動の遂行を阻害しない範囲内で在留資格に対応する活動に属しないの就労活動を行うことを希望する場合（ただし、平成元年の改正前は、在留資格をもって在留する外国人がその在留資格に属する者の行うべき活動以外の活動をしようとする場合）の資格外活動許可　現に有する在留資格を維持しつつ出国し在留期間の満了の日以前に再び入国する意図をもって出国しようとする場合の再入国許可を定め、これらの許可制度によって、在留外国人の管理を行うこととしていた。もちろん、これらの許可制度は、現行の入管法においても維持されており、これらの許可制度が、在留外国人の管理を行うための重要な手段であることには変わりがない。

ただ、これらの許可制度では、その許可の申請があった際に一定の書類の提出を求め、あるいは一定の調査を行うことによって外国人の在留状況を把握することができるが、許可を受けた者が、許可を受けた後にどのように在留しているのかは、次の許可を受けるための申請が行われた時点で把握可能となるに過ぎない。これでは、受入れ政策に基づいて受け入れた外国人がその受入れの趣旨に沿った活動を行っているのかどうかは、次の許可の申請が行われるまで把握できないこととなる。

また、そもそも、在留期間の更新許可以外は定期的に受ける許可ではなく、そうなると、規制緩和の流れのなかで在留期間が長期化すると、相当長期間にわたって許可の申請が行われないということがあり、この場合、相当長期間にわたって、その外国人がどこで何をしているのかが分からないということになる。

この点を補っていたのが、平成21年の改正で廃止された外国人登録法に基づく外国人登録制度であった。

外国人登録法（昭和27年法律第125号、以下、「外国人登録法」という。）は、「本邦に在留する外国人の登録を実施することによって外国人の居住関係及び身分関係を明確ならしめ、もって在留外国人の公正な管理に資することを目的とする」（外国人登録法1条）とされ、同法により、本邦に在留する外国人は、再入国の許可を受けて出国した者が再入国したとき及び難民旅行証明書の支付を受けて出国した者が、当該難民旅行証明書により入国したときを除き、本邦に入ったときは、その上陸の日から九〇日以内に、本邦において外国人となったとき又は出生その他の事由により、入管法第三章に規定する上陸の手続を経ることなく本邦に在留することとなったときは、それぞれその外国人となった日又は出生その他当該事由が生じた日から六〇日以内に外国人登録の申請を行わなければならないとされていた（外国人登録法3条）。

(2)　外国人の在留状況の変化と外国人登録制度の問題点

外国人登録制度は、前述した外国人登録法1条が規定するとおり、在留外国人の公正な在留管理に資することを目的とする制度であるが、もともと、第二次次世界大戦終結直後の状況を前提に、終戦前から引き続き在留していた朝鮮半島出身者等の在留管理と朝鮮半島からの密航者の取締りに主眼を置いた制度であった。

しかし、外国人の在留状況は、外国人登録法制定当時から大きく変化していた。この点について平成20年版入管白書は次のように記載している。「現行外国人登録制度が発足した終戦直後は、在留外国人のほとんどが終戦前から引き続き在留していた朝鮮半島出身者であった。その後、我が国の国際化が進み、様々な目的を持って新たに来日した外国人いわゆるニューカマーが増加した結果、在留外国人の構成が制度発足当時とは大きく変化した」〈48〉

実際、終戦前から引き続き居住し、昭和27年の日本国との平和条約の発行に基づき日本の国籍を離脱した在日韓国・朝鮮・台湾人とその子孫の在留に関しては、平成3年に入管特例法に基づく「特別永住者」制度が設けられたが、この「特別永住者」の地位に相当する外国人の割合は、戦後まもなく昭和30年代までは九〇%近くであったが、「「特別永住者」の数自体が減少していることに加え、様々な目的を持って新たに来日した外国人（いわゆるニュー・カマー）の増加により、…13年末には特別永住者の割合は三〇%を切るまでに減少し」〈49〉た。ただ、それでも、平成18年までは、特別永住者が外国人登録者総数のうち最大構成比を占めていたが、平成19年末には、外国人登録者総数二一五万二九七三人中特別永住者が四三万二二九人、永住者が四三万九七五七人となり、さらに、平成20年末には、外国人登録者総数が二二二一万七四二六人、そのうち特別永住者が四二万三〇五人、永住者が四九万二〇五六人となった。〈50〉平成20年末における外国人登録者総数中に特別永住者の占める割合は、約一九％である。ちなみに、平成29年末には、在留外国人総数二五六万一八四八人中特別永住者は、三二万九八二二人構成比は約一二・九％となり、これに対し中長期在留者が二二三万二〇二六人そのうち永住者が七四万九一九一人となっている。〈51〉

このような外国人の在留状況の変化を受けて、平成20年3月の第五次出入国管理政策懇談会の「報告書「新たな在留管理制度に関する提言」」は、「我が国に入国、在留する外国人の数は年々増加しており、平成18年における外国人入国者数は約八一一万人、平成18年末現在の外国人登録者数は約二〇八万人と、いずれも過去最高を記録した。外国人が我が国に入国、在留する目的も、観光のほか、就労、留学、研修、永住など多様化しており、各種行政において外国人の入国、在留状況を正確に把握することの重要性が増している。」〈52〉とした。また、平成20年12月の外国人台帳制度に関する懇談会の報告書は、「近年、日本に住む外国人の数は急増しており、外国人登録者数は過去最高の二一五万人（平成19年12月末現在）と、平成9年に比べ、過去10年間に約七〇万人増加し、五〇％の増加率となっている。また、国際結婚件数の増加や定住者・永住者といった在留資格を有する者が増加するなど、日本に住む外国人の滞在期間の長期化も進んでいると考えられる。…グローバル化や少子高齢化が進む我が国においては、今後も、日本に住む外国人の数はますます増加することが見込まれる。こうした状況を踏まえると、在留外国人に対して、各種行政サービスの提供を適切に行っていく基盤整備が必要であるとともに、行政サービスに係る各種の事務手続の簡素化を進め、外国人の申請・届出などの負担軽減を図ることで、生活しやすい環境を整備していく必要がある。また、これと併せて、国及び地方公共団体においても、当該在留外国人の情報を正確に保有することで、行政事務の合理化及び適正化に資することが期待されるところである。」〈53〉としている。

しかし、ここで各種行政において重要性が増していると指摘されている外国人の在留状況の把握を、外国人登録制度により行うことについては問題があるとの指摘があった。

すなわち、前述したように、外国人登録制度は、公正な在留管理に資することを目的とする制度であり、例えば、市町村の住民行政に役立てるということは、その目的自体には含まれていなかった。しかし、実際には、市区町村は、外国人登録情報を各種行政サービスの提供の基礎として利用していて、外国人登録制度と住民基本台帳制度がその趣旨及び目的を異にするため、行政サービスの提供に支障が生じているという状況にあった。〈54〉

具体的には、次のような問題が指摘されていた。

「ニュー・カマーの中には、国内に安定した生活基盤がないため、外国人登録に際して正確な申請を行わなかったり、頻繁に転居したり、あるいは、再入国許可を受けて本国に帰国したままで再入国するか否かが不明な者も現れ、法務大臣や市区町村の長による在留外国人の情報の把握が困難になってきている。」〈55〉

外国人登録制度は、本法に在留する外国人の登録を実施することによって外国人の居住関係及び身分関係を明確ならしめ、もって在留外国人の公正な管理に資することを目的とし、「この目的に沿って、外国人本人による申請を義務付けており、住民基本台帳制度とは異なり市区町村長による職権修正などは認められていない。このため、外国人登録制度に基づく外国人登録原票に記載されている情報が実態と乖離していても、修正することができないケースが見られる。」〈56〉

「現在、外国人住民に関する情報は入管法及び外登法により法務省と市町村で二元的に把握しているが、法務省との情報の連携が十分に行われていないため、例えば、外国人住民の出国情報についても郵送で送られタイムラグが生じたり、在留資格の変更・在留期間の更新といった情報についても、外国人住民が改めて市町村に変更登録申請しない場合には、当該外国人住民の住所地市町村において把握することができないといった問題がある。」〈57〉

以上、資料を引用する形で説明したが、平成21年の改正当時において、外国人登録制度による外国人の在留状況の把握には限界が生じていたことは明らかであり、このことは外国人の受入れに関する政策の実現という観点から問題であるとともに、安全・安心の観点からも適切ではなく、同時に、わが国において生活を行っている外国人に対する行政サービスの提供という観点からも問題があるということであった。

このような事情から、平成21年に入管法及び住民基本台帳法の改正が行われたのであるが、これらの改正について見る前に、わが国に在留する外国人に対する社会保障制度などの国内法制の適用の問題、そして、外国人労働者問題関係省庁連絡会議の打ち出した「「生活者としての外国人」に関する総合的対策」などについて見ることとする。

(3)　わが国に在留する外国人と社会保障制度

難民条約は、同条約の適用の対象となる難民の要件を定めるだけではなく、締約国が難民に対して与えるべき待遇などについて定めている。例えば、同条約第24条１(b)は、締約国が、合法的にその領域内にいる難民に対し、「社会保障（業務災害、職業病、母性、疾病、廃疾、老齢、死亡、失業、家族的責任その他国内法令により社会保障制度の対象とされている給付事由に関する法規）」に関して、自国民に与える待遇と同一の待遇を与えること（ただし同条１の(i)及び(ii)に定められている措置をとることを妨げるものではないとされている。）を、また、同条約23条は、締約国が合法的にその領域内にいる難民に対し、公的扶助及び公的援助に関し、自国民に与える待遇と同一の待遇を与えることを定めている。

このような難民要約の規定との関係で、わが国が難民条約に加入する際に、社会保障の分野の法令における国籍要件が難民条約の規定との関係で問題となった。このため、前述した「難民の地位に関する条約等への加入に伴う出入国管理令その他関係法律の整備に関する法律」は、国民年金法、児童扶養手当法、特別児童扶養手当等の支給に関する法律及び児童手当法も改正し、これらの法律に定められている受給資格に係る国籍要件の撤廃などの改正を行った。〈58〉

この改正は、難民についてだけではなく、外国人一般に適用される形で行われたことから、〈59〉社会保障に関しては、昭和56年法律第86号により、原則として国籍要件はなくなったのである。〈60〉

(4)「生活者としての外国人」に関する総合的対応策

わが国の難民条約への加入に際して、国民年金法等における国籍要件の撤廃が行われたが、生活に関わる国内法制は社会保障の分野には限られない。また、単なる内外人平等だけでは、あるいは内外人平等では、不十分な場合もあるということにも留意する必要がある。日本人については必要のない措置が必要となるということも考えられるのである。

そこで、注目する必要があるのが、外国人労働者問題関係省庁連絡会議がとりまとめた「「生活者としての外国人」に関する総合的対応策」である。

「「生活者としての外国人」に関する総合的対応策」は、まず、わが国に滞在する外国人が増加の一途を辿り、今後も増加していくものと予想されること、そして、日系人を中心に、日本に定住する傾向が強まるとともに、その家族も増加し、外国人の子供も、日本で育ち、仕事につき、暮らしていく者が多くなっているとしたうえで、次のように指摘している。〈61〉

「外国人と地域社会との間には、言葉や習慣等の違いから、軋轢、摩擦が生じている場合が少なくない。また、不安定な雇用等の労働環境から、生活が十分に安定しているとは言い難い状況もある。さらに、不就学や日本語学習が困難等の外国人の子どもの教育の問題は、その子どもの将来を考えた場合に大きな問題となることが想定される。……わが国としても、日本で働き、また、生活する外国人について、その処遇、生活環境について一定の責任を負うべきものであり、社会の一員として日本人と同様の公共サービスを享受し生活できるような環境を整備しなければならない。」

「『生活者としての外国人』に関する総合的対応策」は、在留する外国人を「生活者」という視点からとらえ、その生活環境の整備の必要性を指摘したうえで、「外国人が生活しやすい地域社会づくり」として、「日本語教育の充実」「行政・生活情報の多言語化」「地域における多文化共生の取組の促進」「防災ネットワークの構築」「防犯対策の充実」「住宅への入居支援」「母国政府との連携、諸外国の情報の収集、普及」を、「外国人の子どもの教育の充実」として、「公立学校等における外国人児童生徒の教育の充実」「就学の促進」「外国人学校の活用、母国政府との協力等」を、「外国人の労働環境の改善、社会保険の加入促進等」として「社会保険の加入促進等」「就労の適正化のための事業主指導の強化」「雇用の安定」を掲げた。

そして、さらに、「外国人の在留管理制度の見直し等」として「現在、在留管理のチェックは、入国審査時及び更新時にとどまっている。その間の居住地等の事項の変更があった場合には、届け出義務があるが、必ずしも適切に届け出がされていないため、外国人の居住・就労先等の実態を十分に把握できていない。このことは必要な対応を困難にする大きな要因の一つとなっている。このため、外国人の居住、就労先等の情報を把握する仕組みを構築し、その情報を市町村を含む関係行政機関において活用することについて検討し、平成18年度中に取りまとめる。また、日本語能力の向上、社会保険等への加入、子供の就学等について、在留期間更新の際に考慮し、外国人自身のインセンティブを高めることについて検討する。」〈62〉とし、「外国人の在留状況の正確な把握等」「在留期間更新等におけるインセンティブ」を「対策」として掲げたのである。

(5)　外国人の在留状況の正確な把握の必要性

「「生活者としての外国人」に関する総合的対応策」においても、外国人の在留状況の正確な把握という問題が取り上げられたが、将来の外国人の受入れの拡大も見据えて、受け入れた外国人を適正に管理していくことが必要であり、そのためには、外国人の在留状況を的確に把握し、入国後の管理体制を強化することが必要であるとの指摘も行われた。

規制改革・民間開放推進会議は、平成17年3月23日の「規制改革・民間開放の推進に関する第一次答申（追加答申）において、「わが国は、外国人受入れの範囲の拡大や円滑な受入を行うための方策を検討していくとともに、入国時のみならず在留中のチェック体制を強化するといった、メリハリのある外国人受入れ・在留管理等の体制を構築していく必要がある。」〈63〉とし、「現在の入国管理制度は、入国事前審査、入国審査、在留審査等に分けられるが、外国人を適正に管理していくためには、入国事前審査、入国審査のみならず、在留中の実態を的確に把握していく必要があり、入国後の管理体制を強化していくことが重要となる。現行制度の下では、在留資格の変更、在留期間の更新等、外国人登録制度、外国人雇用状況報告などがある。しかしながら、外国人の就労等の実態を把握し国、地方公共団体及び企業等が一体となった整合性のある施策とはなっておらず、外国人労働者の権利を確保し、不法就労・不法残留を防止し、国内労働市場を保護するためには、入国後管理する制度を抜本的に見直す必要がある。したがって、就労状態、居住状態、社会保険の加入状況、子どもの就学状況等を的確に把握するなど、国、地方公共団体及び企業等が一体となって、入国後にチェックする仕組みを検討すべきである。」〈64〉とした。

また、日系人も含めて中・長期間にわたって在留を続ける外国人が増えるなかで、外国人が多数居住する地方公共団体などを中心に、住民行政を的確に行うために外国人の在留状況をより正確に把握する制度の確立の必要性が指摘されるようになった。

前述したように、平成21年の改正前には、外国人の居住関係及び身分関係を把握するための制度として外国人登録法に基づく外国人登録制度が存在しており、市区町村は、当時住民基本台帳制度の適用のなかった外国人について、この外国人登録制度に基づいて居住状況等を把握するしかなかったが、住民基本台帳制度と異なり、世帯単位での把握を行ううえで不十分であり、また、入管法上の許可制度と直接関係を有しないことから外国人側に義務履行のインセンティブが少なく、正確性において問題があるなどの問題点が指摘されていた。

この点について、規制改革・民間開放推進三カ年計画（再改定）（平成18年3月31日閣議決定）には次のように記載された。〈65〉

「現在我が国に入国して住所を定めた外国人には住民基本台帳法（昭和42年7月25日法律第81号）の適用は除外されており、市区町村の窓口にて外国人登録法（昭和27年4月28日法律第125号）が規定する手続を行った上で、必要な行政サービスの提供を受けているのが実情である。しかしながら、外国人登録法は在留外国人の公正な管理に資することを目的としており、住民の利便の増進を目的とした住民基本台帳法とは異なる。外国人も地方自治法（昭和22年4月17日法律第67号）第10条にいう住民でありながら、行政サービスの提供等に当たって支障が生じているとして、外国人登録制度を住民基本台帳制度に近接させ、長期的には両制度の一元化を検討すべきとの指摘がある。また、外国人登録の内容と居住実態に不整合があるとの指摘もある。これらを踏まえ、国及び地方公共団体が外国人の在留状況を的確に把握することができるよう、外国人本人、及び外国人住民への主たる行政サービスの提供主体である市区町村の利便性に配慮しつつ、外国人の身分関係及び居住関係の確認方法でもある外国人登録制度の見直しについて、関係各府省において検討を行い、結論を得る。」

また、同計画は、関係機関での情報に関する連携・協力についても次のように記載している。〈66〉

「関係各府省は相互に連携・協力し、データベースの構築を含め、外国人の在留状況に係る情報を相互照会・提供する仕組みを整備する。その際は、都道府県警察、市区町村、地方入国管理局、領事館・大使館、労働基準監督署・公共職業安定所・社会保険事務所等のそれぞれが既に利用している情報システムについても、法律に基づき必要な情報に限っての相互照会・提供を可能とする。各省庁のシステムが保有する情報を相互照会・提供するに当たって、突合等によって全体の正確性を向上させることは、外国人の在留状況を正確に把握することを可能とし、的確な在留管理を行う上で不可欠であり、行政手続の効率化にもつながるものである。」

これらの指摘は、関係行政機関間での情報の相互照会・提供のシステムを確立し、さらに、情報の突合を行うことによって、外国人の在留状況を正確に把握し、的確、かつ効率的な在留管理を行う、また、外国人、及び外国人住民への主たる行政サービスの提供主体である市区町村の利便性に配慮しつつ、外国人の身分関係及び居住関係の確認方法でもある外国人登録制度を見直し、国だけではなく地方公共団体も外国人の在留状況を的確に把握することができるようにするという方向性を示したものであるということができる。

⑹　外国人の在留管理に関するワーキングチーム

外国人が多数在留するなかで、その在留状況の把握が不十分であることは、治安の観点からも問題であった。

政府は、平成17年６月28日の犯罪対策閣僚会議において外国人の在留情報の把握と在留管理の問題について関係省庁によるワーキングチームを設置して検討することを決定し、同ワーキングチームは、平成19年７月３日「外国人の在留管理に関するワーキングチームの検討結果について」を作成し、犯罪対策閣僚会議に報告した。そこでは、法務大臣による在留情報の一元的把握や正確な在留情報に基づく的確な在留管理などが方向性として示された。〈67〉このように、外国人の生活基盤を整備し適正な生活を確保する観点からも、また、治安の維持の観点からも外国人の在留管理制度、そして住民基本台帳制度の改正が求められることとなったのである。

２　在留管理制度の改正

外国人の在留管理制度は、平成21年の改正で、抜本的に改められた。

平成21年の改正では、まず、中長期在留者という概念が創設された。

平成21年の改正で新設された入管法19条の３は、在留資格をもって在留する外国人のうち、三月以下の在留期間が決定された者、「短期滞在」の在留資格が決定された者、「外交」又は「公用」の在留資格が決定された者及びこれらに準ずる者として法務省令で定めるもの以外のものを「中長期在留者」と定めた。

そして、従来の在留管理制度（在留関係の許可制度、在留資格の取消制度など）を、在留資格をもって在留する者についての一般的制度として維持したうえで、中長期在留者を対象とする。新たな在留管理制度を創設した。

このように、新たな在留管理制度を中長期在留者に適用する制度として創設したのは、従来の外国人登録制度が、短期滞在者も特別永住者も、そして不法滞在者さえも登録の対象として一律の登録義務を課していた〈68〉ことが、その実効性を弱める結果になったという反省から、これを改め、外国人の在留状況に応じた在留管理を行うという考え方に基づく。

この結果、中長期在留者は、平成21年の改正で入管法に新設された同法第4章第1節第2款の規定等に基づく新たな在留管理制度の適用を受けるが、中長期在留者に該当しない「短期滞在」の在留資格をもって在留する外国人や三月以下の在留期間の決定を受けている外国人などは、前述した在留資格をもって在留する者についての一般的制度の適用を受けるだけで、新たな在留管理制度の適用は受けないこととなる。また、特別永住者についても、この新たな在留管理制度の適用はないが、同じ平成21年の改正で入管特例法に規定された特別永住者証明書制度の適用を受けることとされた。

平成21年の改正で創設された中長期在留者を対象とする新たな在留管理制度では、中長期在留者である外国人に対して、身分事項のほか住居地、在留資格・在留期間等、就労制限の有無などを記載した在留カードを交付することとされ、住居地や一定の在留カードの記載事項に変更があったときには届出をすることが義務づけられ、雇用主などの所属機関の変更があった場合についても届出義務が定められた。また、所属機関による届出制度も新設された。ただし、所属機関の届出について定める入管法19条の17は、別表第一の在留資格をもって在留する中長期在留者が受け入れられている機関その他の法務省令で定める機関が法務大臣に対して当該中長期在留者の受入れの開始及び終了その他の受入れの状況に関する事項を届け出るよう努めなければならないと規定するにとどまった。また、すでに、平成19年法律第79号による雇用対策法（昭和41年法律第132号）の改正で、同法28条として事業主は、新たに外国人を雇い入れた場合又はその雇用する外国人が離職した場合には一定の事項について確認し、厚生労働大臣に届け出なければならないとする規定（同改正後の雇用対策法28条１項）が定められていたことから、この同法28条１項の規定による届出をしなければならない事業主は入管法19条の17の規定による届出の主体から除かれた。このような事業主については、法務大臣と厚生労働大臣との連携によって対応することが可能であるからである。〈69〉

このようにして、平成21年の改正によって、中長期在留者の在留状況を在留外国人自身及び所属機関の双方から把握することが可能となり、法務大臣は、中長期在留者の身分関係、居住関係及び活動状況を継続的に把握するため、在留管理に必要な情報を整理し、正確かつ最新の内容に保つよう努めなければならないこととされた（入管法19条の18第1項及び第2項）。

3　外国人住民基本台帳制度の創設

平成21年の改正と並行して、平成21年法律第77号により住民基本台帳法（昭和42年法律第81号）が改正された。この改正により住民基本台帳法に「第4章の三　外国人住民に関する特例」が加えられ、市区町村の区域内に住所を有する中長期在留者などの外国人を「外国人住民」とし（同法30条の45）、外国人住民についても住民票が作成されることとなった。この結果、従来は、外国人と日本人が婚姻した場合などに、日本人と同一の世帯に属する外国人については住民票が作成されず、外国人は外国人登録を受けることとされていたことから、住民基本台帳と外国人登録原票の双方を調べなければ、全体の把握ができなかったなどの問題が解決した。

また、同法には、外国人住民に係る住民票の記載の修正等のための法務大臣からの通知に関する規定が定められ（同法30条の50）、一方、平成21年の改正で、入管法にも、61条の8の2として市区町村の長による法務大臣に対する住民票の記載等に係る通知に関する規定が新設され、市町村と法務省との情報に関する連携も図られることとなった。

このように、平成21年法律第77号による住民基本台帳法の改正により、外国人住民とされた中長期在留者などの外国人の地方公共団体による把握は、利便性においても正確性においても大きく前進し、地方公共団体による外国人住民に係る住民行政のための基盤が整備された。

〈1〉法務省入国管理局編「平成29年版出入国管理」（以下、「平成29年版入管白書」という。）77ページ。なお、外国人建設就労者として受け入れられる外国人は、一定の技能実習を修了した者である。技能実習制度は、開発途上国等への技術、技能、知識の移転を通じて当該開発途上国等の経済発展を担う人材の育成を目的とする制度であるということから、技能実習生は、技能実習終了後は、その国籍又は住所を有する国に帰国してわが国において修得した技術、技能、知識を要する業務に従事することが前提であり、もともとは、技能実習性が技能実習終了後もわが国において就労することは想定されていなかった。しかし、「緊急かつ時限的な措置として」（外国人建設就労者受入事業に関する告示の第一）ではあるが、「即戦力となる外国人建設就労者の受入れ」（外国人建設就労者受入事業に関する告示の第二）という形で、一定の技能実習を修了した者が受入建設企業との雇用契約に基づく労働者として（外国人建設就労者受入事業に関する告示の第二の二）就労することとなるという点で、この外国人建設就労者の受入れ制度は新しい制度であるということができる。もっとも、特定活動の告示の32号は、外国人建設就労者受入事業に関する告示に基づき国土交通大臣が認定した適正監理計画に基づき建設業務に従事することを活動の要件として定めており、外国人建設就労者は、実態としては、技能実習に近い形で就労することとなる。

〈2〉　平成29年版入管白書77ページ。

〈3〉　平成29年版入管白書77ページ。

〈4〉　「特定活動」及び「定住者」の二つの在留資格は、入管法別表第一の一から四までの表の上欄に定められている在留資格又は「定住者」以外の別表第二の在留資格に該当しない活動を行おうとする外国人を受け入れる場合に、法務大臣が個々の外国人の事情を考慮して個々に在留資格を創設して決定する（ただし、「特定活動」の在留資格については、法務大臣が告示をもってあらかじめ定めた活動、「定住者」の在留資格については、法務大臣が告示をもってあらかじめ定めた地位を有する者としての活動に該当する場合には、入国審査官限りで決定し得る。）特別な在留資格である。それゆえ、「特定活動」及び「定住者」の二つの在留資格も現行入管法上の在留資格ではあるが、これらの在留資格による外国人の受入れは例外的なものであり、現行在留資格の下における原則的な受入れ範囲は、これら以外の在留資格、すなわち、入管法別表第一の一から四までの表の上欄の在留資格及び「永住者」「日本人の配偶者等」及び「永住者の配偶者等」の在留資格を取得できる外国人であると考えるべきである。そこで、以下、「特定活動」及び「定住者」以外の在留資格による受入れの範囲を原則的な外国人の受入れ範囲」という。したがって、受入れの対象外とされた就労活動（121ページ参照）を行おうとする外国人の受入れは、原則的な外国人の受入れ範囲に含まれない外国人の受入れである。

〈5〉　このような特定の催しに係る事業に従事する活動について、多賀谷一照、髙宅　茂著『入管法大全Ⅱ在留資格』（日本加除出版、2015年）334ページ参照。

〈6〉　構造改革特別区域法による入管法の特例の詳細については、多賀谷一照、髙宅　茂著『入管法大全Ⅱ在留資格』（日本加除出版、2015年）289-295ページ参照。

〈7〉 制定当時の構造改革特別区域法15条1項

〈8〉 制定当時の構造改革特別区域法15条1項

〈9〉 制定当時の構造改革特別区域法15条3項、同条4項

〈10〉 制定当時の構造改革特別区域法15条5項

〈11〉 これらの構造改革特別区域法に基づく特例措置の意義は、この措置により受け入れられた「特定活動」の在留資格をもって在留する外国人が資格外活動の許可を受けることなく複数の在留資格に対応する活動を行うことが可能であったことと5年の在留期間が決定されたこと（当時の入管法では、「外交」「公用」「永住者」以外の在留資格に伴う在留期間は3年を超えることができないこととされていた。）が主であった。

〈12〉 ただし、平成27年法務省告示62号により、特定活動の告示に36号、37号、38号及び39号並びに別表第六、第七及び第八として次のような規定が加えられた。

三十六　本邦の公私の機関（別表第六に掲げる要件のいずれにも該当する事業活動を行う機関であって、法務大臣が指定するものに限る。）との契約に基づいて当該機関の施設において高度の専門的知識を必要とする特定の分野に関する研究、研究の指導若しくは教育をする活動（教育については、大学若しくはこれに準ずる機関又は高等専門学校においてするものに限る。）又は当該活動と併せて当該特定の分野に関する研究、研究の指導若しくは教育と関連する事業を自ら経営する活動

三十七　別表第七に掲げる要件のいずれにも該当する者が、本邦の公私の機関（別表第八に掲げる要件のいずれにも該当する事業活動を行う機関であって、法務大臣が指定するものに限る。）との契約に基づいて当該機関の事業所（当該機関から労働者派遣事業の適正な運営の確保及び派遣労働者の保護等に関

する法律（昭和六十年法律第八十八号。以下「労働者派遣法」という。）第二条第二号に規定する派遣労働者として他の機関に派遣される場合にあっては、当該他の機関の事業所）において自然科学又は人文科学の分野に属する技術又は知識を要する情報処理（情報処理の促進に関する法律（昭和四十五年法律第九十号）第二条第一項に規定する情報処理をいう。以下同じ。）に係る業務に従事する活動

三十八　第三十六号又は前号に掲げる活動を指定されて在留する者の扶養を受ける配偶者又は子として行う日常的な活動

三十九　第三十六号又は第三十七号に掲げる活動を指定されて在留する者と同居し、かつ、その者の扶養を受けるその者の父若しくは母又は配偶者の父若しくは母（外国において当該在留する者と同居し、かつ、その者の扶養を受けていた者であって、当該在留する者と共に本邦に転居をするものに限る。）として行う日常的な活動

別表第六

一　高度な専門的知識を必要とする特定の分野に関する研究（以下「特定研究」という。）を目的とするものであること。

二　特定研究を行う本邦の公私の機関（以下「特定研究機関」という。）が、当該特定研究に必要な施設、設備その他の研究体制を整備して行うものであること。

三　特定研究の成果が、当該特定研究機関若しくはこれと連携する他の機関の行う特定研究若しくはこれに関連する産業に係る事業活動に現に利用され、又は当該利用が相当程度見込まれるものであること。

四　申請人の在留に係る十分な管理体制を整備して行うものであること。

別表第七

一　従事する業務について、次のいずれかに該当し、これに必要な技術又は知識を修得していること。ただし、申請人が出入国管理及び難民認定法第七条第一項第二号の基準を定める省令の技術・人文知識・国際業務の在留資格に係る基準の特例を定める件（平成二十五年法務省告示第四百三十七号）に定める試験に合格し又は資格を有している場合は、この限りでない。

イ　当該技術若しくは知識に関連する科目を専攻して大学を卒業し、又はこれと同等以上の教育を受けたこと。

ロ　当該技術又は知識に関連する科目を専攻して本邦の専修学校の専門課程を修了（当該修了に関し出入国管理及び難民認定法第七条第一項第二号の基準を定める省令の専修学校の専門課程の修了に関する要件を定める件（平成二十三年法務省告示第三百三十号）の二のイ又はロのいずれかに該当する場合に限る。）したこと。

ハ　十年以上の実務経験（大学、高等専門学校、高等学校、中等教育学校の後期課程又は専修学校の専門課程において当該技術又は知識に関連する科目を専攻した期間を含む。）を有すること。

ニ　日本人が従事する場合に受ける報酬と同等額以上の報酬を受けること。

別表第八

一　情報処理に関する産業に属するもの（情報処理に係る業務について行う労働者派遣法第二条第三号に規定する労働者派遣事業に係るものを含む。以下「情報処理事業活動等」という。）であること。

二　情報処理事業活動等を行う本邦の公私の機関（以下「情報処理事業等機関」という。）が、情報処理に関する外国人の技術又は知識を活用するために必要な施設、設備その他の事業体制を整備して行うもの（当該情報処理事業等機関が労働者派遣法第二十三条第一項に規定する派遣元事業主である場合にあっては、労働者派遣法第三十条の二第一項に規定する派遣先が当該事業体制を整備するように必要な措置を講じて行うもの）であること。

三　申請人の在留に係る十分な管理体制を整備して行うものであること。

〈13〉ただし、現行の在留資格制度の下での原則的受入れ範囲に含まれない外国人の受入れと言えるかどうかは、特定調理活動が「技能」の在留資格に対応する活動に該当するかどうかによることとなり、「産業上の特殊な分野に属する熟練した技能を要する業務に従事する活動」の解釈の問題となる。

〈14〉国家戦略特別区域家事支援外国人受入事業に関する規定（現行国家戦略特別区域法第16条の4）は、平成27年法律第56号による国家戦略特別区域法の改正で16条の3として加えられた。また、国家戦略特別区域法16条の5の国家戦略特別区域農業支援外国人受入事業に関する規定は、平成29年法律第71号による国家戦略特別区域法の改正で加えられた。

〈15〉政令で定める要件は、国家戦略特別区域法施行令17条（平成26年政令第99号）上陸の申請を行う日における年齢が満18歳以上であること、家事を代行し、又は補助する業務に関し1年以上の実務経験を有し、かつ、家事支援活動を適切に行うために必要な知識及び技能を有する者であること、家事支援活動を行うために必要な日本語の能力を有していることのいずれにも該当するものであることとすると定められている。

〈16〉政令で定める業務としては、国家戦略特別区域法施行令16条により、炊事、洗濯、掃除、買物、児童の日常生活上の世話及び必要な保護（同条の定める他の業務と併せて実施されるものに限る。）、及び、これらのほか、家庭において日常生活を営むのに必要な行為が定められている。

〈17〉平成29年版入管白書75ページ。

〈18〉 政令で定める作業として、国家戦略特別区域法施行令19条により次のものが定められている。ア 農畜産物の生産に伴う副産物を原料又は材料として使用する製造又は加工の作業、イ 農畜産物又は農畜産物若しくは農畜産物の生産に伴う副産物を原料若しくは材料として製造され、若しくは加工された物の運搬、陳列又は販売の作業

〈19〉 政令で定める要件は、国家戦略区域法施行令20条により、ア 上陸の申請を行う日における年齢が満18歳以上であること、イ 農作業に関し1年以上の実務経験を有し、かつ、農業支援活動を適切に行うために必要な知識及び技能を有する者であること、ウ 農業支援活動を行うために必要な日本語の能力を有しているいることのいずれにも該当するものであることとすると定められている。

〈20〉 平成29年版入管白書75ページ。

〈21〉 平成29年版入管白書75-76ページ。

〈22〉 平成29年版入管白書75ページ。

〈23〉 国家戦略特別区域外国人創業活動促進事業について、平成29年版入管白書は、国家戦略特別区域に係る地方公共団体が、在留資格「経営・管理」で入国しようとする外国人について創業事業計画の実現可能性を審査し、事業の安定性・継続性に係る一定の要件を満たしていることを確認した場合には、通常は上陸時に求められる在留資格「経営・管理」に係る要件を上陸後6月が経過するまでの間に満たせばよいこととして入国を認め、国家戦略特別区域内での創業活動を特例的に認めるものである。」（75ページ）と記載している。

〈24〉 平成29年版入管白書76ページ。

〈25〉 平成29年版入管白書76ページ。

〈26〉 高度人材受入推進会議「外国高度人材受入政策の本格的展開を（報告書）」（出典：首相官邸ホームページ）１ページ。
〈27〉 前出「外国人高度人材受入政策の本格的展開を（報告書）」９ページ。
〈28〉 高度人材ポイント制の詳細については、髙宅　茂『高度人材ポイント制―高度専門職の資格と高度専門職外国人の生活』（日本加除加除、2016年）参照。
〈29〉 例外として上陸特別許可により高度専門職（２号）を取得することも可能である。なお、高度専門職（２号）の在留資格への変更については、入管法20条の２に特則が定められており、高度専門職（１号イ）、高度専門職（１号ロ）又は高度専門職（１号ハ）をもって在留していた外国人でなければ受けられない。また、在留資格の変更の申請を行った外国人が法務省令で定める基準に適合することが許可の要件となる。
〈30〉 平成29年版入管白書72-73ページ参照。
〈31〉 前出『入管法大全Ⅱ在留資格』39ページ以下参照。
〈32〉 平成26年版入管白書106ページ。
〈33〉 平成21年の改正で行われた「留学」と「就学」の一本化は、これら二つの在留資格の全くの統合ではなかった。対象となる外国人の範囲に若干の変更があり、平成21年の改正後の「留学」の在留資格に対応する活動には、高等専門学校、高等学校（中等教育学校の後期課程を含む。）、特別支援学校の高等部、専修学校に設備及び編制に関して準ずる機関において教育を受ける活動が加わった。
〈34〉 平成26年版入管白書106ページ。
〈35〉 学校教育法90条１項の規定により大学に入学することができる者のほか、文部科学大臣及び厚生労働大臣の指定した学校が大学である場合は、当該大学が同条２項の規定により当該大学に入学させた者を含むものとされている。

〈36〉 学校教育法90条1項の規定により大学に入学することができる者のほか、厚生労働省令で定める学校が大学である場合は、当該大学が同条2項の規定により当該大学に入学させた者を含むものとされている。

〈37〉 平成28年版入管白書68ページ。

〈38〉 平成28年版入管白書68ページ。

〈39〉 岩城法務大臣は、平成28年4月27日の衆議院法務委員会において、「我が国で介護福祉士資格を取得するには、現行制度上、三つのルートが、三通りございます。

一つは、介護福祉士養成施設に指定されている大学、専門学校等において必要な知識及び技能を修得して資格を取得する方法、これを養成施設ルートと申します。また二つ目には、一定以上の介護等の業務に関する実務経験を経た後に国家試験に合格して資格を取得する方法、いわゆる実務経験ルートです。三番目が、福祉系高校において必要な知識及び技能を修得した後に国家試験に合格して資格を取得する方法、これがいわゆる福祉系高校ルートに当たります。この三通りがございます。」と述べたうえで「在留資格「介護」につきましては、当面、養成施設ルートで介護福祉士資格を取得した者のみを対象とすることとし、その旨を上陸基準を定める法務省令の中で規定する予定であります。」（第190回国会衆議院法務委員会議録第14号6ページ）と述べている。そして、「養成施設を経ないで介護福祉士資格を取得した技能実習生が一旦本国に戻ってから再度入国したといたしましても、現段階では在留資格「介護」を付与することは想定しておりません。」（第190回国会衆議院法務委員会議録第14号6ページ）と述べている。また、養成施設ルートに限定する理由については、「まず一つに、教育水準。すなわち、養成施設ルートの教育内容は、専門的、技術的分野の代表的な在留資格である技術・人文知識・国際業務等において求めております大学卒または専修学校の専門課程修了と同水準であると認められ、他の就労資格との整合性がとれるという点でも問題がまずないということが挙げられます。二つ目に、現在、介護で就労するための在留資格はＥＰＡ対象者に付与される特定活動のみでありまして、そのほかに、我が国の介護施設で、いわゆる実務経験ルートの国家試験受験資格を得るのに必要な三年以上の経験を積む機会がある人はいないということが挙げられます。三点目、「日本再興戦略」改訂二〇一四におきましても、「日本の高等教育機関を卒業し、」という形で、養成施設ルートの者のみを想定した記載がなされております。以上のことから、まずは養成施設ルートの者から受け入れを行うことが適当であると考えております。」（第190回国会衆議院法務委員会議録第14号６ページ）と述べている。ただし、「他のルートについては、介護福祉士資格取得方法の一元化の状況等も踏まえまして、また、我が国の産業及び国民生活に与える影響等も勘案しつつ、関係省庁と連携し検討を行ってまいりたいと考えております。」（第190回国会衆議院法務委員会議録第14号６ページ）と述べている。

〈40〉　外国人建設就労者受入事業に関する告示は、平成29年国土交通省告示947号により、また、外国人造船就労者受入事業に関する告示は、平成29年国土交通省告示946号により改正された。

〈41〉　定住者の告示で地位が定められたということは、本来的には、本邦において当該地位を有する者としての活動を行おうとする外国人が「定住者」の在留資格の決定を伴う上陸許可を受けることが可能となったことを意味するが、実際には、在留関係の許可に関しても、定住者の告示に定められた地位を有する者としての活動は、「定住者」の在留資格に該当するものとして扱われている。

〈42〉　平成30年３月法務省入国管理局「日系四世の更なる受入れについて」（出典：法務省ホームページ）

〈43〉　前出「日系四世の更なる受入れについて」

〈44〉法務省ホームページに掲載されている「日系四世の方への手引　第1版（平成30年4月27日策定）」1ページ。

〈45〉前出「日系四世の更なる受入れについて」

〈46〉前出「日系四世の更なる受入れについて」

〈47〉前出「日系四世の方への手引　第1版（平成30年4月27日策定）」3ページ。（出典：法務省ホームページ）

〈48〉平成20年版入管白書64ページ。

〈49〉平成15年版入管白書34-35ページ。

〈50〉平成21年版入管白書19ページ。

〈51〉法務省ホームページに掲載されている平成30年3月27日付法務省入国管理局報道発表資料「平成29年現在における在留外国人数について（確定値）」。なお、在留外国人数は中長期在留者数と特別永住者数の合計である。

〈52〉第五次出入国管理政策懇談会の平成20年3月の「報告書「新たな在留管理制度に関する提言」」（出典：法務省ホームページ）1ページ。

〈53〉平成20年12月「外国人基本台帳制度に関する懇談会報告書」（出典：総務省ホームページ）の「はじめに」

〈54〉平成20年版入管白書65ページ。

〈55〉平成20年版入管白書64ページ。

〈56〉前出「外国人基本台帳制度に関する懇談会報告書」5ページ。

〈57〉前出「外国人基本台帳制度に関する懇談会報告書」５ページ。

〈58〉昭和56年３月13日の閣議了解「難民の地位に関する条約及び難民の地位に関する議定書の締結及びその実施について」において「社会保障関係法律のうち、現在日本国民のみを適用の対象としている国民年金法等の関係法律については、現行の体系を堅持しつつ、社会保障に関し内国民待遇を定める条約及び議定書の締結に必要な限度で措置をとるものとする。このために必要となる国籍要件の撤廃を内容とする関係法律の改正を行うこととし、それ以外の措置はとらない。」とされ、この閣議了解を受けて、厚生省が社会保障の面で内国民待遇を図るための国民年金法等四法の改正案を作成したとされている（昭和61年度版入管白書16-17ページ）。なお、難民条約23条の「締約国は、合法的にその領域内に滞在する難民に対し、公的扶助及び公的援助に関し、自国民に与える待遇と同一の待遇を与える。」との規定に関しては、次のように説明されている「『公的扶助及び援助』について条文上明確な定義はありませんが、わが国の場合、生活保護をはじめ、その他公の負担による各種行政上のサービスがこれに当たると考えられます。生活保護については、外国人一般に既に日本人と同様の待遇が与えられており、本条の想定する他の制度についても外国人一般に対し内国民待遇が与えられているといえます。」（外務省「難民条約」15ページ（出典：外務省ホームページ））

〈59〉昭和56年６月４日の参議院法務委員会において長尾厚生省年金局企画課長は、次のように述べている。「難民条約におきましては社会保障の分野におきまして内国民待遇、内外人平等ということを即時に実現するということが義務付けられておるわけでございますが、この規定を実現いたしますために、社会保障の関連分野をどのように対処するかということを検討いたしたわけでございますが、ご審議いただいております国民年金法等の一般法におきまして、難民の方と外国人の方と法律上の処遇につきまして差をつけるということはできないという判断をいたしたわけでございまして、すべて外国人の方につきまして同様な処遇を即時に実現するという形で法律改正をお願いいたしておるわけでございます。」（第94回国会参議院法務委員会会議録第11号8ページ）。

〈60〉 昭和56年5月27日の法務委員会外務委員会社会労働委員会連合審査会において村山厚生大臣は、「現在、厚生省の所管のうちで、健康保険法等の被用者保険につきましては、国籍要件はもうないわけでございます。国民年金あるいは児童扶養手当、特別児童扶養手当、それから児童手当法、これについては国籍要件があるわけでございまして、これについて撤廃していくということでございまして、この難民条約の加入に伴いまして、国民健康保険につきましても省令で決めるものもございます。また、地方自治との関係で、一部のものにつきましては法律あるいは省令で強制できない、そういうものにつきましては、今後行政指導でやっていきたい、かように考えておるわけでございまして、難民条約の加入に伴いまして、事実上国籍要件はほとんど撤廃されている、かように考えている」（第94回国会法務委員会外務委員会社会労働委員会連合審査会議録第1号3ページ）と述べている。

なお、生活保護については、昭和56年6月4日の参議院法務委員会において金田厚生省児童家庭局長が、「昭和25年以来、外国人につきましても行政措置によりまして日本人と全く同様の取り扱いをいたしております」（第94回国会参議院法務委員会会議録第11号8ページ）と述べている。

〈61〉 平成18年12月25日外国人労働者問題関係省庁連絡会議「「生活者としての外国人」に関する総合的対応策」（出典：内閣官房ホームページ）1ページ。なお、外国人労働者問題関係省庁連絡会議は、「我が国の国際化の進展等の観点から外国人労働者の受入れ範囲拡大や円滑化が要請される一方、外国人の不法就労等が社会問題化している現状に鑑み、外国人労働者の受入れ範囲拡大の是非、拡大する場合その範囲及び受入れ体制の整備等外国人労働者を中心とする外国人受入れに関する諸問題を検討するため」（「外国人労働者問題関係省庁連絡会議の設置について（昭和63年5月13日関係省庁申合せ）」設置された会議であり、内閣官房副長官補（内政）が議長となっている。

〈62〉前出「「生活者としての外国人」に関する総合的対応策」10ページ。

〈63〉規制改革・民間開放推進会議「規制改革・民間開放の推進に関する第一次答申（追加答申）」（出典：内閣府ホームページ）９ページ。

〈64〉前出「規制改革・民間開放の推進に関する第一次答申（追加答申）」12-13ページ。

〈65〉「規制改革・民間開放推進三カ年計画（再改定）」（出典：内閣府ホームページ）68ページ。

〈66〉前出「規制改革・民間開放推進三カ年計画（再改定）」67-68ページ。

〈67〉「外国人の在留管理に関するワーキングチームの検討結果について（平成19年7月3日）」（出典：首相官邸ホームページ）

〈68〉在留資格の決定を伴う一般上陸の許可を受けて上陸した外国人は、上陸の日から九〇日以内に外国人登録の申請を行わなければならないとされていたことから、実際には短期滞在者の多くは外国人登録の申請をしないで出国していたが、登録義務の対象にはなっていた。なお、旧外国人登録法が、在留資格の種類や有無、在留期間の長短に関わりなく登録義務を課していたのは、身分関係、居住関係の把握ということの性格上、原則として、わが国に在留するすべての外国人について行われるべきであると考えられたこと、また、密航者対策としては、不法滞在者も含めて原則として本邦内にいるすべての外国人に登録義務を課す必要があったことによると考えられる。なお、平成21年の改正で外国人登録法は廃止された。

〈69〉平成19年法律第79号による雇用対策法の改正で、雇用対策法29条として、厚生労働大臣は、法務大臣から、出入国管理及び難民認定法又は外国人登録法（昭和二十七年法律第百二十五号）に定める事務の処理に関し、外国人の在留に関する事項の確認のための求めがあったときは、同法28条1項の規定による届出及び同条3項の規定による通知に係る情報を提供するものとする旨の規定が置かれた。雇用対策法28条3項は、国又は地方公共団体に係る外国人の雇入れ又は離職に関する規定で、この場合については同条1項の規定は適用せず、国又は地方公共団体の任命権者が、新たに外国人を雇い入れた場合又はその雇用する外国人が離職した場合には、厚生労働大臣に通知するものとする旨定めている。なお、雇用対策法29条の規定中、外国人登録法に関する部分（「又は外国人登録法（昭和二十七年法律第百二十五号）」）は、平成27年の改正に係る改正法（平成21年法律第79号）により削られた。

第4章 今後の展望

第1節　外国人の受入れ範囲の拡大

本書では、まず第1章において、外国人の受入れとは、また、受入れに関する政策とはどのようなものであるのか、そしてその政策はどのように実施されるのかについて考察した。次に、第2章において、第二次世界大戦後におけるわが国の外国人受入れに関する政策の変遷について、それを実現する法制度としての入国管理法制の変遷に着目して考察した。

そして、第3章においては、わが国の外国人受入れに関する政策とその実現に係る入国管理法制の現状について、主として受入れの拡大とそれに伴う受入れ基盤の整備の問題を中心に考察した。

外国人の受入れに関する政策を要約的にいうと、国内の安全と安心そして社会の安定を確保しつつ、わが国の経済・社会の発展に資する外国人の受入れを行うということに尽きると思われるが、このうち前者の国内の安全と安心の確保に関しては、平成９年の改正以降様々な法整備が行われ、同時に関係機関間の連携の強化が行われている。

一方、わが国の経済社会の発展に資する外国人の受入れついても、近年、様々な新しい施策が実施されており、外国人の受入れの拡大が進んでいる。そして、現状で大きく動きつつあるのは、受入れの拡大とそれに伴う外国人の在留管理の問題である。

1　従来の基本的な方針とその変化

既に述べたように、多数の外国人がわが国に来るということが想定されにくかった時代に制定された入管法を中心とする入国管理法制は、その後のわが国の急速な復興、経済的発展、国際間の輸送手段の急速な発達等に伴うわが国と諸外国との間の人的交流の拡大などに対応する必要から、大きな変化が求められることとなった。そして、入管法について、昭和56年の改正を経て平成元年の改正が行われ、在留資格制度などが抜本的に変更された。

平成元年の改正では、外国人の受入れに関する入国管理法制の全般的な整備が行われ、入国・在留する外国人の人数の増加と在留目的の多様化という状況に対応することが可能な体制の整備が図られるとともに、外国人の受入れ範囲、特にわが国において就労することを目的とする外国人の受入れ範囲についての基本方針が明確に示された。

平成元年の改正における外国人就労者の受入れ範囲に関する方針については、その後の平成4年に策定された第1次出入国管理基本計画において示されているが、その内容を要約すると、概ね次のようになる。〈1〉

(1)　専門的な技術、技能又は知識を必要とする業務に従事しようとする外国人及び一般の日本人では代替することのできない外国の文化に基盤を有する思考又は感受性を必要とする業務に従事しようとする外国人の受入れは、その者が一定の水準以上の技術、技能、知識、経験等を有し、かつ適切な在留管理が行われれば、雇用面への悪影響その他の社会問題が生じるおそれは少なく、経済及び社会の活性化や発展に資すると考えられることから、受入れ範囲や基準を明確化しつつ、可能な限り受け入れる。

(2)　いわゆる単純労働に従事することを目的としてわが国に入国し在留しようとする外国人労働者（同計画では、このような労働者を「いわゆる単純労働者」というとしている。）の受入れはわが国の経済や社会に大きな影響を及ぼすことが予想されるので、諸外国の経験にもかんがみ、引き続き慎重に検討する。

同計画は、このような方針に基づいて専門的技術、技能、知識等をもってわが国で就労しようとする外国人について、平成元年の改正で、幅広く受け入れることができるよう在留資格の整備・拡充を図ったとしている。〈2〉

そのうえで、第1次出入国管理基本計画は、いわゆる単純労働に従事することを目的としてわが国に入国し在留しようとする外国人労働者の受入れについて、そのⅡの3の「⑵いわゆる単純労働者の受け入れ問題」の「イ　今後の対応方針」において、「我が国社会全体の問題として、しかも我が国社会の将来の在り方いかんにも係る問題として、どのように対処するかについての国民的合意を確保することが必要であり、今後とも多様な角度から慎重に検討を行う。」と結論づけている。

要するに、専門的な技術、技能、知識等を必要とする業務に従事する外国人については、可能な限り幅広く受け入れるが、受入れの可否について慎重な検討を要する単純労働者については、その可否の決定を先送りし、当面は受け入れないということが基本方針として示されたのである。

ただ、ここで注意しておかなければならないことがある。第一に、この方針は、原則であり、例外が全くないということではない。〈3〉

第二に、この方針は「外国人労働者」に関するものとして示されているということである。「労働者」については、「この法律で「労働者」とは、職業の種類を問わず、賃金、給料その他これに準ずる収入によって生活する者をいう。」（労働組合法３条）、「この法律で「労働者」とは、職業の種類を問わず、事業又は事務所…に使用される者で、賃金を支払われる者をいう。」（労働基準法９条）とされている。このような意味での「労働者」以外の外国人は、厳密に言えば、この方針の対象ではない。〈4〉

第三に、「単純労働者」は「いわゆる単純労働に従事することを目的として我が国に入国し在留しようとする外国人労働者」であるとされている〈5〉ので、入国目的が単純労働に従事することでなければ、結果的に単純労働に従事することとなっても、この方針の適用の対象ではない。

それゆえ、別表第二の在留資格で入国・在留する外国人は、それぞれの在留資格に対応する別表第二の下欄に規定されている身分又は地位を有する者としての活動を行うことを目的として入国・在留する者であることから、単純労働に従事することを目的として入国し在留しようとする者という意味での単純労働者とはならない。しかし、入管法19条１項において行ってはならない活動が定められていないことから、単純労働に従事することも可能である。

また、研修生は、実務研修として業務に従事する場合であっても、賃金等の報酬を受けないことから、就労活動に従事するものではなく、技能実習生は、雇用契約に基づいて業務に従事し報酬を受けるので就労活動に従事するが、入国・在留の目的は、あくまで、技術、技能又は知識を修得等するためである。留学生も、資格外活動の許可を受けて専門的な技術、技能、知識等を要するものではない就労活動を行うことができるが、入国・在留の目的は教育を受けることである。

外国人の受入れに関する政策の決定、そしてそれを実現するための法制度の整備は、その時点におけるわが国の国内外の状況と今後の見通しに基づき、最善の政策決定、制度整備が行われるのであるが、国内外の情勢は不断に変化する。平成元年の改正が行われた当時においても、専門的・技術的分野以外で就労することを希望する外国人が多く存在し、その雇用を希望する企業等も国内に多く存在していたが、その後の国内外の状況の変化を背景に、一方では、不法就労、不法滞在の問題が深刻化し、他方では、本来は外国人労働者の受入れを目的とするものではない在留資格を使って入国・在留し、専門的技術、技能又は知識等を必要としない業務に従事して就労する外国人が増加したのである。

これに対して、政府は、不法就労・不法滞在の防止と不法就労者・不法滞在者の積極的摘発により不法滞在者の半減を実現し、偽装滞在対策を強化する一方で、経済界などからの要請に応える形で、受入れ要件の緩和や様々な新しい施策を実施してきたのである。

しかし、専門的技術、技能又は知識等を必要とする業務に従事する者は広く受け入れるが単純労働者の受入れは慎重な検討が必要であり、現段階では受け入れないとの基本方針は、その後も維持され、単純労働者の受入れに関する多様な角度からの慎重な検討が終了することなく時間が経過し現在に至っているのである。

しかしながら、実は、専門的技術、技能、知識等を必要とする業務に従事する者と単純労働者の区分は必ずしも明確ではない。

このような中で、受入れの範囲外とされている外国人労働者を一括して単純労働者としてその受入れの可否を考えるのではなく、個々の分野について個別的に考察し、その分野での受入れについて考えていくべきであるとの議論も行われるようになった。

2　経済財政運営と改革の基本方針2018

既に述べたように、少子高齢化とそれによる労働力不足ということもあり、外国人の受入れ範囲の拡大の要望が強くなり、実際にも受入れの拡大が進んできているのが現状であるが、さらに、平成30年6月15日に閣議決定された「経済財政運営と改革の基本方針2018」は、第2章の4を「新たな外国人材の受入れ」として次のような方針を示した。〈6〉

すなわち、「中小・小規模事業者をはじめとした人手不足は深刻化しており、我が国の経済・社会基盤の持続可能性を阻害する可能性が出てきている。」としたうえで、「従来の専門的・技術的分野における外国人材に限定せず、一定の専門性・技能を有し即戦力となる外国人材を幅広く受け入れていく仕組みを構築する必要がある」とした。そして、「真に必要な分野に着目し、移民政策とは異なるものとして、外国人材の受入れを拡大するため、新たな在留資格を創設する。」としたのである。

そして、具体的には、「以下の方向で、一定の専門性・技能を有し、即戦力となる外国人材に関し、就労を目的とした新たな在留資格を創設する。」とし、次の①から⑥までの事項が示された。〈7〉やや長文となるが、重要な内容を有するものであるので、あえて原文のまま引用することとする。

① 受け入れ業種の考え方

新たな在留資格による外国人材の受入れは、生産性向上や国内人材確保のための取組（女性・高齢者の就業促進、人手不足を踏まえた処遇の改善等）を行ってもなお、当該業種の存続・発展のために外国人材の受入れが必要と認められる業種において行う。

② 政府基本方針及び業種別受入れ方針

受入れに関する業種横断的な方針をあらかじめ政府基本方針として閣議決定するとともに、当該方針を踏まえ、法務省等制度所管省庁と業所管省庁において業種の特性を考慮した業種別の受入れ方針（業種別受入れ方針）を決定し、これに基づき外国人材を受け入れる。

③ 外国人材に求める技能水準及び日本語能力水準

在留資格の取得に当たり、外国人材に求める技能水準は、受入れ業種で適切に働くために必要な知識及び技能とし、業所管省庁が定める試験等によって確認する。また、日本語能力水準は、日本語能力試験等により、ある程度日常会話ができ、生活に支障がない程度の能力を有することが確認されることを基本としつつ、受入れ業種ごとに業務上必要な日本語能力水準を考慮して定める。ただし、技能実習（３年）を修了した者については、上記試験等を免除し、必要な技能水準及び日本語能力水準を満たしているものとする。

④　有為な外国人材の確保のための方策

有為な外国人材にわが国で活動してもらうため、今後、外国人材から保証金を徴収するなどの悪質な紹介業者等の介在を防止するための方策を講じるとともに、国外において有為な外国人材の送り出しを確保するため、受入れ制度の周知や広報、外国における日本語教育の充実、必要に応じ政府レベルでの申入れ等を実施するものとする。

⑤　外国人材への支援と在留管理等

新たに受け入れる外国人材の保護や円滑な受入れを可能とするため、的確な在留管理・雇用管理を実施する。受入れ企業、又は法務大臣が認めた登録支援機関が支援の実施主体となり、外国人材に対して、生活ガイダンスの実施、住宅の確保、生活のための日本語習得、相談・苦情対応、各種行政手続に関する情報提供などの支援を行う仕組みを設ける。また、入国・在留審査に当たり、他の就労目的の在留資格と同様、日本人との同等以上の報酬の確保等を確認する。加えて、労働行政における取組として、労働法令に基づき適正な雇用管理のための相談、指導等を行う。これらに対応するため、きめ細かく、かつ、機能的な在留管理、雇用管理を実施する入国管理局等の体制を充実・強化する。

⑥　家族の帯同及び在留期間の上限

以上の政策方針は移民政策とは異なるものであり、外国人材の在留期間の上限を通算で５年とし、家族の帯同は基本的に認めない。ただし、新たな在留資格による滞在中に一定の試験に合格するなどより高い専門性を有すると認められた者については、現行の専門的・技術的分野における在留資格への移行を認め、在留期間の上限を付さず、家族帯同を認めるなどの取扱いを可能とするための在留資格上の措置を検討する。

第2節　今後の受入れ範囲に関する考え方の整理

1　2018年の新方針の考え方

経済財政運営と改革の基本方針2018で示された新しい方針（以下、「2018年の新方針」という。）に基づく外国人の受入れの方針を、要約すると次のようになると思われる。

ア　新しい在留資格（就労資格）を創設して外国人の受入れ範囲を拡大する。

イ　この在留資格による実際の受入れは、業種を特定して行う。

ウ　受入れに関する業種横断的な方針を政府基本方針として閣議決定するとともに、これを踏まえ、制度所管省庁と業所管省庁において業種別受入れ方針を決定し、これに基づき受入れを行う。

エ　受入れの対象となるのは、一定の専門性・技能を有し、即戦力となる外国人とし、次のいずれかに該当する者が、日本人が従事する場合に受ける報酬と同等以上の報酬を受けて就労することが必要である。

①受入れ業種で適切に働くために必要な知識・技能を業所管省庁が定める試験等によって確認され、かつ、一定の日本語能力（ある程度日常会話ができ、生活に支障がない程度の能力を有することが日本語能力試験等によって確認されることを基本としつつ、受入れ業種ごとに業務上必要な日本語能力を考慮して定める。）を有する者

②3年間の技能実習を修了した者

オ　有為な外国人材の確保のため、悪質な紹介業者等の介在を防止するための方策を講じるとともに、国外において有為な外国人材の送り出しを確保するため、受入れ制度の周知や外国における日本語教育の充実等を図る。

カ　受け入れる外国人の保護や円滑な受入れを可能とするため、的確な在留管理・雇用管理を行う。

キ　通算で5年以上の在留は認めない。

ク　家族の帯同は基本的に認めない。

ところで、2018年の新方針においては、前述したように「移民政策とは異なるものとして、外国人材の受入れを拡大する」とされており、特に上記のキ及びクに関しては、「移民政策とは異なる」ものであるということで記載されている。また、「一定の専門性・技能を有」する外国人を受け入れるとされ、単純労働者を受け入れるとはされていない。

このうち、まず「単純労働者」の受入れではないという点についてであるが、もともと「単純労働」あるいは「単純労働者」は法律上の概念ではなく、その正確な定義もなされていない。ただ、従来は、「単純労働者」とは、外国人労働者のうち、その受入れについては慎重な検討を要し、現時点では受け入れていない外国人労働者を意味する語として使われてきた。この場合は、「単純労働者」とは、現在の在留資格制度の下で受入れを行っていない外国人労働者、すなわち専門的技術、技能又は知識を必要とする業務に従事する者及び一般の日本人では代替することのできない外国の文化に基盤を有する思考又は感受性を必要とする業務に従事する者以外の外国人労働者を意味することとなる。〈8〉

しかしながら、専門的な技術、技能又は知識を必要とする業務に従事する者及び一般の日本人では代替することのできない外国の文化に基盤を有する思考又は感受性を必要とする業務に従事する者の範囲自体も変化しうるということに注意する必要がある。

平成12年法務省告示119号により公表された「出入国管理基本計画」（以下、「第2次出入国管理基本計画」という。）においては、「技術者や技能者の一層積極的な受入れを図っていくために、必要経験年数や受入れ職種等、要請される在留資格に係る基準の見直しを図っていく。また、現行の在留資格に当てはまらない形態での就労に関して一定のニーズが認められ、その受入れを認めることが適当であると判断される場合には、外国人の技術者や技能者が日本人の労働市場や社会生活に悪影響を与えることなく、かつ、それらの外国人がより機動的な活躍をなし得るよう在留資格などの整備を検討していく。…これらに関しては、専門的、技術的分野と評価し得る人材については、これまでどおり積極的にその受入れを図っていくこととし、社会のニーズを見極めた上、労働力を提供する外国人の入国・在留が我が国社会に問題を生じさせないよう、また適切な技術や技能が確保された上でこれらの労働が適正な対価で提供されるよう…その受入れの是非を検討していく。そして、現行の在留資格に該当する職種等を見直したり、場合によっては、我が国の産業および国民生活に与える影響その他の事情を勘案しつつ、的確かつ機動的に外国人の入国者数を調節できるような受入れの在り方について検討していくことになる。」〈9〉とされた。

ここでは、技術者や技能者の受入れについて、一層積極的な受入れを図っていくために、上陸許可基準や在留資格の整備を行うことを検討するとされ、さらに、引用した最後の部分では、明確ではないが、現行の在留資格の弾力的な運用を行うことをも示唆しているように思われる。

また、第５次出入国管理基本計画には次のように記載されている。「我が国の経済社会の変化に伴い、専門的・技術的分野の人材が新たに必要とされた際には、そのニーズを的確に把握し、適切かつ迅速に対応する必要がある。現行の在留資格や上陸許可基準に該当しないものでも、専門的・技術的分野と評価できるものについては、わが国の労働市場や産業、国民生活に与える影響等を勘案しつつ、幅広い視点で検討し、在留資格や上陸許可基準の見直し等を行うことによって、経済成長に寄与する人材の受入れを進めていくよう出入国管理行政を柔軟に展開していく。」〈10〉

したがって、原則的な外国人の受入れ範囲自体も、経済社会の状況の変化に対応して、随時見直しが行われるのであり、実際にも、前述したように、「介護」の在留資格の新設などの在留資格の整備が行われているのである。

このように原則的な外国人の受入れ範囲、外国人就労者について言えば、就労資格による受入れ範囲が変化している以上、受入れの対象とされていない外国人の範囲も変化しているのであり、「単純労働者」を受入れの対象とされていない外国人労働者としてとらえた場合、平成元年の改正が行われた当時の「単純労働者」と現在の「単純労働者」とは異なることとなる。

もっとも、もともと、受入れの対象となっていない外国人労働者を一括して「単純労働者」と表現することに無理があるのであり、個々の分野、職種等に着目して、受入れの可否等を検討すべきであり、2018年の新方針もそのような立場に立つものとして理解することができる。

次に、2018年の新方針における、「移民政策とは異なるもの」という点であるが、実は「移民」も法律上の概念ではない。単に、母国から移住する人というような意味でとらえることもできるが、入国管理関係では、その国に永住する人を意味する語として使われるのが通常である。2018年の新方針においても、「移民政策とは異なるもの」として、在留期間の上限を通算で５年とするとしているので、この意味と理解することが可能である。

この意味での移民については、もともとの入管法は上陸の申請に関して、あらかじめ永住許可を申請して永住許可を受ける制度を定めていた。しかし、わが国は移民の受入れを行わないことを明確にするということから平成元年の改正でこの規定は削除された。しかし、平成元年の改正においても、既に在留している外国人が永住許可を受けて永住者になるための規定は維持され、平成28年には三万五五九五件の永住許可が行われている。〈11〉そして、平成29年末現在で七四万九一九一人の永住者がわが国に在留しており、特別永住者を含めた在留外国人数の29・2％を占める。〈12〉

永住許可制度の運用方針は2018年の新方針が実施された後も、基本的に変更はされないものと思われるし、前述したように、2018年の新方針においては、「新たな在留資格による滞在中に一定の試験に合格するなどより高い専門性を有すると認められた者については、現行の専門的・技術的分野における在留資格への移行を認め、在留期間の上限を付さず、家族帯同を認めるなどの取扱いを可能とするための在留資格上の措置を検討する。」〈13〉ともされているので、2018年の新方針における移民政策とは異なるということは、厳密に言えば、2018年の新方針に基づく受入れは、永住する目的での又は永住することを前提とした受入れではないということを意味するものと考えるべきであろう。

2　今後の外国人就労者の受入れの基本的方向

この2018年の新方針の実施を前提に今後のわが国の外国人就労者の受入れの方向を整理すると次のように言うことができる。

(1)　専門的技術、技能、知識等を必要とする業務に従事する外国人就労者の受入れは、従来どおり行うが、その具体的な受入れ範囲は経済社会の状況の変化に応じて適宜見直す。永住についても、従来どおりの要件の下に認める。

(2)　専門的技術、技能、知識等を必要とする業務に従事する外国人就労者のうち特に高度な専門的能力を有する高度人材については、優遇措置を伴う高度人材ポイント制により積極的に受入れの拡大を図る。永住も、従来よりも緩和された条件の下に認める。

(3)　専門的技術、技能、知識等を必要としない業務に従事する外国人就労者のうち、一定の専門性、技能を有する外国人については、2018年の新方針に基づき新設される在留資格により在留することができる期間の上限を通算で5年に限定して受け入れる。

そして、さらに言えば、実際の受入れの方法としては、

ア　専門的技術、技能、知識等を必要とする業務に従事する外国人就労者については、「留学」の在留資格をもって在留した外国人が、その受入れの窓口的役割を果たす。

イ　専門的技術、技能、知識等を必要としない業務に従事する外国人については、「技能実習」の在留資格をもって在留した外国人が、その受入れの窓口的役割を果たす。

ウ　高度人材については、積極的に人材の確保を図るとともに受け入れた者のわが国への定着化を図る。

ということになるのではないだろうか。

従来から維持されている外国人就労者の受入れ方針、高度専門職の在留資格の新設を踏まえた高度人材ポイント制の創設の趣旨、2018年の新方針などを総合すると以上のようにまとめることが可能であると思われる。

そこで、留学生の就職、高度人材の受入れと永住及び技能実習終了後の就労について少し詳しく検討しておきたい。

３　外国人就労者の受入れの方法

（留学生の就職）

留学生の就職に関しては、教育機関卒業後は帰国して母国の発展に資するのが原則であり、わが国での就職は例外的に認められると考えられた時期もあったが、すでに、平成10年版入管白書では、「日本で学ぶ留学生や就学生の中には、我が国や本国等での学歴を基に、勉学終了後も実務を通じて更に研さんを積むことを希望する学生も少なくない。…出入国管理行政上、留学生等の日本企業への就職に関しては、受入れ範囲や審査基準を明確にする等入国・在留管理の適正化を図りながら、可能な限りこれを認めることとして」〈14〉いるとされている。

そして、平成27年９月の「第５次出入国管理基本計画」においては、「留学生が卒業後に我が国企業に就職することによって、いずれ我が国の経済発展を担う人材となる可能性があり、留学生の中には潜在的に高度な専門的能力を持つ人材が存在し得ることから、高度人材の卵を育てることにもつながると考えられる。…留学生は将来の高度人材になり得る人材でもあることから、留学生の我が国での就職がより一層円滑にできるよう、留学生の適正・円滑な受入れや就職支援のための取組を継続していく。」〈15〉とされている。

もっとも、留学生のわが国企業等への就職の推進は、入国管理行政における取組みだけで実現できるものではない。日本再興戦略や未来投資戦略は、次のような取組みを求めた。

まず、平成28年6月2日の「日本再興戦略2016―第4次産業革命に向けて―」において、「外国人留学生の日本国内での就職率を現状の3割から5割に向上させることを目指し、留学生に対する日本語教育、中長期インターンシップ、キャリア教育などを含めた特別プログラムを各大学が設置するための推進方策を速やかに策定し、また、企業との連携実績、インターンシップの実施計画等の観点に基づいた適切な認定等を受けた特別プログラムを修了した者については、プログラム所管省庁の適切な関与の下で、在留資格変更手続きの際に必要な提出書類の簡素化、申請に係る審査の迅速化等の優遇措置を講じた上、来年度より、各大学が同プログラムを策定することを支援する。加えて、留学生関係団体と連携した普及広報の強化や外国人雇用サービスセンターにおけるインターンシップや就職啓発セミナー等の充実を通じて、関係省庁が連携し外国人留学生の日本国内での就職を推進する。」〈16〉とされた。

そして、平成29年6月9日の「未来投資戦略2017—Society 5.0の実現に向けた改革―」においては、「外国人留学生の日本国内での就職率を向上させるため、本年度から、外国人留学生を対象に、日本語教育、キャリア教育、中長期インターンシップ等を含む「留学生就職促進プログラム」を国内の12大学において実施するとともに、専修学校においても専修学校グローバル化対応推進支援事業を通じ国内企業への就職支援を行う。あわせて、外国人留学生や海外学生の採用を検討している企業等に対しては、外国人雇用サービスセンター等において、雇用管理に関する相談支援やサマージョブ等に係る支援を実施し、外国人留学生等の就職を促進していく」[17]とされたのである。

このように、わが国は、近年、留学生の受入れとともに、留学終了後のわが国の企業等への就職を積極的に推進しており、留学を窓口として、高度な専門的能力を有する外国人を含む専門的・技術的分野で就労する外国人の受入れの促進を図るという方針であると言うことができる。なお、このような方針は、「経済財政運営と改革の基本方針2018」においても示されている。[18]

（技能実習終了後の就労）

技能実習制度自体は平成５年に創設されたが、在留資格としての「技能実習」は、平成21年の改正で新設された。「技能実習」の在留資格は、その後、技能実習法の制定に伴って大きく改正されたが、いずれにしても、平成元年の改正当時には存在しなかった在留資格である。

技能実習制度は、もともとは、研修制度について生じた問題の解決を図りつつ、研修制度の延長線上において研修制度を拡充する制度と考えられてきた。

それゆえ、技能実習生は、わが国において就労活動を行うが、それはあくまで、技能、技術又は知識を修得するという目的で行うものであって、通常の意味での就労活動ではないものとされ、しかも、その技能、技術又は知識を修得するという目的もわが国における就労のためではなく、母国に帰国してわが国で修得した技能、技術又は知識を要する業務に従事することにより母国の発展に寄与するためであるとされた。

しかし、技能、技術又は知識を修得するという目的で行うものであっても、実態としては、わが国において就労活動を行うのであり、この制度が、他の就労資格によって受け入れることができない外国人労働者の受入れ制度であることは事実である。そして、既に述べたように、最近では、技能実習を修了した外国人がわが国で就労することも認められるようになってきており、2018年の新方針はその延長線上にあるということができる。

ところで、技能実習を修了した者のほとんどは、一定水準以上の技能を有する者である。また、2018年の新方針に基づいて創設される在留資格は、一定の専門性・技能を有する外国人を受け入れるための在留資格であるとされている。そして、この在留資格を取得することができる外国人は、技能実習（３年）を修了した者か、受入れ業種で適切に働くために必要な知識及び技能を有することを業所管官省庁が定める試験等によって確認された者である。

それゆえ、2018年の新方針に基づいて創設される在留資格により受け入れられる外国人は、基本的に技能就労者であるということになると思われるが、一方で、入管法は、就労資格として「技能」の在留資格を定めている。

「技能」の在留資格は、平成元年の改正以前からあった「本邦で専ら熟練労働に従事しようとする者」に該当する者としての在留資格を整備して平成元年の改正で創設された在留資格であり、したがって、この「技能」の在留資格を取得して入国・在留することができる外国人は、原則的な外国人の受入れ範囲に含まれる専門的な技術、技能、知識等を必要とする業務に従事する者である。

「技能」の在留資格に対応する活動は、「本邦の公私の機関との契約に基づいて行う産業上の特殊な分野に属する熟練した技能を要する業務に従事する活動」であるが、そもそもこれと技能実習を修了した者が有する技能を必要とする業務に従事する活動とは、どのように異なるのであろうか。法文上は、「技能」の在留資格に対応する活動における技能は、「産業上の特殊な分野に属する」ことと、「熟練した」ものであることが必要とされているという点が異なる。

このうち、「産業上の特殊な分野」に関しては、「外国に特有の産業分野のほか、我が国の水準よりも外国の技能レベルが高い産業分野、我が国において従事する技能者が少数しか存在しない産業分野等が該当する。」〈19〉とされている。また、「熟練した技能」については、「個人が自己の経験の集積によって具有することとなった技能が熟達の域にある能力をいう。」〈20〉とされている。〈21〉

一方、前述したように、技能実習には六種類のものがあり、そのうち三種類が企業単独型であり、残りの三種類は団体監理型であるが、三種類の企業単独型技能実習と三種類の団体監理型技能実習はいずれも段階的に構成されている。そして、企業単独型の三段階目の第三号企業単独型技能実習及び団体監理型の三段階目の第三号団体監理型技能実習は、いずれも、技能、技術又は知識に熟達するために当該技能、技術又は知識に係る業務に従事する技能実習である（技能実習法２条２項、４項）。ただ、技能実習で修得する技能は、技能実習生の本国において修得等が困難なものであることが必要であるとされ（技能実習法9条1号）、技能実習生は、その技能等の本国への移転に努めなければならないとされている（同法6条）。

それゆえ、現行の受入れ範囲に入っている「技能」の在留資格に該当する活動を行う外国人と技能実習を修了した外国人とでは、その有する技能が、前者の場合にはわが国で特殊なものであるのに対し、後者の場合には、当該外国人の母国で特殊なものであるという点が異なるということができるように思われる。

2018年の新方針に基づき創設される新しい在留資格に対応する活動はまだ明らかにされていないが、少なくともこの新たに創設される在留資格の取得に当たって、技能実習（3年）を修了した者については、必要な技能水準を満たしているものとするとされている。また、この新たな在留資格による滞在中に一定の試験に合格するなどより高い専門性を有すると認められた者については、現行の専門的・技術的分野における在留資格への移行を認め、在留期間の上限を付さず、家族帯同を認めるなどの取扱いを可能とするための在留資格上の措置を検討するとされている。そこで、仮に、技能実習修了者の「技能」の在留資格への移行を可能とする場合、前記の点を考慮することが必要となると思われるが、その場合、「技能」の在留資格に係る「産業上の特殊な分野に属する」との要件を維持するか否かを含めて検討することが必要となるのではないだろうか。

（高度人材の受入れと永住）

高度人材の受入れに関しては、規制緩和を越えて、一定の優遇措置を実施することによりその受入れを促進する政策がとられており、先ほどの「日本再興戦略2016―第４次産業革命に向けて―」においても、「高度ＩＴ人材など、日本経済の成長への貢献が期待される高度な技術、知識を持った外国人材を我が国に惹きつけ、長期にわたり活躍してもらうためには、諸外国以上に魅力的な入国・在留管理制度を整備することが必要である。」〈22〉とされている。

このように、わが国は、高度の専門的な能力を有する外国人材の受入れを積極的に推進する立場をとっており、そのための制度として平成24年に高度人材ポイント制が創設され、さらに、平成26年の改正で「高度専門職」の在留資格が新設された。

「経済財政運営と改革の基本方針2018」においても「「高度人材ポイント制」について、特別加算の対象大学の拡大等の見直しを行う」〈23〉とされている等、今後も高度の専門的な能力を有する者の確保という観点から、高度人材ポイント制は、拡充されていくことが予想される。

ところで、前述したように、この高度人材ポイント制は、高度の専門的な能力を有する者の受入れを推進するため、単なる規制の緩和を越えて一定の優遇措置を実施するというものであり、優遇措置のなかには、永住許可要件の緩和も含まれている。また、永住許可を受けて「永住者」の在留資格を取得しなくても、「高度専門職（２号）」を取得すれば、在留期間が「永住者」の在留資格の場合と同様に「無期限」となる。しかも、「永住者」の在留資格で在留する場合と異なり、「高度専門職（2号）」で在留する場合は、優遇措置も維持される。

しかし、それでは、なぜ、永住許可の緩和という優遇措置が必要なのであろうか。この点は、「永住者」がもっとも日本国民に近い立場となる在留資格であるということもあるが、それ以外に、次のような事情があるものと思われる。

すなわち、現在わが国が採用しているポイント制は、対象となる外国人が高度の専門的な能力を有することを理由としてその入国・在留を認める制度ではなく、高度の専門的な能力を有し、かつそれを必要とする就労活動に従事する場合にその入国・在留を認める制度である。それゆえ、高度の専門的な能力等を必要とする就労活動に従事し続けていることが、「高度専門職」の在留資格を維持するために必要となる。この点で、わが国の高度人材ポイント制は、移民受入れ国などにおいてよくみられるポイント制とは異なるのである。

もともと、わが国の在留資格制度は、外国人が在留の目的として行う在留活動に着目して、その在留を認める制度であり、「高度専門職」の在留資格の場合も、この考え方が維持されているのである。このため、「高度専門職（2号）」を取得して、在留期間が「無期限」となった外国人の場合も、引退、転職などによって高度の専門的な能力等を必要とする就労活動に従事することをやめてしまった場合には、そのまま「高度専門職」の在留資格で在留を継続することができないのが基本であり、入管法

22条の4第1項6号には、「高度専門職（2号）」の在留資格をもって在留する者が当該在留資格に対応する活動を、正当な理由がなく六月以上行わないで在留していることを在留資格の取消し事由として定められている。〈24〉

このため、「高度専門職」の在留資格で入国・在留する外国人は、高度な専門的能力等を必要とする就労活動に従事し続けることにより「高度専門職」の在留資格で在留し続ける（この場合は優遇措置の対象となる。）か、それとも、「永住者」の在留資格を取得して、優遇措置を受けることなく在留するかという選択を迫られることになる。〈25〉

そもそも、「無期限」の在留期間が定められている「永住者」と「高度専門職（2号）」は、特定の活動が1対1で対応する通常の在留資格と異なる在留資格であり、この二つの在留資格は、当該在留資格をもって在留する外国人の在留活動にではなく、その能力や地位等に着目した在留資格としても良いのではないかとも考えられる。

第3節　中長期在留者の在留の現状

外国人の受入れに関する政策を変更し実際に外国人の受入れの拡大が行われた場合に、わが国の安全・安定を守りつつ、経済、社会の発展に資するという最終的目標を達成するためには、今後、どのような事をしなければならないのか、これが本書の最終章のテーマである。しかし、その前に、わが国における外国人の在留の現状、特に中長期在留者の在留の現状について見ていくこととしたい。

というのは、我々が展望した外国人の受入れに関する政策は、既に行われている変化の延長線上にあるのであり、そうであるとすれば、それに伴う外国人の在留状況の変化・現状を考察することは、今後を展望するうえで重要な意味を有すると考えられるからである。

わが国に在留する外国人には、在留資格をもって在留する者とそれ以外の在留の根拠となる資格に基づいて在留する者とがいる。また、事実としては、このほかに、在留の根拠を有しない不法滞在者がいる。

そして、在留資格もって在留する外国人には、中長期在留者とそれ以外の者とがいる。また、在留資格以外の在留の根拠を有して在留する外国人には、特別永住者、特例上陸許可者などがいる。不法滞在者を別とすると、このうち、わが国に中長期的に在留する外国人は、中長期在留者と特別永住者である。法務省は、中長期在留者と特別永住者の合計を「在留外国人数」として公表している。それによると、昨年（平成29年）末現在における中長期在留者数は二二三万二〇二六人であり、特別永住者数は三二万九八二二人である。〈26〉

中長期在留者について、これを在留資格別に見ると、「永住者」が、七四万九一九一人、「留学」が三一万一五〇五人、「技能実習」が二七万四二三三人であり、「技能実習」以外の就労資格では、「技術・人文知識・国際業務」が一八万九二七三人、「技能」が三万九一七七人、「経営・管理」が二万四〇三三人、「企業内転勤」が一万六四八六人、「教育」が一万一五二四人で他の就労資格は、いずれも一万人以下であった。なお、「高度専門職」は、七六六八人であった。これに対して、日系人なども含まれる「日本人の配偶者等」は一四万八三九人、「定住者」は一七万九八三四人であった。このほか、「家族滞在」が一六万六五六一人、「特定活動」が六万四七七六人となっている。〈27〉

次に、その推移を見ていきたいが、実は、これが容易ではない。

前述したように、現在の統計では、在留外国人数を中長期在留者と特別永住者の人数の合計としているが、このうち、「中長期在留者」は、平成21年の改正で新設された入管法19条の３に基づくものである。また、特別永住者は、平成３年の入管特例法に基づくものである。

平成21年の改正前は、在留外国人数としては、この改正を行った平成21年法律第79号により廃止された外国人登録法に基づく外国人登録者数とされていた。しかし、外国人登録法は廃止され、しかも、外国人登録法に基づき登録を受けていた外国人と中長期在留者とは一致しない。ただ、中長期在留者となる在留資格を有する外国人と現行法の下では中長期在留者となる在留資格を有する外国人で外国人登録を受けていた者の人数とは、それほど大きな差はないと思われる。中長期在留者数と外国人登録者のうち中長期在留者に相当する者の人数を比較することは、ある程度の誤差を覚悟しなければならないものの、可能である。

ただ、平成3年の入管特例法（平成3年11月1日施行）の制定前には、平和条約国籍離脱者及び平和条約国籍離脱者の子孫全体について、その法的地位について定める法律がなかったことから、「永住者」などの別表第二の在留資格等をもって在留していた。また、前述したように、在留資格は、平成元年の改正（平成2年6月1日施行）で大きく改められている。

本書が考察の対象としている外国人の受入れに関する政策との関係において重要なのは、主として中長期在留者の在留状況、特にその在留の目的別の在留状況であるが、以上のような事情を考えると、在留目的を見るうえで最も重要なものである在留資格別の在留外国人数を入管特例法の施行前と入管特例法の施行後とで比較しても、正確な比較はできないといわざるを得ない。また、一方で、今後の変化を展望するためには、近年の状況とその変化を見れば、相当程度十分であるともいえる。

そこで、以下においては、入管特例法の施行後の外国人の在留の状況の変化について見ることを基本とするが、ただ、総数については、法務省入国管理局が、「昭和60年末までは、外国人登録者数、平成２年末から23年末までは、外国人登録者数のうち中長期在留者に該当し得る在留資格をもって在留する者及び特別永住者の数、24年末以降は、中長期在留者に特別永住者を加えた在留外国人の数」〈28〉をもって「在留外国人数の推移とわが国の総人口に占める割合の推移」を公表しているので、最初に、それを見ることとする。

1　在留外国人総数

平成29年版入管白書によると、昭和30年末現在における在留外国人数は六四万一四八二人であり、わが国の総人口に占める割合は〇・七一％であり、平成元年の改正の直前の昭和60年末現在においても、在留外国人数は八五万六一二人、わが国の総人口に占める割合は〇・七〇％である。しかし、その後、在留外国人は、人数的に増加するとともにわが国の総人口に占める割合も上昇し、平成20年末現在では、人数が二一四万四六八二人、わが国の総人口に占める割合が一・六七％に達した。その後は、横ばいないし若干の減少となったが、再び回復し、平成26年末現在では、総数は二一二万一八三一人、わが国の総人口に占める割合は一・六七％、そして、平成27年末現在における在留外国人総数は二二三万二一八九人、わが国の総人口に占める割合が一・七六％、平成28年末現在では、総数が二三八万二八二二人、わが国の総人口に占める割合が一・八八％となった。〈29〉そして、平成29年末現在の外国人在留者数は、二五六万一八四八人と過去最高に達したのである。〈30〉

2　在留資格別在留外国人数の推移

次に、主な在留資格について、平成5年、平成10年、平成15年、平成20年、平成25年及び平成26年から平成29年までの各年末現在における在留者数を表にすると、次頁の表のようになる。〈31〉

この表から明らかなように、平成5年から平成29年までの間に、在留外国人の総数が約一・九四倍に増加しているが、そのなかで、「技術・人文知識・国際業務」（平成26年の改正の施行前の「技術」及び「人文知識・国際業務」を含む。）の在留資格による在留者が約五・六七倍に、「経営・管理」（平成26年の改正の施行前の「投資・経営」を含む。）の在留資格による在留者が約五・四三倍に増加している。また「技能」の在留資格による在留者も約六・六三倍に増加している。このことは、従来の受入れ政策において原則的な外国人の受入れ範囲内の就労者とされた外国人の受入れが相当程度進められたことを意味するものと考えられる。

しかし、これとは別に、これらの在留資格による在留者の増加を遥かに超えて増加している在留資格がある。「永住者」は約一五・六倍に、「特定活動」は約一二・八倍に、「研修」と「技能実習」の合

	平成５年	平成10年	平成15年	平成20年	平成25年	平成26年	平成27年	平成28年	平成29年
永住者	48,019	93,364	267,011	492,056	655,315	677,019	700,500	727,111	749,191
技術・人文知識・国際業務	33,377	46,527	65,750	119,564	115,357	122,794	137,706	161,124	189,273
経営・管理	4,429	5,112	6,135	8,895	13,439	15,184	18,109	21,877	24,033
技能	5,913	10,048	12,583	25,863	33,425	33,374	37,202	39,756	39,177
高度専門職							1,508	3,739	7,668
技能実習					155,206	167,626	192,655	228,588	274,233
研修	17,431	27,108	44,464	86,826	1,501	1,427	1,521	1,379	1,460
「研修」「技能実習」合計					156,707	169,053	194,176	229,967	275,693
留学	104,528	90,339	176,070	179,827	193,073	214,525	246,679	277,331	311,505
特定活動	5,054	19,634	55,048	121,863	22,673	28,001	37,175	47,039	64,776
日本人の配偶者等	222,353	264,844	262,778	245,497	151,156	145,312	140,349	139,327	140,839
定住者	129,506	211,275	245,147	258,498	160,391	159,596	161,532	168,830	179,834
在留外国人総数	1,320,748	1,512,116	1,915,030	2,217,426	2,066,445	2,121,831	2,232,189	2,382,822	2,561,848

計は約一五・八倍に増加しているのである。〈32〉

このうち、「特定活動」の在留資格をもって在留する外国人は様々であり、かつ、時期によって大きく変化している。「特定活動」の在留資格は、もともと、補充的、例外的性格を有する在留資格であり、この在留資格による受入れは、政府が、その時々の状況の変化に対応してきた結果という面を有するからである。ただ、このような「特定活動」の在留資格をもって在留する外国人の急増は、時代の変化、時代の要請の変化がいかに大きいかを示すものであるとも考えられる。

3　永住者の増加

ところで、前頁の表で最も注目されるのは、永住者の増加である。

永住者として在留する外国人は、平成29年末には、平成5年末の約一五・六倍の七四万九一九一人に達している。

わが国は、今後、政策的にも、実際的にも、外国人の受入れの拡大の方向に進むと予想される。その結果、わが国において就労活動を行い、それにより生計を立てて生活する外国人が、一層増加していくと予想されるが、外国人の受入れの拡大にあたって、外国人を移民として受け入れることとするのか、それとも、移民としての受入れは行わないのかが、一つの大きな論点となっている。

この点について、2018年の新方針は、移民政策とは異なるものとして、外国人材の受入れを拡大するため、新たな在留資格を創設するとし、受け入れられた外国人の在留期間の上限を通算で５年とするとした。

しかし、前述したように、平成元年の改正前には入管法に上陸に際して永住許可を受けるという制度が存在したが、実際にこの制度が適用されたことはなく、対外的にわが国が移民を受け入れる国であるというような誤った印象を与えてしまうことのないようにするとのことから、その規定自体も平成元年の改正で削られたという経緯がある。〈33〉それゆえ、入管法制定以後、過去においても、現在においても、わが国は移民の受入れを行っていないということになる。

もっとも、ここに言うわが国が移民の受入れを行っていないということは、移民としてわが国に新規入国することは認めていないということを意味し、既にわが国に在留する外国人が永住者となることは含まれていない。

「移民」という言葉は、確かにある国から他の国に永住目的で入国する者という意味で使われる場合が多い。この場合、既にわが国に在留している外国人が在留目的を変更して永住者になっても、「移民」ではないということになる。しかし、本書では、既に在留中の外国人が在留目的を変更して在留を継続することを認めることも「受入れ」に含まれるとしたことから、在留中の外国人が永住許可を受けて永住者となることも移民の受入れに含まれると考えることになる。

もっとも、これは、言葉の問題であり、仮にわが国が永住目的で入国する者という意味での移民の受入れを行うために平成元年の改正で廃止された制度を復活させたとしても、その者に決定される在留資格は永住者であり、既にわが国に在留していた外国人が永住許可を受けた場合も、その外国人の在留資格は「永住者」となる。

したがって、現行の入国管理制度の下においては、「移民」の受入れの可否ということよりも、「永住者」の在留資格を取得して永住者となることを認めるか否かが実際的意味を有するのである。

そして、在留中の外国人が永住許可を受けて「永住者」の在留資格をもって在留するという制度は、平成元年の改正においても維持されたし、今後も、継続していくと考えられる。

ここで、永住許可件数の推移を見ていくと、平成元年における永住許可件数は特例永住許可〈34〉を除くと六一七〇件、〈35〉平成5年には三八四八件であったが、平成9年には一万一五八三件に達した。〈36〉そして、平成10年には一万二九三四人、平成11年には一万九七三一人、平成12年には三万四七五人、平成13年には四万一八八九人、平成14年には四万二〇八五人が永住許可を受け、〈37〉平成15年には四万六一七一人、〈38〉平成17年には一時減少したが、平成19年には六万五〇九人が永住許可を受けた。〈39〉

その後は、減少傾向になったが、再び増加に転じ、平成24年には四万二〇二九人が永住許可を受けた。〈40〉そして、平成25年以降の永住許可件数は、次のとおりである。〈41〉

平成25年：四万五〇六六

平成26年：三万五六九七
平成27年：三万九七二六
平成28年：三万五五九五
平成29年：二万八八六九

このように、増減はあるが、永住許可を受けて永住者となる外国人は、最近では、毎年約三万人から四万人あるいはそれ以上に達しており、その結果、前述したように「永住者」の在留資格をもって在留する外国人は平成29年末には七四万九一九一人に達し、在留外国人全体の約二九・二％、中長期在留者のうち約三三・六％を占めるに至っているのである。

〈1〉　第１次出入国管理基本計画のⅡの３
〈2〉　第１次出入国管理基本計画のⅡの３
〈3〉　例えば、特定活動の告示は、制定当初から個人的使用人として雇用されて家事に従事する活動が定められていたし、また、「平成二年に開催される国際花と緑の博覧会に参加する外国、外国の地方公共団体、国際機関又は国際園芸家協会の当該博覧会に係る事業に従事する活動」が定められていたが、この活動については、専門的な技術、技能、知識等を必要とするものであることが要件として定められていなかった。後者の国際花と緑の博覧会に係る活動に関して、第１次出入国管理基本計画は、「このような事業等に係る外国人については、その公共的性格や時限的性格から、我が国の産業及び国民生活その他我が国社会の各般に重大な影響を及ぼすことなく入国、在留及び出国の管理の下に適正な受入れを図り得ると考えられるので、今後とも受け入れる方向で対処する。」（Ⅱの３の⑴）としている。

〈4〉就労資格でも例えば、平成元年の改正で新設された「投資・経営」の在留資格に対応する活動においては、特に専門的な技術、技能、知識等を要する業務に従事することが要件として規定されていない（ただし、事業の管理に従事する場合については、一定の経験を有すること等が上陸許可基準として求められていた）が、これはこのような考え方に基づくものと思われる。なお、この点は、現行の「経営・管理」の在留資格についても同様である。

〈5〉第１次出入国管理基本計画Ⅱの３

〈6〉「経済財政運営と改革の基本方針2018」（出典：首相官邸ホームページ）第２章の４

〈7〉前出「経済財政運営と改革の基本方針2018」第２章の４の１

〈8〉受け入れる外国人の範囲については、第５次出入国管理基本計画には、「「専門的・技術的分野の外国人については、我が国の経済社会の活性化に資することから積極的に受け入れる。」これが、外国人受入れに関する政府の現在の基本方針である。」（第５次出入国管理基本計画Ⅲの１の⑴）と記載されている。一方、前述したように第１次出入国管理基本計画においては、「専門的技術等を必要とする業務に従事する労働者については可能な限り受け入れる方向で対処する」（第１次出入国管理基本計画Ⅱの３）あるいは「専門的、技能、知識等をもって我が国で就労しようとする外国人については幅広く受け入れることができるよう在留資格の整備・拡充を図った」（第１次出入国管理基本計画Ⅱの３）のように記載されており、若干表現が異なる。この点は、外国人の受入れ範囲については、現行の在留資格に対応する活動と照らし合わせても、専門的な技術、技能又は知識を必要とする業務に従事しようとする者及び一般の日本人では代替することのできない外国の文化に基盤を有する思考又は感受性を必要とする業務に従事しようとする者は受け入れるという記載がより正確と思われる。

〈9〉第２次出入国管理基本計画Ⅲの１の⑴の②

〈10〉第５次出入国管理基本計画Ⅲの１の⑵のアの①

〈11〉平成29年版入管白書30ページ。

〈12〉平成30年３月27日付法務省入国管理局報道発表資料「平成29年末現在における在留外国人数について（確定値）」（出典：法務省ホームページ）

〈13〉「経済財政運営と改革の基本方針2018」の第２章の４の⑴の⑥

〈14〉平成10年版入管白書101ページ。

〈15〉第５次出入国管理基本計画Ⅲの１の⑵のイ

〈16〉「日本再興戦略2016―第４次産業革命に向けて―」（出典：首相官邸ホームページ）207ページ。

〈17〉「未来投資戦略―Society 5.0の実現に向けた改革―」（出典：首相官邸ホームページ）100ページ。

〈18〉留学生の就職に関して、「経済財政運営と改革の基本方針2018」には「留学生の国内での就職を促進するため、在留資格に定める活動内容の明確化や、手続負担の軽減などにより在留資格変更の円滑化を行い、留学生の卒業後の活躍の場を広げる。…さらに、留学生と企業とのマッチングの機会を設けるため、ハローワークの外国人雇用サービスセンター等を増設する」（第２章の４の⑵）と記載されている。

〈19〉出入国管理法令研究会編『注解・判例　出入国管理実務六法　平成30年版』（日本加除出版、2017年）208ページ。

〈20〉　前出『注解・判例出入国管理実務六法　平成30年版』208ページ。

〈21〉　ただ、現行の「技能」の在留資格に係る上陸許可基準では、10年以上の実務経験を有することが求められている場合が多い。

〈22〉　「日本再興戦略2016―第４次産業革命に向けて―」206ページ。

〈23〉　「経済財政運営と改革の基本方針2018」の第２章の４の⑵

〈24〉　もっとも、入管法は、「永住者」の在留資格を含む別表第二の在留資格についても一定の身分又は地位を有することではなく、そのような身分又は地位を有する者としての活動を行っていることを当該身分又は地位に係る在留資格をもって在留することとの前提としている。ただ、「永住者」の在留資格をもって在留する外国人は在留期間が「無期限」であるため在留期間の更新を受ける必要がないことと「永住者」の在留資格に対応する活動が「法務大臣が永住を認める者」としての活動という具体的に特定されたものでなく、対応する活動を正当な理由なく一定期間以上継続して行わないで在留していることが在留資格の取消事由とされていない。これに対して、「高度専門職（２号）」の場合も在留期間は「無期限」であるので、在留期間の更新を受ける必要がないという点では「永住者」と同じであるが、「高度専門職（２号）」に対応する活動については詳細かつ具体的要件が定められていることと正当な理由なく六月以上対応する活動を行わないで在留していることが在留資格の取消事由とされているという点で異なる。

〈25〉　「高度専門職（２号）」で在留していた外国人が「永住者」の在留資格を取得しても、優遇措置を従前通り適用するということも考えられるが、もともと「永住者」は、最も日本人に近い法的地位を与える在留資格であり、仮に永住者となっても優遇措置の適用を継続するとした場合、「高度専門職」の在留資格で在留していた外国人が帰化をした場合も含めて日本人との均衡が問題となってくる。

〈26〉前出「平成29年末現在における在留外国人数について（確定値）」
〈27〉前記「平成29年末現在における在留外国人数について（確定値）」の第2表
〈28〉平成29年版入管白書20ページの図表18の注2
〈29〉平成29年版入管白書20ページの図表18
〈30〉前出「平成29年末現在における在留外国人数について（確定値）」
〈31〉平成5年から平成20年までの人数は外国人登録者数であり、平成5年の人数は平成10年版入管白書42ページの図16、97ページの表27及び261-277ページに、平成10年の人数は平成15年版入管白書35ページの表14に、平成15年の人数は平成20年版入管白書20ページの表9に、平成20年の人数は平成25年版入管白書48ページの表9による。また、平成25年から平成29年までの人数は中長期在留者の人数であり、前出「平成29年末現在における在留外国人数について（確定値）」の第2表による。なお、平成21年の改正で「就学」と「留学」の二つの在留資格が統合されて「留学」の在留資格となり（平成22年7月1日施行）、また、平成26年の改正で「技術」と「人文知識・国際業務」の在留資格が統合されて「技術・人文知識・国際業務」の在留資格となり、「投資・経営」の在留資格が「経営・管理」の在留資格に改められた（平成27年4月1日施行）。この関係で、表の「留学」は「就学」を含むものとして、「技術・人文知識・国際業務」は「技術」及び「人文知識・国際業務」の在留資格を含むものとして、「経営・管理」は「投資・経営」を含むものとして記載した。
〈32〉「技能実習」の在留資格は平成21年の改正で新設されたものであり、平成5年当時は、技能実習生は「特定活動」の在留資格をもって在留することとされていた。それゆえ、その間は、技能実習生は、「特定活動」の在留資格による在留者に含まれている（ただし、平成5年末現在の「特定活動」の在留資格による在留者は、技能実習生を含めて五〇五四人である）。また、平成５年に創設された技能実習制度は、研修生として技能等を修得した者が対象とされ、単独の制度というよりは、研修・技能実習制度として運用されていた。

〈33〉平成元年11月30日の参議院法務委員会における股野景親法務省入国管理局長の答弁（第116回国会参議院法務委員会会議録１号３ページ）参照。

〈34〉特例永住許可制度は、昭和56年の改正により「ポツダム宣言の受諾に伴い発する命令に関する件に基く外務省関係諸命令の措置に関する法律（昭和27年法律第126号）２条６項の規定（日本国との平和條約の規定に基き同條約の最初の効力発生の日において日本の国籍を離脱する者で、昭和二十年九月二日以前からこの法律施行の日まで引き続き本邦に在留するもの（昭和二十年九月三日からこの法律施行の日までに本邦で出生したその子を含む。）は、出入国管理令第二十二條の二第一項の規定にかかわらず、別に法律で定めるところによりその者の在留資格及び在留期間が決定されるまでの間、引き続き在留資格を有することなく本邦に在留することができる。）に該当する者及びその子孫について入管法の附則の７項から10項までにより定められた制度で、入管法４条１項14号に該当する者としての在留資格（現行入管法における「永住者」の在留資格に当たる）の取得を、一定期間内に申請すれば羈束的に許可する制度である。なお、この附則７項から10項までの規定は、入管特例法により削られた。」この制度について、平成４年版入管白書72ページ参照。

〈35〉平成４年版入管白書73ページの表20

〈36〉平成10年版入管白書67ページの表20

〈37〉平成15年版入管白書43ページ。

〈38〉平成18年版入管白書42ページ。

〈39〉平成21年版入管白書26ページ。

〈40〉平成25年版入管白書59ページ。

〈41〉平成25年から平成28年までは平成29年版入管白書30ページの図表27による。また、平成29年については、法務省ホームページに掲載されている出入国管理統計統計表の入国審査・在留資格審査・退去強制手続等の2017年の年報の地方入国管理局管内別永住許可人員による。

第5章 未来へ向けたグランドデザイン

第1節　中長期在留者の適正な在留と安定した生活

1　予想される在留状況の変化と適正な在留の確保

（今後予想される外国人の在留状況）

現時点における、外国人の受入れに関する政策を永住との関係において整理すると次のようになると思われる。

ア　2018年の新方針に基づいて創設される在留資格により受け入れられる外国人就労者については、永住は認めない。

イ　高度の専門的な能力を有する「高度専門職」の在留資格により受け入れられる外国人就労者については、優遇措置として在留歴に係る永住許可要件を緩和し、積極的に永住を促進する。

次に、それ以外の外国人については、従前どおりということになるが、

ウ　就労資格を又は別表第二の在留資格をもって引き続き5年以上在留し、かつ、引き続き10年以上在留している外国人については一定の要件の下に永住を認める。ただし、この10年の在留に関しては、特例が認められる場合がある（第１章第２節の３の(5)を参照。）。

このように見てくると、2018年の新方針に基づいて創設される在留資格により受け入れられる外国人就労者以外は、基本的に一定期間経過後は永住許可を受けることが可能であり（特に、受入れの積極的な推進を図っている「高度専門職」の在留資格により受け入れられる外国人就労者については、永住許可要件の緩和も行われている。）、前章第３節において示した永住者の増加という傾向は、今後も続くと予想される。

また、2018年の新方針に基づいて創設される在留資格により期間を限って受け入れられる外国人についても、永住する者が全く生じないということは、過去の経験―日本におけるものに限られない―に鑑みても、困難であると思われ、しかも、わが国の少子・高齢化という現状等をも考えなければな

らない。

「経済財政運営と改革の基本方針2018」においても、前述したように、新設する新たな在留資格に基づく受入れについて、「移民政策とは異なるものであり、外国人材の在留期間の上限を通算で5年とし、家族の帯同を基本的に認めない」としつつも、「新たな在留資格による滞在中に一定の試験に合格するなどより高い専門性を有すると認められた者については、現行の専門的・技術的分野における在留資格への移行を認め、在留期間の上限を付さず、家族帯同を認めるなどの取扱いを可能とするための在留資格上の措置を検討する。」としている。〈1〉

それゆえ、将来的には、期間を限って受け入れられた外国人についてもその一部は、期間経過後の在留の継続が認められることとなると思われる。

そして、以上のような外国人の受入れに関する政策を前提とした場合、今後の展望としては、わが国に中長期に在留する外国人の一層の増大が予想されるだけではなく、永住者のさらなる増加が予想される。

わが国が移民としての新規入国を認めないという政策をとっているにも関わらず、前章第3節において述べたように、わが国に在留する中長期在留者の約三分の一が永住者なのである。

（適正な在留の確保の必要性）

現状においても中長期在留者の約三分の一を占める永住者やこれから永住者になる外国人は、生涯にわたってわが国において生活を営むこととなる。もちろん、中長期在留者のなかには（永住者の一部にも）、一定期間経過後は帰国することを予定している者もいると思われるが、それでも、わが国において生活を営む期間は相当長期に及ぶものとなる可能性が高い。

このような中長期在留者、特に永住者の在留を考えた場合、これらの者が、わが国において適正に在留することが、わが国の安全・安定の確保と経済、社会の発展のために重要であり、不可欠であるとさえ言うことができる。

そして、「適正な在留」であるためには、積極面では、中長期在留者が受入れの趣旨ないし期待に添って活躍しわが国の経済、社会の発展に資することが求められ、消極面では、法令を遵守し社会的に非難をされることのない生活を営み、わが国の治安や安全を脅かすようなことがないことが求められる。

そして、そのためには、わが国に在留する外国人がわが国において安定した生活を営むことが必要である。

2　広義の在留管理

（外国人が安定した生活を営むことの重要性）

外国人の受入れが、わが国の安全・安心と社会の安定を妨げることなく経済、社会の発展に資するためには、外国人の適正な在留を確保することが必要であるが、それだけで、外国人の受入れがわが国の安全・安心と社会の安定を守りつつ、経済、社会の発展に資するという目的を達成するためには十分ではない。長期的視点から見た場合、外国人の増加によるわが国の社会の分断やそれにより生じる軋轢、治安の悪化などを防止し、わが国社会の安全・安定を守るという観点も必要である。

そして、この観点からは、個々の外国人が適正に在留することを確保することが不可欠であるとともに、受け入れられた外国人（そしてその子孫）が、わが国社会において孤立することなく安定した生活を営むことが必要である。

それゆえ、個々の外国人の適正な在留を確保するためにも、そして、わが国社会の分断やそれによる軋轢の発生、治安の悪化などを防ぐためにも、受け入れた外国人がわが国において安定した生活を営むことが必要なのである。

ところで、このうち、適正な在留の確保は、主として入管法に基づく在留管理の役割であるが、同時に、退去強制手続や各種の取締り等が適正・適切に行われることも必要である。

一方、受け入れた外国人が、わが国において安定した生活を営むためには、まず、各種の行政サービスが適正・適切に提供されなければならない。また、義務の履行も確実に行わなければならない。外国人が履行すべき義務を履行しない状態が生じれば、国民感情を害し、わが国の社会に分断と軋轢を生じさせる原因となるのである。次に、外国人が日本語の能力や生活習慣の違いなどにより、わが国の社会において孤立し、通常の生活を営めないという状態が生じないよう、必要な措置がとられなければならない。

これらのことについては、入管法に基づく在留管理が果たす役割はむしろ補助的であり、様々な国内行政が関わることとなる。

しかし、外国人の受入れが、わが国の安全・安心と社会の安定を妨げることなく経済、社会の発展に資するようにすることが在留管理の役割であるとすれば、外国人の適正な在留を確保するとともに、社会の分断やそれによる軋轢の発生、治安の悪化などを防ぐために受け入れた外国人が、わが国において安定した生活を営むサポートをすることも、在留管理に含めて考えるのが妥当である。

このような意味での在留管理を本書では「広義の在留管理」ということとし、入管法に基づく在留管理を「狭義の在留管理」ということとするが、この広義の在留管理を行う体制は、平成21年の改正と同年の住民基本台帳法の改正において、担当程度実現された。

（平成21年の改正と同年の住民基本台帳の改正による法務省と市区町村の連携）

そもそも、外国人の在留の態様は様々であり、在留管理は一律であるべきではなく、在留する期間の長短や在留する立場などによって異なる在留管理が行われる必要がある。

ところで、広義の在留管理が重要な意味を有するのは、主として中長期にわたってわが国に在留する外国人についてであるが、広義の在留管理により、外国人、とりわけわが国に一定期間以上在留し、生活を営む外国人の適正な在留を確保し、また、生活の安定を確保するためには、狭義の在留管理を担当する機関はもちろん、広義の在留管理を担当する機関もそのような外国人の在留状況を正確に把握することが必要である。

平成21年の改正では、わが国に在留する外国人を「外交」「公用」又は「短期滞在」の在留資格をもって在留する外国人及び三月以下の短期間の在留期間が決定された外国人等とそれ以外の外国人とに区分し、後者の外国人を中長期在留者として、その中長期在留者を対象とする新たな在留管理制度が構築された。一方、同年の住民基本台帳法の改正では、外国人住民を対象とする住民基本台帳制度が構築され、これらの改正で両者の連携も図られたのである。

すなわち、住民基本台帳法30条の50は、法務大臣は、入管法及び入管特例法に定める事務を管理し、又は執行するにあたって、外国人住民についての、

○住民基本台帳法７条１号から３号までに掲げる事項（氏名、出生の年月日、男女の別）

○国籍等（国籍の属する国若しくは入管法2条5号ロに規定する地域）
又は
○住民基本台帳法30条の45の表の下欄に掲げる事項（中長期在留者である旨、在留カード（総務省令で定める場合―住民基本台帳法施行規則（平成11年自治省令第35号）47条1項により、法務大臣が中長期在留者に対し、出入国港において在留カードを交付することができない場合―にあっては、総務省令で定める書類―同規則同条2項により、後日在留カードを交付する旨の記載がされた旅券）に記載されている在留資格、在留期間及び在留期間の満了の日並びに在留カードの番号、特別永住者である旨、特別永住者証明書に記載されている特別永住者証明書の番号、一時庇護許可者又は仮滞在許可者である旨、一時庇護のための上陸許可に係る上陸期間又は仮滞在許可書に記載されている仮滞在期間、出生による経過滞在者又は国籍喪失による経過滞在者である旨）

に変更があったこと又は誤りがあることを知ったときは、遅滞なく、その旨を当該外国人住民が記録されている住民基本台帳を備える市区町村（住民基本台帳法30条の50においては、「市町村」と規定されているが、同法1条により同法の規定中の「市町村」には特別区を含むものとされていることから、本書における住民基本台帳法に関する記述においては「市町村」を市区町村と記載することとする。）の市区町村の長に通知しなければならない旨定めている。

一方、市区町村の長は、外国人住民に係る住民票について、政令で定める事由により、その記載、消除又は記載の修正をしたときは、直ちに法務大臣に通知しなければならない（入管法61条の８の２）。

平成21年の改正と同年の住民基本台帳法の改正は、このような法務大臣と市区町村の長との間の情報連携等によって、様々な行政の基礎となる住民票の記載の正確性を確保し、住民基本台帳制度を利用して行われる行政の適正な実施を図ったのである。

この法務省と市区町村の間の連携について、第５次出入国管理基本計画は、次のように記載している。〈2〉

「平成24年7月9日から運用が開始された在留管理制度と住民基本台帳制度との情報連携により、中長期在留者等の在留資格の変更等の情報が、法務省から速やかに市区町村に提供され、住民票に反映されるようになった。そのため、市区町村は、外国人に対する行政サービスに必要な基本情報を住民基本台帳に基づいて把握できるようになった。その意味で、この在留管理制度は、外国人との共生社会の実現に貢献していると考えられる。法務省と市区町村との情報連携は、市区町村における住民行政の円滑な遂行のために不可欠である。これは、外国人との共生社会の実現という観点からも重要な意義を有する」

平成21年の改正で、入管法の第４章第１節の節名が「在留」に変更され、同節に第２款として「中長期の在留」を加えるなどの改正が行われて、中長期在留者を対象とする新たな在留管理制度が設けられた。この制度においては、「法務大臣は、中長期在留者の身分関係、居住関係及び活動状況を継続的に把握するため、出入国管理及び難民認定法その他の法令の定めるところにより取得した中長期在留者の氏名、生年月日、性別、国籍の属する国、住居地、所属機関その他在留管理に必要な情報を整理しなければならない」（入管法19条の18第1項）とされ、さらに、「法務大臣は、前項に規定する情報を正確かつ最新の内容に保つよう努めなければならない。」（同条2項）とされた（第3章第2節の2を参照）。

ただ、平成21年の改正により創設された中長期在留者に関する情報把握の制度は、あくまで入管法上の在留管理、すなわち狭義の在留管理の実施のために行われるものであり、この点について、入管法19条の18第3項は、「法務大臣は、在留管理の目的を達成するために必要な最小限度の範囲を超えて、第一項に規定する情報を取得し、又は保有してはなら」ない旨を定めている。

ただ、前述した法務省と市区町村との間の情報に関する連携により、この中長期在留者に関する情報の把握の制度が外国人住民基本台帳制度をバックアップすることにより、市区町村における住民行政をはじめとする他の行政分野においても、活用されることとなる。

この意味で、入管法上の中長期在留者に関する情報把握の制度は、共生社会の実現に貢献するものであり、広義の在留管理の実施のための基礎となるものである。

（ⅰ「生活者としての外国人」に関する総合的対応策」の見直し）

ところで、前述したように、平成21年の改正に先立って、平成18年に外国人労働者問題関係省庁連絡会議が「『生活者としての外国人』に関する総合的対応策」をとりまとめた（第３章第２節の１の⑷を参照。）。

この「『生活者としての外国人』に関する総合的対応策」について、2018年の新方針は、その第２章の４の⑶「外国人の受入れ環境の整備」において、2018年の新方針に基づく「外国人材の受入れの拡大を含め、今後も我が国に滞在する外国人が一層増加することが見込まれる中で、我が国で働き、生活する外国人について、多言語での生活相談の対応や日本語教育の充実をはじめとする生活環境の整備を行うことが重要である。」とし、このために抜本的に見直すとした。〈3〉

また、2018年の新方針は、「外国人の受入れ環境の整備は、法務省が総合調整機能を持って司令塔的役割を果たすこととし、関係省庁、地方自治体等との連携を強化する。このような外国人の受入れ環境の整備を通じ、外国人の人権が護られるとともに、外国人が円滑に共生できるような社会の実現に向けて取り組んでいく」〈4〉とし、平成30年７月24日には外国人の受入れ環境の整備に関する業務の基本方針が閣議決定されて、「出入国の管理、本邦における外国人の在留、人権の擁護等を所掌する法務省が、外国人の受入れ環境の整備に関する企画及び立案並びに総合調整を行うこととし、その司令塔的機能の下、関係府省が連携を強化し、地方公共団体とも協力しつつ、外国人の受入れ環境の整備を効果的・効率的に進めることとする。」と定められた。〈5〉

そして、同日、内閣官房長官及び法務大臣を議長として、「一定の専門性・技能を有する新たな外国人材の受入れ及び我が国で生活する外国人との共生社会の実現に向けた環境整備について、関係行政機関の緊密な連携の下、政府一体となって総合的な検討を行うため、外国人材の受入れ・共生に関する関係閣僚会議」を開催することとされ、〈6〉第一回の外国人材の受入れ・共生に関する関係閣僚会議において、「外国人材の受入れ・共生のための総合的対応策（検討の方向性）」（案）が了承された。〈7〉

この「外国人材の受入れ・共生のための総合的対応策（検討の方向性）」は、政府において、新たな外国人材の受入れ制度の創設に合わせて「「生活者としての外国人」に関する総合的対応策」の抜本的な見直しを行うこととし、その検討の方向性について中間的な整理を行ったものとされている。〈8〉

参考までに、第一回の外国人材の受入れ・共生に関する関係閣僚会議における配付資料のうち「資料3」中の「外国人材の受入れ・共生のための総合的対応策（検討の方向性）（案）概要」を、次に掲載しておくこととする。〈9〉

3　広義の在留管理に必要な情報とその管理

（在留外国人に関する情報把握の強化の必要性）

第一回の外国人材の受入れ・共生に関する関係閣僚会議において了承された「外国人の受入れ・共生のための総合的対応策（検討の方向性）」には、実に多くの事項が検討課題としてあげられている。

資料3

外国人材の受入れ・共生のための総合的対応策（検討の方向性）（案）　概要

平成30年7月24日 外国人材の受入れ・共生に関する関係閣僚会議

○ 我が国に在留する外国人は近年増加（約256万人）、国内で働く外国人も急増（約128万人）。
○ 中小企業等の人手不足の深刻化を踏まえ、一定の専門性・技能を有し即戦力となる外国人材に関し、就労を目的とする新たな在留資格を創設。
⇒ 外国人材の円滑な受入れの促進に向けた取組とともに、外国人との共生社会の実現に向けた環境整備が必要
検討の方向性について中間的に整理。今後、年内の取りまとめに向けて、関係者からの意見を聞きながら、取組の拡充・具体化を検討。

※「◎」は新規又は拡充を検討

多文化共生社会の実現に向けた意見聴取・啓発活動

(1) 国民及び外国人の声を聞く仕組みづくり
(2) 啓発活動等の実施

生活者としての外国人に対する支援

(1) 円滑なコミュニケーションの実現
① 日本語教育の充実等
◎ 外国人に学習機会が行き渡ることを目指した全国各地の取組の支援
◎ 日本語教室の空白地域の解消、ICT教材の開発・提供
◎ 日本語教師のスキルを証明する新たな資格の整備
◎ 日本語教育機関の教育の質に関する評価等の枠組みの検討
② 行政・生活情報の多言語化、相談体制の整備
◎ 生活・就労に関する情報提供・相談を行う一元的窓口の設置の検討
◎「生活・就労ガイドブック」を政府横断的に作成
◎ 民間事業者（医療・住宅・銀行等）が提供する商品・サービス等の多言語対応の支援、消費者トラブルの相談体制の充実

(2) 暮らしやすい地域社会づくり
① 地域における多文化共生の取組の促進・支援
◎ 多文化共生や教育・災害対応等の分野における外国人の活躍の促進
◎ 外国人の支援に携わる人材・団体の育成とネットワークの構築
② 医療・保健・福祉サービスの提供
○ 外国人を受入れ可能な基幹的医療機関の体制整備と地域における裾野拡大
③ 公営住宅・民間賃貸住宅等への入居支援
④ 防災対策等の充実
◎「災害時外国人支援情報コーディネーター」の養成
⑤ 防犯・交通安全対策の充実

(3) 子供の教育の充実
① 外国人児童生徒の教育の充実
○ 日本語指導に必要な教員定数の着実な改善、教員等の資質能力の向上
◎ 地方公共団体の体制整備支援（支援員やICT活用等）、高校生等のキャリア教育
② 就学の促進

(4) 労働環境の改善、社会保険の加入促進等
① 適正な労働条件と雇用管理の確保・労働安全衛生の確保
○ 労働基準監督署による労働関係法令遵守の周知、法令違反への厳正な対処
○ ハローワークによる適正な雇用管理のための事業主に対する相談・指導
② 雇用の安定
○ 多言語による相談体制の整備、日本語能力に配慮した職業訓練の実施
③ 社会保険の加入促進等
◎ 関係行政機関の連携等による加入促進、医療保険の不適切使用の防止

外国人材の円滑な受入れの促進に向けた取組

(1) 新たな外国人材の受入れ制度の実施に向けた取組
① 受入れ企業又は登録支援機関が行う支援の具体化
◎ 生活ガイダンス、住宅確保、日本語習得、相談・苦情対応等を行う仕組みの創設、業界の実態に応じた取組の実施（受入企業等に対する巡回指導等）
② 保証金・違約金を徴収するなど悪質な仲介事業者等の排除
③ 新たな外国人材の円滑な受入れの促進
◎ 技能水準を評価・確認する試験制度の整備、送出国における試験の適正実施
◎ 外国人材の学習支援と受験の促進（テキストの作成・翻訳、教育プログラム策定等）
④ 在外公館等を通じた新たな受入れ制度の周知・広報

(2) 海外における日本語教育の充実
◎ 生活・就労に必要な日本語能力を確認する能力判定テストの改訂
◎ 日本語教育を効果的に行えるカリキュラムと教材の開発
○ 日本語教育の専門家派遣の拡大等による現地教師の育成・拡大
○ 各国の教育機関の活動支援の拡充（日本語教師の給与助成など）

新たな在留管理体制の構築

◎ きめ細かく、機能的な在留管理等を実施するため、法務省の体制を充実・強化
(1) 在留資格手続の円滑化・迅速化
◎ 受入企業等が外国人を代行できる在留資格手続のオンライン申請の開始
◎ 申請手続の更なる負担軽減を図るための制度の在り方の検討
(2) 在留管理基盤の強化
◎ 法務省・厚労省の情報共有による外国人の在留状況・雇用状況の正確な把握
◎ 業種・職種・在留資格別等の就労状況を正確に把握する仕組みの構築
(3) 不法滞在者等への対策強化
○ 地方入国管理官署と警察等関係機関との協力関係の強化

しかも、それらの事項は、様々な行政分野に関わる。

それゆえ、「外国人材の受入れ・共生のための総合的対応策（検討の方向性）」に盛り込まれたことを実施するためには、それらのことに関係する多くの行政機関が、在留外国人に関する必要な情報を適時に得られなければならない。外国人の在留状況を正確に知ることなく、「外国人材の受入れ・共生のための総合的対応策（検討の方向性）」に盛り込まれたことを実現することはできないと考えられるからである。

この点、「外国人材の受入れ・共生のための総合的対応策（検討の方向性）」においても、「在留管理基盤の強化」として、「今後、外国人材の受入れはますます拡大していき、その活動も多岐にわたっていくものと考えられることから、在留外国人の在留状況を正確かつ確実に把握し、的確な在留管理を行うことがこれまで以上に重要になってきている。増加する在留外国人の在留管理に的確に対応するとともに、偽装滞在者等の悪質事案を発生させないようにするため、在留外国人に係る情報を一元的に管理して、より迅速かつ正確に就労状況等を把握できるよう、在留管理基盤の強化を図る。」〈10〉とされている。この部分の記載は、主として、狭義の在留管理を念頭に置いたものと思われるが、狭義の在留管理に関してはもちろんであるが、外国人の生活の安定を図るうえでも、外国人の在留状況の正確な把握は不可欠であり、そのための制度整備が必要であると考えられる。

（現行法制における外国人の在留状況の把握）

そこで次に、現行法制の下において、外国人の在留状況がどのように把握され、把握された情報はどのような機関が利用することができるのかについて、検討することとしたい。

現行法制の下において、在留外国人に関する情報をもっとも多く保有しているのは、入国管理行政を担当する法務省である。法務省は、中長期在留者に関する情報の継続的な把握制度により中長期在留者に関する情報を取得しているほか、上陸許可、在留関係の許可、在留資格の取消などの処分を行う場合に、また、退去強制手続においても、入管法の規定に基づいて、必要な調査を行って情報を取得することができる。

次に、在留外国人に関する情報を保有する機関は、おそらく厚生労働省である。厚生労働省は、雇用対策法に基づく外国人雇用状況の届出制度により、事業主に雇用される外国人等についての情報を取得している。

事業主は、新たに外国人を雇い入れた場合又はその雇用する外国人が離職した場合には、その者の氏名、在留資格、在留期間その他厚生労働省令で定める事項について確認し、当該事項を厚生労働大臣に届け出なければならないとされている（雇用対策法28条１項）。国又は地方公共団体に係る外国人の雇い入れ又は離職については、この規定は適用されないが、国又は地方公共団体の任命権者は、新たに外国人を雇い入れた場合又はその雇用する外国人が離職した場合には、政令で定めるところにより、厚生労働大臣に通知するものとされている（同法同条３項）。

そして、法務省と厚生労働省との間では、情報に関する連携も図られている。雇用対策法29条により、厚生労働大臣は、法務大臣から入管法に定める事務の処理に関し、外国人の在留に関する事項の確認のための求めがあったときは、雇用対策法28条１項の規定による届出（外国人雇用状況の届出）及び同条３項の規定による国又は地方公共団体の任命権者の通知に係る情報を提供するものとされている。

ただし、入管法や雇用対策法のこれらの規定に基づく情報の取得は、主として狭義の在留管理や雇用管理の目的のために行われる。

外国人の在留に関する情報の多くは、個人情報であると考えられるが、行政機関の保有する個人情報の保護に関する法律（平成15年法律第58号。以下、「行政機関個人情報保護法」という。）は、「行政機関は、個人情報を保有するに当たっては、法令の定める所掌事務を遂行するため必要な場合に限り、かつ、その利用の目的をできる限り特定しなければならない。」（同法３条１項）と定め、さらに、「行政機関の長は、法令に基づく場合を除き、利用目的以外の目的のために保有個人情報を自ら利用し、又は提供してはならない。」（同法８条１項）と定めている。

もっとも、この規定については、行政機関個人情報保護法８条２項に例外が定められている。同項は、「行政機関の長は、次の各号のいずれかに該当すると認めるときは、利用目的以外の目的のために保有個人情報を自ら利用し、又は提供することができる」としており、その第2号においては「行政機関が法令の定める所掌事務の遂行に必要な限度で保有個人情報を内部で利用する場合であって、当該保有個人情報を利用することについて相当な理由のあるとき」を、また、第3号においては「他の行政機関、独立行政法人等、地方公共団体又は地方独立行政法人に保有個人情報を提供する場合において、保有個人情報の提供を受ける者が、法令の定める事務又は業務の遂行に必要な限度で提供に係る個人情報を利用し、かつ、当該個人情報を利用することについて相当な理由のあるとき」を定めている。

このように、例外的な提供は可能とされてはいるが、少なくとも、中長期在留者に関する情報の継続的な把握制度などによって法務省が取得した情報を法務省以外の行政機関が一般的に利用することができないことは明らかであるし、外国人雇用状況の届出制度により厚生労働省が取得した情報についても、雇用対策法29条の規定により法務省が提供を受けて利用することとは別として、厚生労働省以外の行政機関が、一般的に利用することができないことは明らかである。

ただし、前述したように、中長期在留者に関する情報の継続的な把握制度により取得された情報については、法務省と市区町村との間の情報連携により、外国人住民基本台帳制度のバックアップとして使われている。

広義の在留管理を担当する行政機関の多くは、戸籍制度や住民基本台帳制度により得られる情報を基礎的資料として使っている。わが国においては、戸籍制度及び住民基本台帳制度が整備され、その上に立って、人々の民事上の生活が営まれるとともに、行政が運営されているのである。

（身分関係の把握に係る問題）

しかしながら、ここで一つ問題が生じる。外国人の場合、永住者も含めてわが国に戸籍がないのである。

わが国の戸籍法が外国人に対して、適用されないということではない。日本国内に在留する外国人に対しても戸籍法自体は適用され、日本国内での出生や死亡については、出生の届出や死亡の届出が必要である。また、婚姻、養子縁組などの届出をすることもできる。〈11〉しかし、外国人については、身分関係を記載し公示する公簿としての戸籍は編成されないので、外国人が戸籍法による届出を行っても届書が保存されるだけである。

戸籍は、様々な行政の基礎資料としての役割を有するので、このように、戸籍が編成されないことにより様々な権利の享有に支障が生じることとなり、〈12〉外国人が死亡した場合の相続に関しても、相続人の確定などに関して支障が生じることとなる。

また、戸籍が存在しないということは、親族の把握ができないということであり、このことを悪用すれば、親族が存在するにもかかわらず存在しないように装うことも、逆に存在しない親族を存在するように装うことも容易となる。

もちろん、外国人の身分事項や親族などについてはその外国人の国籍国が把握すべき問題である。そして、外国人自身に国籍国政府による証明文書を提出するよう求めることも可能である。しかしながら、国によって身分関係の登録やその証明制度が異なるなどの事情から、期待した内容の証明文書を入手することが容易でない場合もあり得る。また、偽造文書が提出された疑いがあるような場合もあり得る。このような場合に、当該外国人の国籍国に照会することも考えられるが、その回答を得るには、時間を要するだけではなく、国籍国における個人情報保護法制との関係などにより、回答を得られない場合もあり得る。

さらに、長期間国籍国外にいる外国人の場合、国籍国への届出等自体を行っていない場合も少なからずあり得るのである。

（継続的な把握に関する問題）

戸籍が編制されない外国人については、戸籍の附票も作成されない。市区町村長はその市区町村の区域内に本籍を有する外国人につき、その戸籍を単位として、戸籍の附票を作成することとされている（住民基本台帳法16条）。それゆえ、日本人の場合に比して、在留外国人の場合は、住所履歴の把握が困難である。

しかも、在留外国人については、「在留」ということに伴う問題がある。

外国人の在留状況の把握は、基本的にその外国人の新規入国から単純出国（67-68ページを参照。）

までの一回の在留を単位として行われる。在留している外国人が単純出国をすれば、その在留は終了し、その外国人に係る在留状況の把握も終了する。もちろん、わが国に在留をしていない外国人について「在留状況の把握」ということはあり得ないのであるが、仮に、その後、その外国人が再度来日したとしても、制度上は「新規入国」となる。まったく別の外国人が来日した場合と同様、上陸が許可されれば、新たな在留資格が決定され、出国前の在留とは連続しない新しい在留が始まる。

そして、単純出国前の在留と単純出国後の新規入国後の在留とは、法的には全く別の在留である。それゆえ、仮にその外国人が単純出国前に中長期在留者であり、再度の新規入国後も中長期在留者であったとしても、制度的には、中長期在留者に係る情報の把握制度による情報の把握は再度の新規入国後の在留について行われ、単純出国前の在留も含めて継続的に把握することとはされていない。

日本人の場合、日本国内に住所を有しない状態となっても、日本に戸籍があり、日本との関係が継続するが、単純出国をした外国人は、単にわが国に住所を有しないだけではなく、わが国との関係が完全に断ち切られてしまうこととなるのである。

このため、外国人が、実態としてはわが国に継続的に在留していても、単純出国し、新規入国をした場合、特に、単純出国と新規入国を繰り返した場合、外国人の在留の実態に即した在留状況の継続的な把握という点で困難が生じることとなってしまうのである。

次に、外国政府の関係機関等との情報に関する連携・協力の問題について触れておくこととしたい。

（外国政府の関係機関等との情報に関する連携・協力）

当然のことながら、外国人に係る情報、特に身分関係に関する情報は、基本的に、その外国人の国籍国の政府の機関などが保有している。国籍国の政府の機関などは、その外国人の経歴やその外国人が有する資格などに関する情報も保有していることがある。

また、犯歴等も基本的に、国籍国の政府の機関などが保有しているが、国籍国外での犯歴については、当該犯歴に係る犯罪が行われた国の政府の機関が保有している場合もある。また、国籍国以外の国も含めて外国政府の機関が、テロ組織や犯罪組織などとの関係に関する情報などを保有していることも多い。

このようなことから、在留する外国人に関して、外国政府の関係機関などとの間で情報に関する連携・協力を行うことは、非常に有用であるし、必要である。

しかしながら、外国政府の関係機関等との間での情報に関する連携・協力については、相当に難しい問題がある。そもそも、必要な情報の取得・保有・管理の体系が我が国と同じではなく、保有されている情報の内容も保有している機関も国によって異なるうえに、個人情報の保護の観点から、情報を取得することができない場合も多い。しかも、個人情報保護法制も国によって異なるのである。

また、国際間の情報交換については、通常は相互的な提供が求められるが、わが国の側から情報を提供する場合には、前述したような行政機関個人情報保護法８条１項の規定による制約があり、しかも、外国政府の機関や国際機関は、その例外を定める同法同条2項の3号に規定されている機関ではないので、同項の4号に規定されている「その他保有個人情報を提供することについて特別の理由のあるとき」などに該当することが必要となる。〈13〉

ただし、入国管理行政に関しては、入管法61条の9に、外国入国管理当局（入管法に規定する出入国の管理及び難民の認定の職務に相当する職務を行う外国の当局）に対する情報提供に関する規定が置かれている。

ただ、この規定による情報の提供の相手方は外国入国管理当局に限られるとともに、提供できる情報はその職務の遂行に資すると認められる情報であり、当該職務は入管法に規定する出入国の管理及び難民の認定の職務に相当するものに限るとされている。

また、税関行政に関しては、平成30年7月29日現在で、三四か国・地域との間で税関相互支援協定の締結等による税関相互支援の枠組みが構築されている。〈14〉

第2節　広義の在留管理のために必要な基盤の整備

前節において、外国人の受入れの拡大を見据えた場合の現行制度の問題点について検討を行った。しかし、問題点や改善すべき点を指摘することはできても、その解決策を示すことは容易ではない。解決策を示すためには、日本社会が今後どのように変化するのか、今後の経済情勢はどうなるのか、国際情勢はどうなるのか、考慮すべきことは山のようにあり、われわれの能力の限界を超えていることは明らかである。

しかし、対応方針を全く示さないということも、また、無責任である。そこで、以下においては、考えられる対応策の一例として、いくつかの提案をしてみることとしたい。

1　在留外国人の身分関係を明らかにする継続的な台帳制度

外国人を受け入れた場合、その受け入れた外国人が受け入れた趣旨に沿った活動を行い、わが国の発展に資する活躍をするとともに、わが国の治安や安全に脅威を与えるなどの問題を生じさせないようにすること、仮にそのような問題が生じた場合には、適切に対応することが必要である。また、外国人の受入れに関する政策としてその範囲を定めて受け入れる以上、それ以外の外国人が偽装滞在や不法滞在によって就労するということも防がなければならない。

これらのことは、第一次的には、入管法に基づく狭義の在留管理などとして入国管理行政を担当する法務省が行わなければならない。しかし、入国管理行政を担当する法務省のみによってこれらのことが行われるわけではない。法務省以外の機関もこれに関わるし、また、その的確・確実な実施のためには、警察、厚生労働省などの関係機関との連携協力が不可欠である。

しかし、狭義の在留管理のような直接的な対応のみで、すべての問題の発生を防止し、解決することができるわけではない。受け入れた外国人が受け入れた趣旨に沿った活動を行い、わが国の発展に資する活躍をするとともに、わが国の治安や安全に脅威を与えるなどの問題を生じさせないようにするために、また、わが国の社会に分断や軋轢が生じないようにするためにも、受け入れた外国人が安定した生活を営むことが必要である。

ただ、そのことを実現するためには、多くの行政分野において様々な措置がとられなければならない。本書では、このような外国人の受入れ環境の整備の問題も含めて広義の在留管理と呼ぶこととしたのであるが、この意味での広義の在留管理を適正、的確かつ確実に実施するためには、それぞれの措置の実施を担当する機関が、必要な情報を適時に取得することができなければならない。

日本人の場合には戸籍制度が存在することによって、その身分関係を知ることができる。戸籍制度と住民基本台帳制度とによって、どこにどのような親族が居住しているかなども知ることができる。これに対し、外国人の場合、わが国には戸籍がない。

それゆえ、外国人についても、中長期の在留者については、戸籍に相当する身分関係を記載する台帳制度を創設することが必要であると考える。そして、その台帳は、中長期に在留する外国人ひとりひとりについてその身分関係について記載するだけではなく、その外国人が単純出国したことによって一旦閉鎖された場合でも、その外国人が再び入国すれば再開されるようなものとすべきである。

なお、この問題の解決として、外国人についても戸籍を編成するという考え方もあり得ると思われるが、戸籍制度の趣旨、単純出国による在留の終了など外国人の法的な立場の特殊性を考慮すれば、必ずしも現実的ではないように思われる。

ところで、入国管理行政は、中長期在留者の情報の継続的な把握の制度の運用や入国・在留に関する様々な許可等を行う際に様々な情報を取得している。そして、その情報には、入国し在留する外国人の親族に関する情報なども含まれる。また、入国管理行政は、外国人が新規入国と単純出国を繰り返したとしても、それぞれの新規入国によって開始される在留について情報を取得している。

そこで、新規入国者が一般上陸の許可を受けて中長期在留者となった場合又は在留資格の変更許可若しくは在留資格の取得許可等により在留中の外国人が中長期在留者となった場合に、一定の範囲内の親族の身分事項及び居住地の届出を求めることとし、当該外国人についての身分登録台帳を作成する。身分登録台帳には、在留カードに記載されている事項に加えて当該外国人の居住歴、当該外国人から届出のあった親族の身分事項及び当該親族のうち、わが国に中長期に在留している親族がいる場合には、当該親族の身分登録台帳の番号等を記載することとする。

身分登録台帳は、当該外国人が単純出国したことにより本邦における在留が終了した場合や在留は継続していても中長期在留者ではなくなった場合には休止状態にしてそのまま保存し、その外国人が再びわが国において中長期在留者として在留することとなった場合には、再開して継続することとする。

戸籍法に基づく届出が行われた場合には、そのことを身分登録台帳の記載に反映させ、身分登録台帳に記載されている情報が事実に反することが判明した場合や事情の変更により記載されている情報が事実に合わなくなった場合等には、当該外国人本人からの申立により又は職権でその記載を修正する。

この台帳に記載されている情報については、当該外国人自身が証明を受けられるとともに、必要に応じて、関係機関や地方公共団体にも提供できることとする。

このような制度を構築することによって、わが国において生活をしているにもかかわらず、戸籍が編制されていないことにより、その身分関係、親族関係を明らかにすることに困難がある中長期在留者について、日本人と同様に、身分関係、親族関係を把握することが可能となると思われる。

2　中長期在留者に関する情報の集中と利用

中長期在留者に係る広義の在留管理には、様々な分野の行政が関わる。それは、中長期在留者は、わが国において生活する「生活者」であるからである。

わが国に限らず、外国人をどのように受け入れるかについての根本的な方針は各国において共通している。それは当事国にとって望ましい外国人を受け入れるというものである。受け入れた外国人の適正な在留と生活の安定の確保のための方策を十分に検討することなく外国人を受け入れれば、短期的には経済の発展に資することとなったとしても、いずれは、犯罪が多発して治安が悪化したり、生活保護をはじめとする社会保障の適用が財政を圧迫したりと、様々な問題が生じてくる。

外国人の適正な在留を確保し、外国人がわが国において安定した生活を営むことを確保するためには、受け入れた外国人が必要な行政サービスの提供を適正・確実に受けられる態勢が構築されていなければならない。行政サービスの提供について制度的な整備をするだけではなく、外国人が実際にその行政サービスの提供を受けることができる体制の整備が必要である。しかし、一方で不正受給などの問題が生じてはならない。また、納税などの義務の履行も確保されなければならない。国内の安全や安心を妨げる違法行為が行われないようにしなければならず、行われた場合には、適正・確実に取締りや規制が行われなければならない。必要な行政サービスを受けられない、義務の履行が確保されない、あるいは不正受給の取締りを含めて違法行為の取締りや規制が適正に行われないという事態が生じれば、いずれは日本人と外国人との間に対立が生じ、わが国社会に分断や軋轢が生じることとなるのである。

しかし、わが国において生活する外国人に対して提供される行政サービスは多岐にわたり、様々な機関が関与する。また、わが国に生活するうえで履行しなければならない義務も多岐にわたり、義務の履行を行わない、あるいは、違法な行為を行うなどした場合の対応についても、様々な機関が関わることになる。

そして、多岐にわたる行政サービスの提供を適正・確実に行い、義務の履行を確保し、違法な行為の取締りや規制を適正・確実に行うためには、これらを担当する機関が必要な情報を適時に取得することができなければならない。

前述したように、現行法制の下においても、関係機関の間での情報に関する連携が可能であり、実際に行われている。しかし、現行法制の下における関係機関間における情報に関する連携は、基本的には例外的なものとして位置づけられており、雇用対策法30条のような特別の法的根拠が定められている場合は別として、個々の事例について一時的に行われるにとどまる。個人情報の保護が重要であることは言うまでもないが、広義の在留管理のような広範な施策と多数の関係機関が存在する分野においては、関係する機関において、横断的かつ統一的な情報共有と連携が十分にできる新しい仕組みの創設が必要と思われる。

すなわち、わが国で生活する外国人に関する様々な情報を一か所に集め、当該外国人の単純出国等によって記録が途絶しないような形でこれを更新し、関係省庁や地方自治体など広義の在留管理に関係する多数の機関が必要に応じてこれを利用し、また、関係機関間で連携した対応ができるようなシステムを構築することが必要である。

３　未来へ向けた制度のイメージ

１・２において述べたことを総合すると次のようになる。

第一に、中長期在留者についてその身分関係及び親族の状況並びに居住歴を明らかにする台帳（身分登録台帳）を創設し、戸籍と同様の形で、外国人本人及び関係者が利用できるようにする。

第二に、広義の在留管理を担当する機関が保有するわが国に在留する外国人に関する情報を集中管理し、広義の在留管理を担当する機関が、必要に応じて随時利用できるようにする。

それでは、具体的にどのような制度を創設することが必要か、その制度設計については、様々な角度から議論を尽くす必要があると思われるが、ここであえて、筆者の思いつくままに、そのイメージを以下に記述してみたいと思う。

まず、在留外国人の負担の軽減を図りつつ情報の積極的な活用を図り、しかもその情報を常に最新かつ正確なものとして維持するために、様々な組織に分散して存在している在留外国人の情報を一か所に集めて一元的に管理する組織（仮にこの組織を「在留外国人総合情報センター」と呼ぶこととする。）を創設し、在留外国人個人の情報を集積するだけでなく、在留外国人一般の生活環境をより向上させ、快適に整備するための情報も集積させる。

そして、広義の在留管理を担当する機関は、必要に応じて、適正な目的のもと、適正な手続を経て、在留外国人総合情報センターから情報を入手するとともに、更新すべき情報を入手した場合はこれを在留外国人総合情報センターに報告する。このような、双方向の方式による横断的かつ統一的な情報連携システムを構築した場合、在留外国人総合情報センターには、膨大な情報が集まることになるが、その権限を情報の収集、保管及び関係機関への提供に特化すれば、費用対効果は十二分に期待できると思われる。

次に、身分登録台帳は、わが国に中長期在留者として在留する外国人について個人単位で当該外国人の住居地の市区町村長が作成し、外国人住民に係る住民票と一体のものとして当該市区町村が保管する。ただし、身分登録台帳に記載されている内容は、在留外国人総合情報センターも保有することとする。

そして、身分登録台帳に登録されている外国人が他の市区町村に住居地を移転したときは当該外国人に係る身分登録台帳を新住居地の市区町村に移すが、日本国外に移転したとき又は日本国内に在留を継続している場合でも在留資格の変更などにより中長期在留者でなくなった場合には、在留外国人総合情報センターに移送する。

その後、当該外国人が再び（新規入国し又は在留資格の変更を受けるなどにより）中長期在留者となったときは、在留外国人総合情報センターから当該外国人に係る身分登録台帳を当該外国人の住居地の市区町村に移送する。

以上、今後構築すべき制度についてそのイメージを思いつくままに述べてみたが、もちろん、このようなことを具体化していくためには、より、多角的かつより踏み込んだ議論が必要不可欠であることは言うまでもない。

〈1〉　前出「経済財政運営と改革の基本方針2018」（出典：首相官邸ホームページ）第２章の４の(1)の⑥
〈2〉　第５次出入国管理基本計画Ⅲの４の(2)のア
〈3〉　前出「経済財政運営と改革の基本方針2018」第２章の４の(3)
〈4〉　前出「経済財政運営と改革の基本方針2018」第２章の４の(3)

〈5〉「外国人の受入れ環境の整備に関する業務の基本方針について」（平成30年7月24日閣議決定）（出典：首相官邸ホームページ）

〈6〉「外国人材の受入れ・共生に関する関係閣僚会議の開催について」（平成30年7月24日閣議口頭了解）（出典：首相官邸ホームページ）

〈7〉「外国人材の受入れ・共生に関する関係閣僚会議（第一回）議事録」（出典：首相官邸ホームページ）4ページ。

〈8〉「外国人材の受入れ・共生のための総合的対応策（検討の方向性）」（案）（出典：首相官邸ホームページ1ページ。なお、この案は、第一回の外国人材の受入れ・共生に関する関係閣僚会議において了承されているので、以下においては、「外国人の受入れ・共生のための総合的対応策（検討の方向性）」ということとする。

〈9〉平成30年7月24日の外国人材の受入れ・共生に関する関係閣僚会議の配付資料の資料3「外国人材の受入れ・共生のための総合的対応策（検討の方向性）（案）」（出典：首相官邸ホームページ）より抜粋。

〈10〉前出「外国人材の受入れ・共生のための総合的対応策（検討の方向性）」10ページ。

〈11〉市町村自治研究会編著『全訂住民基本台帳法逐条解説』（日本加除出版、2014年）616ページ。

〈12〉戸籍が行政サービスの基礎資料となることにつき、山川一陽『戸籍実務の理論と家族法』（日本加除出版、2013年）には、次のように記載されている。「公的な身分証明的な文書であるパスポートであるとか運転免許証であるとか、あるいは住民票などにいたるまでがその最終的な根拠をこの戸籍に求め、選挙人の確定、就学児童の確定その他多くの基本的な行政ないし行政サービスの基礎たる資料となるという機能を果たしている。その意味では、各種の行政事務が適正に運営されていることの背後には戸籍が機能しているし、パスポートの発行や免許証、住民登録などの二次的身分証明書制度の裏付けとなるものが戸籍であるということができる。」（1ページ）また、齊藤笑美子『戸籍による国民の把握とその揺らぎ』（日本公法学会「公法研究」第75号）119ページ等。

〈13〉 宇賀克也『個人情報保護法の逐条解説（第6版）』（有斐閣、2018年）は、「3号の場合に匹敵するような公益性のある事務事業であって、当該個人情報の提供が当該事務事業の遂行に不可欠な場合を念頭に置いている。たとえば、犯罪捜査、テロ対策の国際協力のために、国際機関や外国政府に個人情報を提供するような場合」が考えられるとしている（同書443ページ）。

〈14〉 税関相互支援の枠組みの現状（出典：税関ホームページ）

瀧　川　修　吾（たきがわ　しゅうご）

1975年２月１日生まれ
2004年２月　日本大学通信教育部インストラクター
2006年４月　洗足学園短期大学非常勤講師。その後，日本大学文理学部非常勤講師などを兼担
2009年３月　日本大学大学院法学研究科政治学専攻博士後期課程を修了
博士（政治学）
2011年４月　日本橋学館大学（現，開智国際大学）リベラルアーツ学部専任講師
2013年４月　同　准教授
2016年４月　日本大学危機管理学部准教授
2017年４月　日本大学大学院総合社会情報研究科准教授

（主要著書）
山田方谷と征韓論（法学研究年報32号，2003年３月）
増訂新版　近代日本政治史Ⅰ　幕末・明治（共著，南窓社，2007年３月）
リーガル・マキシム―現代に生きる法の名言・格言（共著，三修社，2013年１月）
征韓論の登場（櫻門書房，2014年９月）
権利擁護と成年後見制度―権利擁護と成年後見・民法総論［第４版］』（共著，弘文堂，2018年２月）など

著者紹介

高　宅　　茂（たかや　しげる）

1951年２月12日生まれ
1977年３月　東京都立大学大学院社会科学研究科基礎法学専攻修士課程修了
1981年３月　東京都立大学大学院社会科学研究科基礎法学専攻博士課程単位取得退学
1981年４月　法務省入省。法務省入国管理局入国在留課長，同総務課長，福岡入国管理局長，法務省大臣官房審議官，東京入国管理局長などを歴任
2010年12月　法務省入国管理局長
2013年３月　法務省退官
2015年４月　日本大学総合科学研究所教授
2016年４月　日本大学危機管理学部教授

（主要著書）
フランスにおける専門職同業団体（法律時報1981年４月号）
諸外国における外国人登録制度に関する研究（法務総合研究所，法務研究報告書73集２号，1986年２月）
入管法大全ⅠⅡ（共著，日本加除出版，2015年３月）
高度人材ポイント制―高度専門職の資格と高度専門職外国人の生活―（日本加除出版，2016年２月）
よくわかる入管法第４版（共著，有斐閣，2017年５月）

外国人の受入れと日本社会

定価：本体2,500円（税別）

平成30年10月１日　初版発行

著　者　髙　宅　　茂
　　　　瀧　川　修　吾

発行者　和　田　　裕

発行所　日本加除出版株式会社

本　社　郵便番号 171-8516
東京都豊島区南長崎３丁目16番６号
TEL (03)3953-5757（代表）
(03)3952-5759（編集）
FAX (03)3953-5772
URL www.kajo.co.jp

営業部　郵便番号 171-8516
東京都豊島区南長崎３丁目16番６号
TEL (03)3953-5642
FAX (03)3953-2061

組版・印刷・製本　㈱倉田印刷

落丁本・乱丁本は本社でお取替えいたします。

Printed in Japan

ISBN978-4-8178-4503-0 C2032 ¥2500E